# 纲鉴易知录评注

八

国务院参事室　中央文史研究馆　编

中华书局

# 明鉴易知录卷二

　　卷首语:本卷起明太祖洪武四年(1371),止洪武三十一年(1398),所记为明初二十八年史事。明朝建立后,相继平定四川、云南,统一全国,编赋役黄册。明太祖开展一系列制度改革,改行省为承宣布政使司,废除中书省与丞相,御史台更名都察院,进一步完善荐举、学校、科举制度,三途并用。制定《大明律》和《大诰》,建立锦衣卫,整顿吏治,相继发动胡惟庸案、蓝玉案,铲除淮西勋贵集团。明太祖广兴分封,建文帝即位后实行削藩,成为"靖难之役"的导火索。

# 明　纪

## 太祖高皇帝

〔伐夏〕

编　辛亥,四年(1371),春正月,帝命汤和等帅师伐夏。

纪　元至正十七年(1357),随州人明玉珍起兵,从徐寿辉陷川蜀,寿辉
令玉珍守之,玉珍寻自据成都,遂称帝,建国号曰夏。二十六年
(1366),玉珍卒,子升嗣,甫十岁,母彭氏同听政。至是,升将吴友
仁寇兴元①。

上命汤和、周德兴、廖永忠、杨璟、叶升等率舟师由瞿塘趋重庆②,傅友
德、顾时、何文辉等率步骑由秦③、陇趋成都④。上谕和等曰:“今天下
大定,四海奠安,惟川蜀未平耳。朕以明玉珍尝遣使修好,存事大之
礼,悯明升稚弱,不忍加兵,数遣使开谕,冀其觉悟。升乃惑于群议,
反以兵犯吾兴元,不可不讨。今命卿等率水陆大军分道并进,首尾攻
之。”诸将陛辞,上复密谕傅友德曰:“蜀人闻吾西伐,必悉其精锐,东
守瞿塘,北阻金牛⑤,以拒我师。彼谓地险,吾兵难至。若出其意外,

① 兴元:元路名,治今陕西汉中市。
② 瞿塘:瞿唐峡,为长江三峡之首,在今重庆市奉节县东部。
③ 秦:州名,治今甘肃天水市秦州区。
④ 陇:州名,治今陕西陇县。
⑤ 金牛:金牛峡,在今四川广元市剑门关西南部。

直捣阶、文①,门户既隳(huī)②,腹心自溃。兵贵神速,但患卿等不勇耳。"友德顿首受命。

编 三月,策试进士于奉天殿。

纪 始令进士释褐行释菜礼③。

编 遣使祭历代帝王陵寝。

纪 祀帝王三十五。

编 夏四月,命永嘉侯朱亮祖为右副将军,帅师伐蜀。

纪 上以汤和、傅友德等伐蜀三月,未得捷报,命亮祖帅师助之。

编 六月,吏部尚书詹同、礼部尚书陶凯作《宴享九奏乐章》。

编 廖永忠、汤和师至重庆,夏主明升降。

纪 永忠帅舟师自夔(kuí)州乘胜抵重庆④,沿江州县望风奔附。明升与右丞刘仁等大惧,仁劝明升奔成都,其母彭氏泣曰:"事势如此,纵往成都,不过延命旦夕,何益? 不如早降,以免生灵于锋镝(dí)⑤。"明升遂遣使诣永忠军,全城纳款。永忠以汤和军未至,辞不受。后数日,汤和至重庆,会永忠以兵驻朝天门外,是日明升面缚衔璧⑥,奉表诣军门降。和受璧,永忠解缚,遣指挥万德送明升等并降表于京师。朱

---

① 阶:州名,治今甘肃陇南市武都区。文:州名,今甘肃文县。
② 隳:毁坏,崩毁。
③ 释褐:脱去布衣,换为官服。即做官之意。释菜:古代学校祭祀先圣先师的一种典礼。
④ 夔州:府名,治今重庆市奉节县。
⑤ 锋镝:刀锋箭头,指战争。
⑥ 面缚:两手反绑于身背而面向前,表示投降。衔璧:战败出降者衔璧,以示国亡当死。

亮祖兵亦至。

〔蜀平〕

编秋七月，傅友德兵围成都，克之。蜀地悉平。

编八月，明升至京师，封为归义侯。

编以刘基所上书付史馆。

纪上手书问刘基曰："近西蜀平，疆宇恢广。元以宽失天下，朕救之以猛，然小人但喜宽，遂恣诽谤。今天鸣八载，日中黑子迭见，卿宜条悉以闻。"基上言，以为"霜雪之后，必有阳春。今国威已立，宜少济以宽"。上以其书付史馆。或有言杀运三十年未除者，基曰："若使我当国，扫除俗弊，一二年后，宽政可复也。"

编冬十二月，赏平蜀将士。

纪傅友德、廖永忠各白金二百五十两、彩缎二十表①。杨璟、赵庸、朱亮祖不与赏。上亲制《平西蜀文》，纪傅、廖二将之功。

编壬子，五年(1372)，春正月，遣大将军徐达等征沙漠。

纪上谓诸将曰："今天下一家，尚有三事未了：一，历代传国玺在元未获；二，王保保未擒；三，元太子不闻音问。今遣尔等分道征之。"于是令徐达、冯胜、李文忠等三路出师，共兵四十万。

编冬十二月，敕中书命有司考课。

---

① 表：据《明太祖实录》应作"表里"。

纪　敕考课必有学校、农桑之绩，违者降罚。已而莒(jǔ)州日照知县马亮考
满①，无课农、兴学之效，而长于督运，命黜之。山西汾州考平遥主簿
成乐②，能恢辨(bàn)商税③。上曰："恢辨是额外取民也。主簿职在
佐理县政，抚安百姓，岂以恢辨为能？州之考非是。"命吏部移文
讯责。

编　命仍祀孟子。

纪　初，国子监请释奠④，命罢孟子祀。至是上曰："孟子辟邪说、辨异端，
发明先圣之道，其复之。"

编　纵苑中禽兽。

纪　内使奏增饲虎肉，上曰："养牛以供耕作，养马以供骑乘，养虎欲以何
用？而费肉以饲之乎？"命以虎送光禄⑤，他禽兽悉纵之。

编　癸丑，六年(1373)，春正月，置六科给事中⑥。

编　征孔克表为翰林修撰⑦。

编　以举人张唯、王琏(liǎn)等为编修⑧。

--------

① 莒州：治今山东莒县。日照：县名，今山东日照市。
② 汾州：治今山西汾阳市。平遥：县名，今山西平遥县。
③ 恢辨：征收督办。"辨"通"办"。
④ 释奠：古代学校奠祭先圣先师的典礼，比释菜之礼更加隆重。
⑤ 光禄：光禄寺，掌祭享、宴劳、酒醴、膳羞等事。
⑥ 六科给事中：吏、户、礼、兵、刑、工六科给事中之合称，掌封驳、纠劾。
⑦ 翰林修撰：隶翰林院，主掌文史。
⑧ 编修：翰林院史官，掌修国史。

纪唯、琏等入文华堂肄(yì)业①,以太子赞善宋濂②、正字桂彦良为之
师③。上听政之暇,辄幸堂中,定其优劣,赐白金、弓矢、鞍马,宠遇甚
隆。一日,上问彦良曰:"法数行而数犯,奈何?"对曰:"用德则逸,用
法则劳。法以靖民,则民劳而弗靖;德以靖民,则民靖于德矣。"上曰:
"卿,帝者师也,江南大儒惟卿一人。"对曰:"臣不敢当宋濂、刘基。"
上曰:"濂文人,基峻隘,不如卿也。"

编二月,诏暂罢科举,令有司察举贤才。

纪上谕中书省臣曰:"朕设科举,求天下贤才以资任用。今所司多取文
词,及试用之,不能措诸行事者甚众。朕以实心求贤,而天下以虚文
应之,甚非所以称朕意也。其暂罢天下科举。有司察举贤才,必以德
行为本,文艺次之。"

编夏四月,修《昭鉴祖训录》成。

纪初,上命陶凯等采摭(zhí)汉、唐以来藩王可为观戒者④,书成,赐名
《昭鉴祖训录》,上亲为之叙,颁赐诸王。

编以左丞相胡惟庸为右丞相。

编夺诚意伯刘基禄。

纪先是基言于帝曰:"温、处之间⑤,有地名谈洋,僻绝岩险,民多负贩

---

① 肄业:修习学业。
② 赞善:东宫属官,掌侍从赞导太子。
③ 正字:东宫属官,掌校正书籍。
④ 摭:拾取,摘取。
⑤ 处:处州府,治今浙江丽水市。

私盐,萃逋(bū)逃之众,宜设巡司莅之。"基又言:"郡县豪猾吏当治。"使其子琏奏上二事,皆不先关白中书①。时胡惟庸行丞相事,恨之。适有旨逮豪猾吏,惟庸诱(xù)吏诬基善相地②,以谈洋负山面海,有王气,欲图为祖墓,民弗与,则画建司之策,以逐其家。遂为成案,奏上,请加重辟③。帝不听,惟夺基禄而已。基入朝谢,遂留京师。

编 秋九月,诏禁对偶文辞。

纪 命翰林院儒臣择唐、宋名儒笺表可为法者,群臣以柳宗元《代柳公绰谢表》及韩愈《贺雨表》进,令中书省颁为式。

编 冬十月,更定《大明律》。

编 十一月,潞州进人参④。

纪 上曰:"朕闻人参得之甚艰,岂不劳民? 今后不必进。"因谓省臣曰:"往年金华进香米,朕命止之,遂于苑中种之。每当耘籽割获之时,亲往观之,足以自适,而其所入亦足供用。朕饮酒不多,太原进葡萄酒,亦令勿进。国家以养民为务,岂以口腹累人哉?"

编 甲寅,七年(1374),春二月,诏修治阙里孔子庙⑤。

纪 设孔、颜、孟三氏子孙教授,以训其族人。

---

① 关白:禀告。
② 诱:利诱。
③ 重辟:极刑,死罪。
④ 潞州:治今山西长治市。
⑤ 阙里:孔子故里,在今山东曲阜市。

编 夏五月,礼部尚书牛谅奏请致斋之日,宰牲为膳,不许。

纪 谅奏:"古礼,凡大祀斋之日,宰牲牛为膳,以助精神。"上曰:"致斋三日而供三牲,所费太侈,徒增伤物之心,何益事神之道?"谅曰:"《周礼》所定也。"上曰:"《周礼》不行于后世多矣,惟自奉者乃欲法古,何哉?"

〔遣元顺帝之孙北还〕

编 冬十月,遣崇礼侯买的里八剌北还。

纪 临行,上谕之曰:"尔本元君子孙,国亡就俘,曩(nǎng)即欲遣归①,以尔年幼,道里辽远,恐不能达。今既长成,朕不忍令尔久客于此,故特遣还,见尔父母,以全骨肉之爱。"

编 十二月,陕州人献天书②,斩之。

编 乙卯,八年(1375),夏四月,诚意伯刘基卒。

纪 初,上欲相胡惟庸,基谓不可,既而上竟相之,基大戚曰:"其如苍生何!"因忧愤成疾。后疾愈增,惟庸乃遣医视疾,饮基药二剂,有物积腹中如卷石,疾遂笃。至是,上遣使送还家,仅一月而卒。基刚毅慷慨,每遇急难,计画立就,上甚礼重,常称为"老先生"而不名。又曰:"伯温,吾子房也③。"

编 甘露降。

———

① 曩:往昔,从前。
② 陕州:治今河南三门峡市。
③ 子房:西汉开国功臣张良。

纪甘露降于圜(yuán)丘青松上①,有若明珠,采尝之,甘于饴(yí)②。群臣咸歌诗诵德,上曰:"天道幽微难测,若恃祥不戒,祥未必吉。朕德不逮,惟图修省,岂敢以此为己所致哉?"

编丙辰,九年(1376),春三月,诏免今年税粮。

编秋闰九月,五星紊度③,诏求直言。

〔叶居升论用刑〕

纪钦天监奏:"五星紊度,日月相刑④。"下诏求言。山西平遥训导叶居升上言曰:"臣观当今之事,太过者有三:曰分封太侈也,用刑太繁也,求治太速也。臣观历代开国之君,未有不以尚德缓刑而结民心,亦未有不以专事刑罚而失民心,国祚长短⑤,悉由于此。今议者曰:'宋、元中叶之后,纪纲不振,专事姑息,以致亡灭。陛下所以痛惩其弊,而矫枉之者也。'姑以当今刑罚言之,笞、杖、徒、流、死,今之五刑也。用此五刑,既无假贷⑥,一出乎大公至正可也。而用刑之际,多出圣衷⑦,致使治狱之吏务求深刻,以趋承上意。深刻者多获功,平允者多获罪。欲求治狱之平允,岂易得哉?

------

① 圜丘:古时祭天的圆形高坛。
② 饴:糖膏。
③ 五星:水、木、金、火、土五大行星。
④ 相刑:星象术语,相克。
⑤ 国祚:国家的命运。
⑥ 假贷:宽宥。
⑦ 圣衷:天子的心意。

近者特旨：杂犯死罪，免死充军，其余以次仿徒流律。又删定旧诸律条，减宥（yòu）有差①。此渐见宽宥，全活者众，而主上好生之仁，已蔼然布乎宇内矣。然法司之治狱，犹循旧弊，虽有宽宥之名，而无宽宥之实。所谓实者，在主上不在臣下也。故必有罪疑惟轻之意，而后好生之德洽于民心，必有王三宥然后刑之政，而后有囹圄（líng yǔ）空虚之效。唐太宗曰：'鬻棺之家，欲岁之疫。非欲害于人，欲利于棺售故耳。'今法司核理一狱，必求深以成其考，今作何法使得平允？

古之为士者，以登仕版为荣②，以罢职不叙为辱。今之为士者，以混迹无闻为福，以受玷不录为幸，以屯田、工役为必获之罪，以鞭笞捶楚为寻常之辱。其始也，朝廷取天下之士，网罗捃（jùn）摭③，务无遗逸，有司催迫上道，如捕重囚。比至京师，而除官多以貌选，故所学或非其所闻，而其所用或非其所学。洎（jì）乎居官④，言动一跌于法，苟免诛戮，则必罹屯田、工役之科，所谓取之尽锱铢，用之如泥沙。率是为常，不少顾惜。然此亦岂人主乐为之事哉？欲人之惧而不敢犯也。窃见数年以来，诛杀亦可谓不细矣，而犯者日月相踵。岂下人之不惧哉？良由激浊扬清之不明，善恶贤愚之无别。议能之法既废⑤，以致人不自厉，而为善者怠。若是，非用刑之烦者乎？

汉之世，尝徙大族于山陵矣，未闻实之以罪人也。今凤阳皇陵所在⑥，

---

① 宥：宽恕。
② 仕版：官吏的名册，代指释褐为官。
③ 捃摭：拾取，引申为挑选。
④ 洎：及。
⑤ 议能：古刑法"八议"之一。对有奇才异能之人进行特别审议，以减免其刑罚。
⑥ 凤阳：县名，今安徽凤阳县。

龙兴之地,而率以罪人居之。以怨嗟愁苦之声,充斥园邑,非所以恭承宗庙意也。贼人四大王突窜山谷,如狐如鼠,无窟可追。深山大壑,捕之数年,既无其方,乃归咎于新附户籍之细民而迁徙之。骚动四千里之地,鸡犬不得宁息。况新附之民,日前兵难,流于他所,朝廷许之复业而来归。今乃就附籍者,取其数而尽迁之,是法不信于民也。夫有户口而后田野辟,田野辟而后赋税增,臣恐自兹之后,北郡户口不复得增矣。

凡此皆臣所谓太过,而足以召灾异者也。臣愿自今朝廷宜录大体,赦小过,明诏天下,备举八议之法①,严深刻之吏,断狱平允者则超迁之,苛刻聚敛者则罢黜之,兆民自安,天变自消矣。

〔论求治〕

昔者周自文、武至于成、康,而后教化大行,汉自高帝至于文、景,而后号称富庶。文王、武王、高帝之才,非不能使教化行,以致富庶也。盖天下之治乱,气化之转移,人心之趋向,皆非一朝一夕之故。臣谓天下趋于治也,犹坚冰之将泮(pàn)也②。冰之坚,非太阳一日之光能消之也。阳气发生,土脉微动,然后能使之融释。圣人之治天下,亦犹是也。求治之道,莫先于正风俗。正风俗之道,莫先于使守令知所务。使守令知所务,莫先于使风宪知所重。使风宪知所重,莫先于朝廷知所尚。则必以簿书、期会③、狱讼、钱谷之不报为可恕,而流俗失

① 八议:古代为八种特殊身份者所定减刑制度,即议亲、议故、议贤、议能、议功、议贵、议勤、议宾。
② 泮:消融,融化。
③ 期会:程限,规定的期限。

世败坏为不可不问,而后正风俗之道得矣。今之守令,以户口、钱粮、簿书、狱讼为急务,至于农桑、学校,王政之本,乃视为虚文,而置之不问。此守令未知所务之失也。风宪之司,所以代朝廷宣导风化,条举纲目,至于听讼谳(yàn)狱①,其一事耳。今专以讼狱为要务,虽有忠臣、孝子、义夫、节妇,视为虚文末节,而不暇举。此风宪未知所重之失也。守令亲民之官,风宪亲临守令之官,未知所务如此,所以求善治而卒未能也。《王制》论乡秀士升于司徒,司徒升于太学,太学正升诸司马,司马辨论官材,论定然后官之,任官然后爵之,其考之详如此。今使天下郡县生员升于太学,或未数月,遽选入官者,间亦有之。开国以来,选举秀才不为不多,选任名位不为不重。自今数之,贤者能有几人乎? 凡此皆臣所谓求治太速之过也。

〔论分封〕

日者君之象也,月者臣之象也,五星者乡士庶人之象也。臣愚不知星术,姑以所闻于经、传,并撫前世已行之得失者论之。《诗》曰:'彼月而食,则维其常。'今日刑于月,犹之可也。而日月相刑,则月敢抗于日者,臣敢抗于君矣。《传》曰:'都城过百雉,国之害也。'国家惩宋、元孤立、宗室不竞之弊②,秦、晋、燕、齐、梁、楚、吴、闽诸国,各尽其地而封之,都城宫室之制,广狭大小,亚于天子之都,赐之以甲兵卫士之盛。臣恐数世之后,尾大不掉。然后削之地而夺之权,则起其怨,如汉之七国,晋之诸王。否则恃险争衡,否则拥众入朝,甚则缘间而起,

---

① 谳:议罪。
② 不竞:不强,不振。

防之无及也。昔贾谊劝汉文帝早分诸国之地,空之以待诸王子孙,谓力少则易使以义,国小则无邪心。愿及诸王未国之先,节其都邑之制,减其卫兵,限其疆里,亦以待封诸王之子孙。此制一定,然后诸王有圣贤之德行者,入为辅相,其余世为藩辅,可以与国同休,世世无穷矣。"书奏,帝怒,逮问,系死狱中。后无敢言者。

〔改中书行省为承宣布政使司〕

编诏改中书行省为承宣布政使司①。

编丁巳,十年(1377),春二月,学士承旨宋濂致仕归②。

编夏五月,命韩国公李善长、曹国公李文忠总中书省、都督府③、御史台,同议军国重事。诏监察御史巡按州县。

〔内侍不许读书识字〕

编制内侍不许读书识字。

纪有内侍以久侍内庭,从容言及政事,上即日遣还乡,命终身不齿④。谕群臣曰:"阉侍之人,朝夕左右,其小忠小信,足以固结君心。及其久也,假威窃权,势遂至于不可抑。朕立法,寺人不得预政事,今决去之,所以惩将来也。"因敕内侍不许读书识字。

————————

① 中书行省:简称行省,掌地方政务。承宣布政使司:简称布政司,通称省,掌管一省民政与财政。
② 学士承旨:明初翰林院长官,掌制诰、史册、文翰之事。
③ 都督府:明初最高军事机构。
④ 齿:录用。

编 秋九月,置通政使司①。

纪 掌出纳诸司文书、敷奏封驳之事,以曾秉正为之。

编 冬,都督佥事濮真征高丽②,被执,不屈,死之。

纪 真被执,高丽王爱其骁勇,欲降之,不从。王怒,欲杀之,真曰:"大丈夫有赤心,肯汝屈耶?"即抽刀剖心示之而死。王大惧,遣使入朝谢罪。上嘉真忠节,追封乐浪公,谥忠襄,其子瑜尚在襁褓,即封为西梁侯。

编 十一月,皇孙允炆(wén)生。

编 戊午,十一年(1378),春三月,禁奏事关白中书省。

编 以李文焕、费震并为户部侍郎。

纪 上谕吏部曰:"朝廷悬爵禄以待士,资格者为常流设,非为贤才设。今后庶官之有才能而居下位者,当不次用之。"于是以西安府知府李文焕、宝钞提举费震俱为户部侍郎③。

编 己未,十二年(1379),春三月,东宫文学傅藻等编《春秋本末》成④,上之。

编 冬十二月,贬右丞相汪广洋于海南,道卒。

---

① 通政使司:简称通政,掌出纳帝命、通达下情等事。
② 都督佥事:明初隶大都督府,参赞军事。高丽:王氏高丽政权,在今朝鲜半岛。
③ 宝钞提举:宝钞提举司长官,掌宝钞印造、发行等事。
④ 东宫文学:东宫属官。

纪 御史中丞涂节言:"刘基为胡惟庸毒死,广洋宜知状。"上问广洋,广洋
　　对无是事。上颇闻其实,因责广洋欺绐(dài)①,谪居海南。行次太
　　平,上复遣使责之,广洋自经死。

编 庚申,十三年(1380),春正月,丞相胡惟庸谋逆,伏诛。

[发动胡惟庸案,诛戮开国功臣集团]

纪 惟庸等谋逆,诳(kuáng)言所居第井中涌醴泉②,邀上往观。驾出西华
　　门,内使云奇知其谋,走冲跸道③,勒马言状,气方勃,舌駃(kuài)不能
　　达意④。上怒其不敬,左右挝(zhuā)捶乱下⑤,奇右臂几折,尚指惟庸
　　第,弗为痛缩。上悟,登城眺察,见惟庸第内兵甲伏屏帷间,即发兵掩
　　捕,拷掠具伏,磔惟庸于市。御史大夫陈宁、都督李玉等皆伏诛。上
　　召云奇,死矣,深悼之,追封右少监,赐葬钟山⑥。
　　惟庸辞连李善长,群臣请罪之。上曰:"此吾初起时股肱(gōng)心
　　腹⑦,吾不忍罪之,其勿问。"宋濂孙慎坐党逆被刑,籍其家⑧。械濂至
　　京,上欲并诛之,皇后谏曰:"民间请一先生尚有始终,不忘待师之礼。
　　宋濂亲教太子、诸王,岂宜若是恝(jiá)⑨? 况濂致仕在家,当不知情。"

－－－－－－－－－－

① 绐:欺骗。
② 诳:欺骗,迷惑。醴泉:甘美的泉水。
③ 跸道:帝王车驾行经之路。
④ 駃:通"快"。
⑤ 挝:敲打。
⑥ 钟山:在今江苏南京市紫金山。
⑦ 股肱:大腿和胳膊,比喻辅佐君主的大臣。
⑧ 籍:籍没。
⑨ 恝:无动于衷,满不在乎。

上意解,濂得发茂州安置①。行至夔州,以疾卒。

〔罢中书省,废除丞相,加强皇权〕

编诏罢中书省。

纪罢丞相等官,升六部官秩,如古六卿之制。

**评废除丞相制度:**

明太祖废除丞相制是明代中央官制更革的开端,也是中国政治制度史上的一场剧变。明太祖认为丞相专权是导致元朝衰亡的重要历史教训,明初虽一度设立中书省和丞相,却采取诸多措施限制相权。明太祖罢中书省,废除丞相,中国沿用近两千年的丞相制度不复存在。六部地位提高,由皇帝直接指挥,分理庶务,互不统属。丞相制的废除使皇权得到空前加强。但是,六部事权分散,事无巨细依赖皇帝最终裁决,对皇帝个人能力提出极大挑战。因此,寻找一种新的辅政机制势在必行,明太宗朱棣以后内阁制逐渐形成。

编夏五月,诏免天下今年田租。

编燕王之国北平②。以葛诚为燕府长史③。

编辛酉,十四年(1381),春三月,编赋役黄册④。

---

① 茂州:治今四川茂县。
② 北平:今北京市。
③ 长史:王府长史司长官,协助藩王处理府中事务的文官,亦有监察藩王之意。
④ 黄册:明代为核实户口、征调赋役而编制的户籍。因上报的册面为黄纸,故名。

编秋七月,举孝弟(tì)力田①、贤良方正文学之士。

〔征云南〕

编九月,命颍川侯傅友德为征南将军,永昌侯蓝玉、西平侯沐英为副将军,帅师征云南。

纪友德等帅师征云南,上谕之曰:"云南自昔为西南夷,至汉置吏,臣属中国。今元之遗孽把匝剌瓦尔密等自恃险远②,辄害使臣,在所必讨。尔等行师之际,当知其山川形势,以规进取。"师行,上饯于龙江,旌旗蔽江而上。友德师至湖广,分遣都督郭英、胡海洋、陈桓等帅兵五万,由四川永宁趋乌撒③,友德等率大兵由辰、沅趋贵州④。

编冬十二月,傅友德等师至普安⑤,攻下之,遂进平曲靖。

纪元梁王把匝剌瓦尔密遣司徒、平章达里麻将精兵十余万屯曲靖,以拒明师。沐英谓友德曰:"彼谓我师疲于深入,未有虞心⑥。若倍道疾趋,出其不意,破之必矣。"友德是之,遂进师。未至曲靖数里,忽大雾四塞。冲雾而行,阻水,则已临白石江矣⑦。顷之,雾霁,达里麻望见大惊,仓皇失措。友德即欲济师,英曰:"我军远来,形势既露,固利速

① 弟:同"悌"。
② 把匝剌瓦尔密:元梁王。
③ 永宁:县名,今四川叙永县。乌撒:土司,在今贵州威宁县一带。
④ 辰:辰州府,治今湖南沅陵县。沅:州名,治今湖南芷江县。
⑤ 普安:州名,治今贵州普安县西部。
⑥ 虞心:忧虑戒备之心。
⑦ 白石江:在今云南曲靖市北郊。

战。然亟济,恐为所扼。"乃整师临流,势若欲渡。达里麻悉精锐扼水,英别遣数十人从下流潜渡,出其后,鸣金鼓,树旗帜。达里麻急撤众御之,阵动。英乃拔剑督师济江,以猛而善泅者先之,长刀蒙盾,破其前军。敌气索,退数里而阵。明师毕济,友德麾兵进薄之。英纵铁骑捣其中坚,敌遂大败,生擒达里麻,横尸十余里。军声大振,遂平曲靖。友德分遣蓝玉、沐英帅师趋云南,而自以众数万向乌撒,为郭英等声援。把匝剌瓦尔密闻达里麻败,弃城走,挈妻子入晋宁州忽纳寨①,驱妻子俱赴滇池死。

〔云南平〕

编蓝玉、沐英等师至云南,元右丞观音保出降②,云南遂平。

纪玉等师至云南之板桥③,观音保出降,诸父老焚香出迎。玉等整众入城,秋毫无犯,收梁王金印,并宫府符信、图籍,抚定其民。自九月朔出师,迄下云南,仅百余日。

编壬戌,十五年(1382),春正月,命天下朝觐官各举所知一人。

〔置锦衣卫〕

编三月,置锦衣卫及镇抚司④。

---

① 晋宁州:治今云南昆明市晋宁区。
② 右丞:元代行省执政,位在平章政事下。
③ 板桥:在今云南昆明市东。
④ 锦衣卫:明代服务于皇帝的专属机构,掌侍卫、缉捕、刑狱等事。镇抚司:锦衣卫下设机构。后分为南北二司,以北镇抚司专治诏狱,南镇抚司专理军匠。

编 夏四月,黜廉州府巡检王德亨①,流广平府吏王允道于海外②。

纪 德亨上言取西戎水银坑,黜之。允道言磁州临水镇地产铁③,请如元
　时置铁冶都提举司辖之④,岁可收铁百余万斤。上命杖之,流海外。

编 五月,遣使求经明行修之士,以秀才曾泰为户部尚书。

纪 广东儒士上治平策数千言,上以其不及用贤,责之。泰,江夏人⑤,有
　学行,故不次擢用。

编 帝诣国子学,行释菜礼。

纪 国学成,上将释菜,令诸儒议礼。议者曰:"孔子虽圣人,臣也,礼宜一
　奠再拜。"上曰:"圣如孔子,岂可以职位论哉? 昔周太祖如孔子庙将
　拜⑥,左右曰:'陪臣,不宜拜。'周太祖曰:'百世帝王之师,敢不拜
　乎?'遂再拜。朕深嘉其不惑于左右之言。今朕敬礼先师之礼,宜特
　加尊崇。"儒臣乃定其仪,从之。

编 帝亲录系囚。

纪 上录囚毕,命御史袁凯送东宫覆审,递减之。凯还复命,上问:"朕与
　东宫孰是?"凯顿首曰:"陛下法之正,东宫心之慈。"上大喜,悉从之。

编 秋八月,皇后马氏崩。

---

① 廉州府:治今广西合浦县。巡检:明代巡检司官,掌率徭役弓兵,维持地方治安。
② 广平府:治今河北邯郸市永年区。
③ 磁州:治今河北磁县。
④ 铁冶都提举司:元代开采铁矿炼铁的专门管理机构。
⑤ 江夏:县名,今湖北武汉市武昌区。
⑥ 周太祖:郭威。

纪后性恭俭,服浣濯之衣,每诫诸王妃、公主曰:"尔等生长富贵,当为天地惜物。"接妃嫔有恩,被宠生子者待之加厚。太子、诸王虽爱之甚笃,勉令务学。有以器皿衣服相尚者,必切责之。上常前殿决事,或震怒,还宫必问今日处何事,怒何人。因言:"陛下有众子,正好积德。不可纵怒杀人,致死者冤枉。活人性命,乃子孙之福,国祚亦长久。"上每从之。至是病,不肯服药。上强之,终不肯,曰:"死生有命,虽扁鹊何益! 使服药而不瘳(chōu)①,陛下宁不以妾故而杀此诸医乎?"遂崩,年五十一。上痛悼,终身不复立后。

编九月,诏选高僧分侍诸王。

纪有僧道衍者,姓姚,名广孝,苏州人,幼出家,改名道衍,字斯道。好读书,工诗文,遇异人传术②,能预知人休咎③,又善术数之学④。文皇在燕邸,广孝自请于燕王曰:"殿下若能用臣,臣当奉白帽子与大王戴⑤。"至是,燕王自求广孝于上,许之。

编征耆儒鲍恂等至,并命为学士⑥。固辞,寻放还。

纪征崇德鲍恂⑦、上海全思诚、吉安余铨⑧、高邮张长年,既至,入见,年皆七十余,赐坐,顾问者久之,并命为文华殿大学士。恂等固辞,上

---

① 瘳:病愈。
② 异人:指道士席应真。
③ 休咎:善恶,吉凶。
④ 术数:用阴阳五行生克制化的数理,来推断人事吉凶。
⑤ 白字加于王字上,谓皇字。
⑥ 学士:翰林院长官,掌制诰、史册、文翰之事,备天子顾问。
⑦ 崇德:县名,今浙江桐乡市西南。
⑧ 吉安:县名,今江西吉安市。

曰:"免卿早朝,日晏而入。"恂等复以老疾辞,乃放还。

编置殿阁学士①,以礼部尚书刘仲质为华盖殿大学士,翰林学士宋讷为文渊阁大学士,检讨吴伯宗为武英殿大学士②,典籍吴沉为东阁大学士③。

编召方孝孺入见,复遣还。

纪吴沈荐孝孺学行,召入见,上喜其举动端雅,曰:"此庄士,当老其才用之。"遣还乡。

编设都察院④,以詹徽、林骊为监察御史。

编癸亥,十六年(1383),春正月,吴沈承制编敬天、忠君、孝亲三事为书,上之,赐名《精诚录》。

编秋七月,遣御史录囚于诸省。

编冬十月,刑部尚书开济以罪诛。

纪先是,济议法巧密,上曰:"竭泽而渔,害及鲲鲕(kūn ér)⑤;焚林而田,祸及麛鷇(mí kòu)⑥。巧密之法,百姓何堪? 非朕所望也。"济强敏综核,善深文,莫能自脱。尝鞫狱,借死囚脱代,狱吏发之,捶狱吏死。至是下济狱而死。

① 殿阁学士:以儒臣充任,侍左右,备顾问。
② 检讨:翰林院史官,掌修国史。
③ 典籍:隶翰林院、国子监,掌图籍。
④ 都察院:明代中央最高监察机构,掌纠察内外百司。
⑤ 鲲鲕:鱼子,小鱼。
⑥ 麛:幼鹿。鷇:须母鸟哺食的雏鸟。

编 十二月,初令儒学岁贡生员。

编 甲子,十七年(1384),春正月,以孔讷袭封衍圣公。

〔颁行科举成式〕

编 三月,颁行科举成式。

纪 凡三年大比,乡试试三场。八月初九日,试《四书》义三,经义四。《四书》义主朱子《集注》。经义:《诗》主朱子《集传》,《易》主程、朱《传》《义》①,《书》主蔡氏《传》及古注疏②,《春秋》主左氏、公羊、穀梁、胡氏③、张洽《传》,《礼记》主古注疏。十二日,试论一,判语五,诏诰章表内科一。十五日,试经史策五。礼部会试以二月,与乡试同。其举人则国子学生、府州县学生,暨儒士未仕、官之未入流者应之。其学校训导专主生徒,罢闲官吏、倡优之家与居父母丧者,俱不许入试。

编 冬十月,以秀才宋矩等十七人为监察御史。

编 十一月,以孔希文为曲阜世职知县。

编 乙丑,十八年(1385),春二月,初昏五星并见。

编 太傅、魏国公徐达卒。

纪 达自北征还,即上将印。自去冬疾作,至是卒,年五十四。上痛悼不

---

① 程朱《传》《义》:程颐《程氏易传》、朱熹《周易本义》。
② 蔡氏:蔡沈。
③ 胡氏:胡安国。

已,亲为文祭之,追封中山王,谥武宁,赐葬中山①。子四:长辉祖,袭封魏国公;次添福,勋卫②;次增寿,左都督③;次应绪,都督佥事。女四:长文皇后④,次安王妃,次代王妃。

编 会试天下贡士。

纪 取黄子澄第一,练子宁次之。殿试丁显第一,子宁次之,子澄又次之。

编 丙寅,十九年(1386),春二月,置行人司⑤。

编 秋七月,诏举经明行修、练达时务之士,年七十以上者送京师。

编 丁卯,二十年(1387),春正月,诏修阙里孔子庙。

编 二月,帝耕藉田。

［焚锦衣卫刑具］

编 诏焚锦衣卫刑具。

纪 上闻锦衣卫多以非法讯鞫(jū)罪囚⑥,命取其刑具悉焚之,所系囚仍送刑部审理。有军人犯罪当杖,其人尝两得罪宥免,有司请并论前罪诛之。上曰:"前罪既宥,今复论之,则不信矣,使人何所措手足乎!"

---

① 中山:据《明太祖实录》应作"钟山"。
② 勋卫:明代宿卫,由功臣子弟担任。
③ 左都督:五军都督府长官,职分左右,掌军旅之事。
④ 文皇后:明太宗朱棣仁孝文皇后。
⑤ 行人司:明代掌传旨、册封等事的机构。
⑥ 鞫:审讯。

编 秋七月,有司请立武学,祀太公①,不许。

纪 有司请立武学,祀太公。上曰:"文、武非二途也,太公从祀帝王庙,罢
　 其旧祀。"

编 戊辰,二十一年(1388),春正月,以御史凌汉为右都御史②。

纪 汉鞫狱平恕,人有德汉者遇诸途,厚遗以金。汉曰:"子罪当尔,律有
　 定法,非我私子,何以金为?"上廉得其事,故有是擢。

编 三月,廷试进士。

纪 赐任亨泰等进士及第、出身有差。亨泰,襄阳人,命有司建状元坊以
　 旌之。奉旨建坊自此始。

编 冬十月,以庶吉士解缙为监察御史③,寻遣归。

纪 缙,吉水人④,七岁能诗文,十八举于乡,连登进士。上亲选为庶吉士,
　 特被宠眷。因上封事,凡万余言,其略曰:"陛下进人不择贤否,授职
　 不量轻重。诚信有间,用刑太繁,每多自悔之时,辄有无及之叹。律
　 以人伦为重,乃有给配夫妇之条,恐伤节义之礼。太常非俗乐可肄,
　 官妓非人道所为,可以禁绝。释、老之壮者宜出之,使复人伦。经咒
　 之妄者悉火之⑤,以杜俗惑。陛下天资清高,而学问不充。善端间
　 发,而心学无素。"上嘉其识,擢为监察御史。时都御史袁泰恣横,无

---

① 太公:姜子牙。
② 右都御史:都察院长官,职分左右,掌纠劾百司,提督各道御史。
③ 庶吉士:由进士中优秀者选入翰林院等近侍衙门观政者。
④ 吉水:县名,今江西吉水县。
⑤ 经咒:宗教信徒的经文与口诀。

敢言之者,缙历诋(dǐ)其奸状①。上虑缙少涵养,将为众所倾,召其父谕之曰:"才之生甚难,而大器者晚成,其以尔子归,益进其学。"又谕缙曰:"后十年来朝,大用尔未晚也。"

编 以卓敬为给事中。

纪 时诸王服饰有拟太子者,敬乘间言于上曰:"陛下于诸王不早辨等威,而使服饰与太子埒(liè)②。尊卑无序,何以令天下?"上曰:"卿言是也。"

编 己巳,二十二年(1389),春二月,改大宗正院为宗人府③,以秦王为宗人令④。

编 二月,诏公侯各还其乡,赐赉(lài)有差。

纪 上以天下无事,悯诸将老,欲保之,故有是命。上论守成之道曰:"人常虑危,乃不蹈危。车行于峻阪而仆于平地者,慎于难而忽于易也。保天下亦如御车,虽治平,何可不慎!"

编 庚午,二十三年(1390),夏四月,除百官期年奔丧之制。

〔杀李善长,重创淮西勋贵集团〕

编 杀韩国公李善长。

---

① 诋:谴责。
② 埒:等同。
③ 大宗正院、宗人府:掌皇族属籍、宗室玉牒的机构。
④ 宗人令:宗人府长官,掌皇室宗族事务。

纪先是，善长坐他累削禄，既又有以胡惟庸党言者，上亦未之究也。至
是，会有星变，其占为大臣当灾。时帝大杀京民之怨逆者，善长请免
其亲戚数人。上大怒，遂赐死。

编诏求仙人张三丰不得，召其徒丘玄清拜太常卿①。

纪三丰不知何处人，洪武初入武当山修炼，寒暑一衲②，时称为张邋遢。
有问之者，终日不答一语。或与论经书，则津津不绝口。一啖数斗辄
尽，辟(bì)谷数月亦自若③。隆冬，鼾卧雪中，道士丘玄清遇之，遂为
弟子。至是上遣使求三丰不得，乃召丘玄清至，与语大悦，拜太常卿。

编命刘基孙廌(zhì)袭封诚意伯。

纪初，基爵止其身，不世袭。既而忤胡惟庸，为所害，基子琏为江西参
政④，又为惟庸党沈立本所胁，卒于官。及惟庸败，上悯思之，故有
是命。

编辛未，二十四年(1391)，春二月，改封豫王桂为代王，汉王楧(yīng)为
肃王，卫王植为辽王。

编冬十月，定生员巾服之制。

纪上亲视，必求典雅，凡三易其制，始定襕(lán)衫⑤。

---

① 太常卿：太常寺长官，掌祭祀礼乐之事。
② 衲：补衲衣。
③ 辟谷：不食五谷，方士道家当作修炼成仙的方法。
④ 参政：承宣布政司副长官，分守各道，并派管粮储、屯田、水利诸事。
⑤ 襕衫：明代秀才举人公服。以白细布为之，圆领大袖。

编擢冯坚为佥都御史①。

纪南丰典史冯坚上言九事②,上奇之,超擢为都察院右佥都御史。

编壬申,二十五年(1392),夏四月,皇太子薨,谥曰懿文。

编秋七月,窜吴从权、张恒于极边。

纪岢(kě)岚州学正吴从权③、山阴教谕张恒④,给由至京师,上问民间疾苦,皆对曰:"非职事,不知也。"上曰:"宋儒胡瑗,为苏、湖教授,其教诸生皆兼时务。圣贤之道,所以济世也,民情不知,则所教何事? 其窜之极边,命刑部榜谕天下学校。"

编九月,立嫡长孙允炆为皇太孙。

纪太孙生而额颅稍偏,性聪颖,善读书,然仁柔少断。帝每令赋诗,多不喜。一日令之属对,大不称旨。复以命燕王,语乃佳。帝常有意易储,翰林学士刘三吾曰:"若然,置秦、晋二王何地?"帝乃止。

编以修撰黄子澄兼少詹事⑤,侍东宫讲读。

编以方孝孺为汉中府教授。

纪蜀献王闻孝孺贤,命世子受学,名其读书之庐曰正学。

---

① 佥都御史:隶都察院,佐理都察院之事。
② 典史:诸县低级官员,掌出纳文书。
③ 岢岚州:治今山西岢岚县。
④ 山阴:县名,今山西山阴县东南。
⑤ 少詹事:詹事府副长官,佐詹事辅导太子。

〔发动蓝玉案,淮西勋贵集团覆灭〕

编 癸酉,二十六年(1393),春正月,凉国公蓝玉谋逆,伏诛。

纪 初,胡惟庸之叛,有称玉与其谋者,上以其功大,宥不问。后诸老将多
没,乃擢为大将,总兵征伐,甚称上意。然玉素不学,性复很愎(bì)①,
又恃功横暴。有讦其阴事者,上诘责之,玉不为意。至是,命为太傅,
玉攘袂(mèi)大言曰②:“我固不当为太师也?”间奏事,上不从,玉惧,
退语所亲曰:“上疑我矣。”乃谋反。

时鹤庆侯张翼、普定侯陈桓、景川侯曹震、舳舻(zhú lú)侯朱寿、东莞伯
何荣、都督黄恪、吏部尚书詹徽、侍郎傅友文及诸武臣尝为玉部将者,
玉乃遣亲信召之,晨夜会私宅谋议,集士卒及诸家奴,伏甲将为变。
约束已定,为锦衣卫指挥蒋瓛(huán)所告。命群臣讯状具实,磔于市,
夷三族③。彻侯功臣④、文武大吏以至偏裨(pí)将卒⑤,坐党论死者可
二万人,蔓衍过于胡惟庸。

评胡蓝之案:

　　胡惟庸案和蓝玉案是明初影响重大的政治事件。胡案使得淮西勋
贵受到沉重打击,蓝案则标志淮西勋贵集团的最后覆灭。两案是朱元璋
强化皇权、变更中枢丞相及军事体制的政治节点。通过胡案,朱元璋完
成了废除中书省和丞相制的改革,加强了君主集权。用亲王就藩取代功

———————————

① 很:同“狠”。愎:乖戾,执拗。
② 攘袂:挽起袖子,奋起之状。
③ 三族:父族、母族、妻族。
④ 彻侯:列侯,泛指公侯伯高官。
⑤ 裨:副将。

臣戍防,实现军事防御体系的重大调整。历史上王朝新建,君主与功臣之间产生矛盾是普遍问题,明朝君主集权与淮西勋贵集团的冲突无法避免,终以大规模的杀戮告结。

编 夏四月,太白经天①。

编 秋九月,颁大成乐器于天下以祀孔子。

编 诏褒浦江义门郑氏。

纪 浦江郑氏,十世不异爨(cuàn)②,长幼至千余人,田赋各有所司,凡出纳虽丝毫咸有文可覆,无敢私。诸妇惟事女工,不与家政。子孙孝谨,执亲丧,哀毁三年,不御酒肉。家畜两马,一出则一为之不食。家以田多,择为粮长③,数以事入觐,上识之。后被人妄讦其家与权臣通财,时严通财党与之诛,犯者不问实与不实,必死。其宗长郑濂与从弟湜(shí)两人争先就吏,上怜之曰:"我知郑门无是也,人诬之耳。"擢湜福建布政司参政。上问濂治家所以长久之道,对曰:"守家法,不听妇人言而已。"上深嘉之。至是,尚书严震直述其家世孝友以闻,遂下诏褒异之。

编 甲戌,二十七年(1394),秋九月,谪青州民江伯儿戍海南。

纪 青州日照民江伯儿以母病,割胁肉食之,不愈,祷于岱岳④,祠誓云:"母病愈则杀子以祀。"既而母病愈,竟杀其三岁子祭之。有司以闻,

① 太白:金星。
② 爨:烧火做饭,异爨引申为分家。
③ 粮长:明代各粮区之长,负责本区田粮催征、经收、解运诸事。
④ 岱岳:泰山。

上怒曰："父子天伦至重,今贼杀其子,绝灭伦理! 亟捕治之,勿使伤坏风化。"遂逮伯儿,杖一百,谪戍海南。

编《寰宇通志》成。

纪方隅之目有八:东距辽东都司①,东北至三万卫②,西极四川松潘卫③,西南距云南金齿④,南逾广东崖州⑤,东南至福建漳州府,北暨太平大宁卫⑥,西北至陕西甘肃。纵一万九百里,横一万一千五百里。四裔不与焉。

编乙亥,二十八年(1395),夏六月,诏禁黥(qíng)⑦、刺、剕(fèi)⑧、劓(yì)⑨、阉割之刑⑩。

编秋七月,信国公汤和卒。

编九月,《皇明祖训》成。

纪上自为之序曰:"朕观自古国家建法立制,皆在始受命之君。盖其创业之初,备尝艰苦,阅人既多,历事亦熟。比之生长深宫之主,未谙世故,及僻处山林之士,自矜己长者,甚相远矣。朕与群雄并驱,虑患防

---

① 辽东都司:辽东都指挥使司,治今辽宁沈阳市,辖境约今辽宁东部、西南部一带。
② 三万卫:治今辽宁开原市北。
③ 松潘卫:治今四川松潘县。
④ 金齿:金齿军民指挥使司,今云南保山市。
⑤ 崖州:治今海南三亚市崖州区。
⑥ 太平大宁卫:据《明太祖实录》应作"北平大宁卫"。属北平行都指挥使司,治今内蒙古宁城县西。
⑦ 黥:刺面。
⑧ 剕:断足。
⑨ 劓:割鼻。
⑩ 阉割:宫刑。

微,近二十载,乃能统一海宇。人之情伪,亦颇知之,故以所见所行,开导后人,著《祖训》一篇,立为家法。首尾六年,凡七誊稿,至今方定,岂非难哉？盖俗儒多是古非今,奸吏常舞文弄法。凡我子孙,钦承朕命,毋作聪明,乱我已成之法。"

编丙子,二十九年(1396),春三月,诏文庙从祀罢扬雄,进董仲舒。

编冬十月晦,皇曾孙文奎生。

纪太孙允炆长子也。上以十月数终,又生于晦日,命内外勿贺。

编丁丑,三十年(1397),春三月,命儒臣覆阅会试下第卷。

纪初,会试以翰林学士刘三吾、安府纪善白信蹈充考试官①,取宋琮等五十二人,中原、西北士子无与名者。三月殿试赐进士,以闽县陈𫍙(ān)为第一②。被黜者咸以不公为言。上大怒,命儒臣覆阅下第卷。或传三吾与信蹈至阅卷官所,属以卷之最陋者进呈。上验之,果为不堪文字,益怒,谓为胡、蓝二党,命刑部拷讯。三吾、信蹈、赞善司宪三人为蓝党,侍读张信③、司直张谦④、校书严叔载等皆为胡党⑤,惟侍读戴彝不与焉。诏三吾谪戍边,余皆弃市。于是覆阅取六十一人,皆北人也。

编夏五月,《大明律诰》成。

编秋九月,诏天下每乡里各置木铎(duó)。

---

① 纪善:纪善所长官,隶王府长史司,掌讽导礼法诸事。
② 闽县:在今福建福州市。
③ 侍读:隶翰林院,负责为皇帝讲读经史。
④ 司直:即司直郎,隶詹事府,掌弹劾纠举东宫官属。
⑤ 校书:隶詹事府所属司经局,掌校正书籍。

紀 上命户部令天下人民,每乡里各置木铎,选年老者,每月六次,持铎徇
　于道路。又令民每时置一鼓,凡遇农桑时月,晨起击鼓会田所。怠惰
　者,里老督责之,里老不劝督者罚。遇婚姻、死丧吉凶等事,一里之
　内,互相赒(zhōu)给①。

编 戊寅,三十一年(1398),春三月,以齐泰为兵部尚书。

编 夏五月,上不豫。

编 闰月,帝崩,太孙允炆即位。

紀 帝崩,年七十一。遗诏止诸王入临②、会葬。燕王入,将至淮安,齐泰
　言于帝,令人赍(jī)敕使还国③,燕王不悦。

编 葬孝陵④。

编 六月,上皇祖考大行皇帝谥曰钦明启运峻德成功统天大孝高皇帝,庙
　号太祖。尊母吕氏为皇太后。

编 以蹇(jiǎn)义为吏部右侍郎,夏原吉为户部右侍郎。命兵部尚书齐
　泰、太常寺卿黄子澄与参国事。

编 秋七月,以方孝孺为翰林院侍讲⑤,直文渊阁⑥。以董伦为礼部侍郎,

---

① 赒:周济,救济。
② 入临:入朝哭吊。
③ 赍:持,携带。
④ 孝陵:明太祖陵墓。
⑤ 翰林院侍讲:翰林院官员,掌讲读经史。
⑥ 直:值班,值勤。

兼翰林院学士。王仲为国子监博士①。

编 逮周王橚至京,废为庶人。

## 〔齐泰、黄子澄首议削藩〕

纪 户部侍郎卓敬密奏裁抑宗藩,疏入不报。于是燕、周、齐、湘、代、岷诸王颇相煽动,有流言闻于朝,帝患之,谋诸齐泰。泰与黄子澄首建削夺议,乃以事属泰、子澄。泰谓子澄曰:"燕握重兵,且素有大志,当先削之。"子澄曰:"不然。燕预备久,卒难图,宜先取周,剪燕手足,燕即可图矣。"乃命曹国公李景隆调兵卒至河南围之,执周王及其世子、妃嫔送京师,削爵为庶人,迁之云南。燕王见周王被执,且齐泰、黄子澄用事,遂简壮士为护卫,以勾逃军为名,异人术士多就之。

初,道衍尝游嵩山佛寺②,遇鄞(yín)人袁珙③,珙相之曰:"宁馨胖和尚乃尔耶④?目三角,彭(piāo)白,形如病虎,性必嗜杀,他日刘秉忠之流也⑤。"道衍大笑,因此自负。至是,荐珙相术于燕王。王使召之至,令使者与饮于酒肆。王服卫士服,偕卫士九人入肆沽。珙趋拜燕王前曰:"殿下何自轻如此?"燕王阳不省⑥,曰:"吾辈皆护卫校士也。"珙不对。乃召入,详叩之,珙稽首曰:"殿下异日太平天子也。"燕王恐人疑,乃佯以罪遣之,既而密召入邸。

① 国子监博士:国子监五经博士,掌分经讲授,考课监生。
② 嵩山:在今河南登封市。
③ 鄞:县名,今浙江宁波市鄞州区。
④ 宁馨:如此,这样。
⑤ 刘秉忠:元世祖忽必烈谋臣,精通天文地理、阴阳术数。
⑥ 阳:假装。

编 冬十月，荧惑守心①。

纪 四川岳池教谕程济通术数②，上书言："北方兵起，期在明年。"朝议以济妄言，召入，将杀之，济曰："陛下幸囚臣，至期无兵，杀臣未晚也。"乃囚济于狱。

编 十一月，诏加魏国公徐辉祖太子太傅③，与李景隆同掌六军以图燕。

纪 燕、齐有告变者，帝问黄子澄曰："孰当先？"子澄曰："燕王久称病，日事练兵，且多置异人术士左右，此其机事已露，不可不急图之。"复召齐泰问曰："今欲图燕，燕王素善用兵，北卒又劲，奈何？"泰对曰："今北边有寇警，以防边为名，遣将戍开平④，悉调燕藩护卫兵出塞，去其羽翼，乃可图也。"从之。乃以工部侍郎张昺（bǐng）为北平左布政使⑤，谢贵为都指挥使⑥，俾察燕王动静。徐辉祖，燕王妃同产兄也⑦，时以燕事密告之帝，大见信用，诏加太子太傅，与李景隆同掌六军，协谋图燕。

于　月 评注

万　明　彭　勇　邓闳旸 审定

---

① 荧惑守心：火星在心宿附近逆行或徘徊不前，古人认为是恶兆凶象。

② 岳池：县名，今四川岳池县。

③ 太子太傅：太子三师之一。明初为东宫大臣，其后渐成虚衔。

④ 开平：卫名，治今内蒙古正蓝旗境内。

⑤ 北平左布政使：北平承宣布政使司长官，掌一省民政、财政。

⑥ 都指挥使：明代各都指挥使司及行都指挥使司长官，掌一方军政。

⑦ 同产兄：同母之兄。

# 明鉴易知录卷三

　　卷首语：本卷所记起建文元年（1399），止建文四年（1402），共计四年史事。建文帝即位后标榜文治，实行宽政，针对诸王势大难制的问题，与亲信文臣齐泰、黄子澄、方孝孺等策划削藩。采纳黄子澄"剪燕手足"之策，相继废黜周王、岷王、齐王、代王、湘王。建文元年，燕王朱棣于北平起兵叛乱，史称"靖难之役"。建文四年，朱棣渡江围攻京师，宫中火起，建文帝失踪。

# 明　纪

### 建文皇帝

编己卯,建文皇帝建文元年(1399),春正月,燕王遣长史葛诚入奏事。

编帝密问诚燕邸事,诚具以实告。遣诚还燕,使为内应。至则燕王察其
色异,心疑之。

编二月,尊皇考懿文太子为兴宗孝康皇帝,皇妣常氏为孝康皇后。

编封弟允熥(tōng)为吴王,允熞(jiān)为衡王,允㷒(xī)为徐王。

编立子文奎为皇太子。

编燕王来朝。

纪燕王入觐,行皇道入,登陛不拜。监察御史曾凤韶劾王不敬,帝曰:
"至亲勿问。"户部侍郎卓敬密奏曰:"燕王智虑绝人,酷类先帝。夫
北平者,强干之地,金、元所由兴也,宜徙封南昌,以绝祸本。"帝览奏,
袖之,翼日语敬曰:"燕王骨肉至亲,何得及此?"敬曰:"隋文、杨广①,
非父子耶?"帝默然,良久曰:"卿休矣。"

编三月,燕王还国。

纪燕王归国即托疾,久之,遂称笃。

————————————

① 杨广:隋炀帝。

编 夏四月,遣使执湘王柏,湘王自焚死。

纪 人告岷王梗不法事①,削其护卫,诛其导恶指挥宗麟,废为庶人。又以湘王柏伪造钞及擅杀人,降敕切责,仍遣使以兵迫执之。湘王曰:"吾闻前代大臣下吏,多自引决②,身高皇帝子,南面为王,岂能辱仆隶手求生活乎?"遂阖(hé)宫自焚死。又以人告齐王榑阴事,诏至京,废为庶人,拘系之。幽代王桂于大同,废为庶人。未几,靖难兵起。

编 燕世子高炽及其弟高煦、高燧至京师,寻遣还。

纪 太祖小祥③,燕王遣三子入临。或曰:"不宜偕往。"王曰:"令朝廷勿疑也。"及至京,齐泰请并留之。黄子澄曰:"不可。疑而备之,殆也,不若遣还。"世子兄弟,皆魏国公徐辉祖甥。辉祖察高煦有异志,密奏曰:"三甥中,独高煦勇悍无赖,非但不忠,且叛父,他日必为大患。"帝以问辉祖弟增寿及驸马王宁,皆庇之,乃悉遣归国。

初,世子入京,燕王大忧悔,及归,喜曰:"吾父子复得相聚,天赞我也。"已而燕兵起,高煦戮力为多。帝曰:"吾悔不用辉祖之言!"

编 六月,下诏让燕,逮燕府官属。

纪 燕护卫百户倪谅上变告燕官校于谅、周铎等阴事,逮系至京,皆戮之。有诏责燕王,王乃佯狂称疾④,走呼市中,夺酒食,语多妄乱,或卧土壤,弥日不苏。张昺、谢贵入问疾,王盛夏围炉摇颤,曰:"寒甚。"宫

---

① 梗,据《明太祖实录》应作"楩"。
② 引决:自杀。
③ 小祥:父母死后一周年的祭礼。
④ 佯:假装。

中亦杖而行。朝廷稍信之。长史葛诚密告昺、贵曰："燕王本无恙，公等勿懈。"会燕王使其护卫百户邓庸诣阙奏事，齐泰请执讯之，具言王将举兵状。泰即发符遣使，往逮燕府官属，密令谢贵、张昺图燕，使约长史葛诚、指挥卢振为内应。以北平都指挥张信为燕王旧所信任，密敕之，使执燕王。信受命，甚忧，不敢言。母疑问之，信以告。母惊曰："不可。吾故闻燕王当有天下。王者不死，非汝所能擒也。"信乃往燕邸请见，召入，拜于床下。王佯为风疾，不能言。信曰："殿下无尔也，有事当以告臣。"王曰："疾非妄也。"信曰："殿下不以情语臣，上擒王矣，当就执。如有意，勿讳臣。"王见其诚，下拜曰："生我一家者，子也！"乃召僧道衍至谋事。适暴风雨，檐瓦堕，王心恶之，色不怿(yì)①。道衍以为祥，王谩骂："和尚妄，乌得祥！"道衍曰："殿下不闻乎？飞龙在天②，从以风雨。瓦坠，天易黄屋耳。"王喜，遂令护卫指挥张玉、朱能等帅壮士八百人入卫。贵等以在城七卫并屯田军士围王城，又以木栅断端礼等门。未几，削爵及逮官属诏至。

〔引发靖难之役〕

編 秋七月，燕王棣杀北平左布政使张昺、都指挥使谢贵等，遂发兵反。

紀 谢贵、张昺督诸卫士，皆甲，围府第，索所逮诸官属，飞矢入府内。燕王与张玉、朱能等谋曰："彼军士满城市，吾兵甚寡，奈何？"朱能曰："先擒杀贵、昺，余无能为矣。"王曰："是当以计取之。今奸臣遣使来

---

① 怿：高兴。
② 飞龙在天：比喻帝王在位。

逮官属,依所坐名收之。即令来使召贵、旵,付所逮者。贵、旵必来,来则擒之,一壮士力耳。"明日,王称疾愈,御东殿,官僚入贺。王先伏壮士左右及端礼门内,遣人召贵、旵,不来。复遣官属内官,以所就逮名往,乃至。王曳杖坐,赐宴行酒,出瓜数器,曰:"适有进新瓜者,与卿等尝之。"王自进片瓜,忽怒且詈(lì)曰①:"今编户齐民,兄弟宗族尚相恤。身为天子亲属,旦夕莫必其命。县官待我如此②,天下何事不可为乎?"掷瓜于地。护卫军皆怒,前擒贵、旵,摔卢振、葛诚等下殿。王投杖起曰:"我何病,迫于若奸臣耳!"遂曳贵、旵等,皆斩之。贵、旵诸从人在外者尚未知,见贵、旵移时不出,各稍稍散去。围王城将士闻贵、旵已被执,亦溃散。

明日,燕王誓师,以诛齐泰、黄子澄为名,去建文年号,仍称洪武三十二年。署官属,以张玉、朱能、丘福为都指挥佥事③,拜卒金忠为燕纪善。王下令谕将士曰:"予太祖高皇帝之子,今为奸臣谋害。《祖训》云:'朝无正臣,内有奸逆,必举兵诛讨,以清君侧之恶。'用率尔将士诛之,罪人既得,法周公以辅成王,尔等其体予心。"

编　燕王棣上书请诛齐泰、黄子澄。诏削燕王属籍。

纪　燕王上书曰:"皇考太祖高皇帝艰难百战,定天下,成帝业,传之万世,封建诸子④,巩固宗社,为磐石计。奸臣齐泰、黄子澄包藏祸心,橚⑤、榑⑥、

① 詈:骂,责备。
② 县官:此处专指皇帝。
③ 都指挥佥事:隶都指挥使司、行都指挥使司,辅佐地方军政。
④ 封建:封邦建国。
⑤ 橚:周王。
⑥ 榑:齐王。

柏①、桂②、梗五弟③,不数年间,并见削夺。柏尤可悯,阖室自焚。圣
仁在上,胡宁忍此! 盖非陛下之心,实奸臣所为也。心尚未足,又以
加臣。臣守藩于燕,二十余年,寅畏小心,奉法循分。诚以君臣大分,
骨肉至亲,恒思加慎,为诸王先。而奸臣跋扈,加祸无辜。执臣奏事
人,棰楚刺爇(ruò)④,备极苦毒,迫言臣谋不轨。遂分宋忠、谢贵、张
昺等于北平城内外,围守臣府。已而护卫人执贵、昺,始知奸臣欺诈
之谋。窃念臣于孝康皇帝,同父母兄弟也,今事陛下,如事天也。譬
伐大树,先翦附枝,亲藩既灭,朝廷孤立,奸臣得志,社稷危矣! 臣伏
睹《祖训》有云:'朝无正臣,内有奸恶,则亲王训兵待命,天子密诏诸
王统领镇兵讨平之。'臣谨俯伏俟命。"书奏,诏削燕王属籍。

编 燕张玉攻蓟州⑤,都督指挥马宣死之⑥。

纪 燕王以郭资守北平,出师次通州,指挥房胜以城降。张玉曰:"不先定
蓟州,将为后患。"时都督指挥马宣严兵守蓟州,燕王命玉帅兵往攻。
玉使人谕之,不下。环城攻之,宣帅众出战,败被执,骂不绝口,遂死
之。指挥毛遂以蓟州降。

编 燕兵陷怀来⑦,都指挥使余瑱、都督宋忠等皆死之。

纪 先是宋忠率兵三万屯开平,寻自开平率兵至居庸关,不敢进,退保怀

---

① 柏:湘王。
② 桂:代王。
③ 梗:岷王。
④ 爇:烧。
⑤ 蓟州:治今天津市蓟州区。
⑥ 都督指挥:据《明太宗实录》应作"都指挥",下同。
⑦ 怀来:怀来守御千户所,治今河北怀来县。

来。时余瑱守居庸,燕王令指挥徐安、钟祥等击瑱,瑱且守且战,援兵不至,乃弃关走怀来,依宋忠。燕王曰:"宋忠握兵怀来,必争居庸,宜乘其未至击之。"诸将皆曰:"彼众我寡,难以争锋,击之未便,宜固守以待其至。"王曰:"当以智胜,难以力取。彼众新集,其心不一,宋忠轻躁寡谋,很愎自用,乘其未定,击之必破矣。"遂率马步精锐八千,卷甲倍道而进。

先是宋忠给将士云:"尔等家在北平城中,皆为燕兵所杀,尸积道路。"欲以激怒将士。燕王令其家人张树旗帜为先锋,众遥识旗帜,呼其父兄子弟相问劳,无恙,辄喜,谓:"宋都督欺我!"倒戈走。宋忠帅余众仓皇列阵,未成,王麾师渡河,鼓噪而前。都指挥孙泰先登,颇有斩获。燕王择善射者射泰,中之,流血被甲,慷慨裹血而战,奋呼陷阵死。忠军大败,奔入城,燕兵乘之而入。忠匿于厕,搜获之,并执余瑱,皆不屈死。当时诸将校为燕师所俘者百余人,皆不肯降,发愤死。燕兵既克怀来,山后诸州皆不守,而开平、龙门①、上谷②、云中守将往往降附矣③。

〔耿炳文率军讨燕〕

编 命长兴侯耿炳文等帅师讨燕。

纪 时帝方锐意文治,日与方孝孺等讨论《周官》法度,以北兵为不足忧。

　　黄子澄谓:"北兵素强,不早御之,恐河北遂失。"乃以耿炳文佩大将军

---

① 龙门:在今河北赤城县。
② 上谷:指宣府镇。
③ 云中:指大同镇。

印,驸马都尉李坚为左副将军,都督宁忠为右副将军,帅师北伐。子
澄又请命安陆侯吴杰、江阴侯吴高,都督都指挥盛庸、潘忠、杨松、顾
成、徐凯、李文、陈晖、平安等,帅师并进。擢程济为翰林编修,充军
师,护诸将北行。吴杰等各帅偏师步骑,号百万,数道并进,期直捣北
平。檄山东、河南、山西三省合给军饷。帝诫诸将士曰:"昔萧绎举兵
入京,而令其下曰'六门之内,自极兵威',不祥之极①。今尔将士与
燕王对垒,务体此意,毋使朕有杀叔父名。"

〔耿炳文败于真定,李景隆代将〕

编 八月,耿炳文与燕师战于真定②,败绩,遣李景隆代将。

纪 炳文等率兵三十万至真定,徐凯率兵十万驻河间,潘忠驻莫州③,杨松
率先锋九千人据雄县④,约忠为应。张玉往觇(chān)炳文营还⑤,报燕
王曰:"炳文军无纪律,其上有败气,无能为。潘忠、杨松扼吾南路,宜
先擒之。"燕王悦,躬擐(huàn)甲胄⑥,帅师至涿州。壬子(十五日),晡
时⑦,渡白沟河⑧,谓诸将曰:"今日中秋,彼不备,饮酒为乐,此可破
也。"夜半,至雄县,缘城而上,松与麾下九千人皆战死。燕王度潘忠

---

① 侯景之乱后,梁武帝第三子萧纲被拥立即位。萧绎派王僧辩讨伐侯景,出征前以此
　语暗示王僧辩杀掉萧纲等嗣君。
② 真定:府名,治今河北正定县。
③ 莫州:治今河北任丘市北部。
④ 雄县:今河北雄县。
⑤ 觇:窥视。
⑥ 擐:贯,穿。
⑦ 晡:申时,下午三时至五时。
⑧ 白沟河:在今河北涿州市东部,上段为拒马河。

在莫州未知城破,必引众来援,谕诸将曰:"吾必生擒潘忠。"诸将未喻。遂命谭渊领兵千余,渡月样桥,伏水中,领军士数人伏路侧,望忠等接战,即举炮。既而忠等果至,王进兵逆击之,路旁炮举,水中伏兵起据桥。忠战败,趋桥不得,燕兵腹背夹击,遂生擒忠,余众多溺死。

燕王问诸将帅所向,玉曰:"当径趋真定,彼众新集,我军乘胜,可一鼓破之。"王曰:"善!"即趋真定。耿炳文部将张保来降,保言:"炳文兵三十万,先至者十三万,分营滹沱河南北。"燕王厚抚保,遣归。诈言保兵败被执,幸守者困得脱,窃马归。又令言雄、莫败状,燕兵旦夕且至。诸将请曰:"今由间道,不令彼知,盖掩其不备,奈何遣保告之?"王曰:"不然。始不知彼虚实,故欲掩袭之。今知其半营河南北,则当令知我至,其南岸之众必移于北,并力拒战,一举可尽歼之,兼使知雄县、莫州之败,以夺其气,兵法所谓'先声后实'也。若径薄城下,北岸虽胜,南岸之众乘我战疲,鼓行渡河,是我以劳师当彼逸力也。"

壬戌(二十五日),燕王率三骑先至真定东门,突入其运粮车中,擒二人,讯状,南岸营果北移。王率轻骑数十,绕出城西南,破其二营。炳文出城迎战,张玉、谭渊、马云、朱能等率众奋击,燕王以奇兵出其背,循城夹击,横贯南阵,炳文大败,奔还。朱能与敢死士三十余骑,追奔至滹沱河东。炳文众尚数万,复列阵向能。能奋勇大呼,冲入炳文阵,阵众披靡,自相蹂躏(róu lìn),死者无算,弃甲降者三千余人。骑士薛禄引槊中李坚,坠马,获之。宁忠、顾成及都指挥刘燧皆被执。燕王谓坚至亲,送北平,道卒。谓成先朝旧人,解其系,与语曰:"皇考之灵,以汝授我。"因语以故,言已泣下,成亦泣。遂遣人护送北平,令辅世子居守。

炳文奔入真定,阖门固守。燕兵攻城,三日不能下,燕王还北平。帝
闻,怒曰:"老将也,而摧锋,奈何?"黄子澄曰:"胜败常事,毋足虑。
聚天下之兵,得五十万,四面攻北平,众寡不敌,必成擒矣。"曰:"孰堪
将者?"子澄曰:"李景隆可。向用景隆,今破矣。"遂遣景隆代炳文,
临行,赐景隆通天犀带,亲饯之江浒①。复赐斧钺(yuè)②,俾(bǐ)专征
伐,不用命者僇(lù)之③。召炳文回。

编 九月,镇守辽东江阴侯吴高与耿瓛(huán)、杨文帅师围永平④。

编 李景隆师屯河间。燕王棣率师援永平,吴高退保山海关⑤。诏削高
爵,徙广西。

纪 景隆乘传至德州,收集耿炳文败亡将卒,并调各路军马五十万,进营
于河间。燕王闻之,呼景隆小字曰:"李九江膏粱竖子耳⑥!寡谋而
骄,色厉而馁,未尝习兵见阵,辄予以五十万众,是自坑之也。然吾在
此,彼不敢至。今往援永平,彼知我出,必来攻城,回师击之,坚城在
前,大军在后,必成擒矣。"诸将曰:"北平兵少,奈何?"王曰:"城中之
众,以战则不足,以守则有余。兵出在外,奇变随用,吾出非专为永
平,直欲诱九江来就擒耳。吴高怯不能战,闻我来必走,是我一举解
永平围,且破九江也。"遂行。而诫世子居守,曰:"景隆来,坚守毋
战也。"

---

① 浒:水边。
② 斧钺:古代兵器斧和钺,军权的象征。
③ 僇:同"戮"。
④ 永平:府名,治今河北卢龙县。
⑤ 山海关:位于明长城东端,在今河北秦皇岛市。
⑥ 膏粱:比喻富贵人家。

壬申(初五日),燕军援永平,诸将请守芦沟桥①,王曰:"方欲使九江困于坚城之下,奈何拒之?"燕师猝至永平,吴高不能军,退保山海关。燕兵奔之,斩首数千级。王曰:"高虽怯,行事差密,杨文勇而无谋,去高,文不足虑也。"乃遣人贻二人书②,盛誉高而诋文。帝闻之,削高爵,徙广西,独命文守辽东。

编 冬十月,燕兵袭大宁,执宁王权还北平。

纪 初,太祖诸子,燕王善战,宁王善谋。洪武中,燕王受命巡边,至大宁③,与宁王相得甚欢。燕王既起兵,而朝廷疑宁王与燕合,削其三护卫。燕王闻之,喜曰:"此天赞我也,取大宁必矣。"乃为书贻宁王,而阴帅师兼程趋大宁,袭破其西门。燕王驻师城外,遂单骑入城,会宁王,执手大恸,言:"北平旦夕且破,非吾弟表奏,吾死矣。"宁王为草表谢,请赦。居数日,情好甚洽。燕王锐兵出伏城外,诸亲密吏士稍稍得入城,遂令阴结三卫渠长及闾左思归士④,皆喜,定约。燕王辞去,宁王出饯郊外,伏兵起,执宁王。诸骑士卒一呼皆集,遂拥宁王入关,燕兵益盛。于是宁府妃妾、世子皆携其宝货,随宁王还北平。

[李景隆攻北平败]

编 李景隆进师攻北平。十一月,燕王棣兵至,击之,景隆败,走还德州。

纪 景隆闻燕兵攻大宁,帅师进渡芦沟桥,喜曰:"不守此桥,吾知其无能为

---

① 芦沟桥:即卢沟桥,在今北京市丰台区永定河上。
② 贻:赠送。
③ 大宁:大宁城,治今内蒙古宁城县西。
④ 渠长:渠魁,首领。闾左:指戍兵。

矣。"遂薄城下,筑垒九门。景隆攻丽正门①,几破,城中妇女并乘城,掷瓦砾。景隆令不严,骤退,北平守益坚。燕世子选勇士夜缒(zhuì)城砍营②,南军扰乱,退营十里。惟都督瞿能奋勇,与其二子帅精骑千余,杀入张掖门,锐不可当,后不继,乃勒兵以待。景隆忌能成功,使人止之,候大军至俱进。于是城中连夜汲水灌城,天寒冰结,明日不得登。

十一月,景隆移营向河西,先锋都督陈晖渡河而东。燕王率兵至孤山③,列阵于北河西④,河水难渡。是日雪,默祷曰:"天若助予,则河冰合。"是夜冰果合,遂率师击败陈晖兵。晖众跳冰遁,冰乃解,溺死无算。燕王见景隆兵动,以奇兵左右夹击,连破七垒,逼景隆营。燕中军将张玉等列阵而进,至城下,城中亦出兵,内外交攻,景隆不能支,宵遁。翌日,诸军始闻景隆走,乃弃兵粮,晨夜南奔。景隆还德州。

景隆既败,黄子澄等匿不以闻。帝曰:"外间近传军不利,果何如?"子澄曰:"闻交战数胜,但天寒士卒不堪,今暂回德州,待来春更进。"子澄遂遣人密语景隆,隐其败,勿奏。

编 燕王棣复上书自理,以诛齐泰、黄子澄,传檄天下。

编 十二月,加李景隆太子太师。

纪 景隆之败,黄子澄既不以闻,且云屯德州,合各处军马,期以明年春大

---

① 丽正门:北平南门。
② 缒:用绳索拴住人或物从上往下放。
③ 孤山:在今北京市门头沟区西南。
④ 北河:永定河。

举,故有是命。燕王谕诸将曰:"李九江集众德州,将谋来春大举,我欲诱之,以敝其众。今帅师征大同,大同告急,景隆势必来援,南卒脆弱,苦寒之地,疲于奔命,冻馁(něi)逃散者必多。善战者,因其势而利导之。"诸将曰:"善。"遂帅师出紫荆关①,攻广昌②,守将杨宗以城降。

编 罢兵部尚书齐泰、太常寺卿黄子澄。

纪 以燕王疏列二人罪也。二人名虽罢退,实筹画治兵如故。

编 蓟州镇抚曾濬起兵攻北平③,不克,死之。

编 以练子宁为吏部左侍郎,茹瑺(cháng)为兵部尚书。

编 庚辰,二年(1400),春正月,燕王棣帅师下蔚(yù)州④,遂进攻大同。

纪 燕王进兵围蔚州,指挥王忠、李远以城降,遂进攻大同。李景隆帅师救大同,出紫荆关。燕王由居庸关入,还北平。景隆军冻馁死者甚众,堕指者十二三,委弃铠仗于道,不可胜纪。

〔李景隆败于白沟河〕

编 夏四月,李景隆与武定侯郭英、安陆侯吴杰合军北伐,战于白沟河,败绩。

纪 景隆自德州进兵,过河间,前锋将至白沟河,英等过保定,期于白沟河

---

① 紫荆关:在今河北易县西北紫荆岭上。
② 广昌:县名,今河北涞源县。
③ 镇抚:卫所属官,掌刑狱词讼,无狱事则管军。
④ 蔚州:治今河北蔚县。

合势同进。燕王帅诸将进驻固安①,谓丘福等曰:"李九江等皆匹夫,无能为,惟恃其众耳。然众岂可恃也?人众易乱,击前则后不知,击左则右不应,将帅不专,政令不一,甲兵粮饷,适足为吾资耳。尔等但秣马厉兵以待。"张玉请先往驻白沟以逸待劳,燕王从之。燕兵渡五马河,驻营苏家桥。燕王见兵刃有火光如球击,金铁铮铮作声,弓弦皆鸣,喜曰:"此胜兆也。"

帝虑景隆轻敌,乃遣魏国公徐辉祖帅京军三万为殿②,星驰会之。

己未(二十四日),景隆及郭英、吴杰等合军六十万,号百万,次于白沟河,列阵以待。景隆前锋都督平安伏精兵万骑邀击。燕王曰:"平安竖子,从吾出塞,识吾用兵,以故敢为先锋。今日吾先破之。"安骁勇善战,锋初交,安奋矛率众而前,都督瞿能父子亦奋跃,所向披靡,杀伤燕兵甚众,燕兵遂却。燕有内官狗儿者,亦敢勇,率千户华聚力战河北岸,百户谷允入阵,得级七,燕王亲率兵夹击,杀数千人,都指挥何清被执。至夜深,始各收军还。燕王从三骑殿后,迷失道,下马伏地,视河流,辨东西,始知营,自上流仓猝渡河而北。

燕王既收军还营,夜秣马待战。使张玉将中军,朱能将左军,陈亨将右军,为先锋,丘福将骑兵继之,马步十余万。黎明,燕军毕渡,瞿能率其子捣房宽阵,平安翼之,宽阵披靡,擒斩数百人。张玉等见宽败,有惧色。燕王曰:"胜负常事耳。彼兵虽众,不过日中,保为诸君破之。"即麾精锐数千突入左掖③,高煦率张玉等军齐进。燕王先以七

---

① 固安:县名,今河北固安县。

② 殿:殿后。

③ 左掖:左侧。

骑驰击之,南军飞矢如注,射王马,凡三被创,三易之,马却,阻于堤,几为瞿能所及。燕王急走登堤,佯麾鞭若招后继者。景隆疑有伏,不敢上堤。而燕王复率众驰入阵,斩其骑数人。平安斩陈亨于阵,高煦见事急,帅精骑数千,前与王合。日薄午,瞿能复引众跃而前,大呼灭燕,斩其骑百余人。越巂(jùn)侯俞通渊、陆凉卫指挥滕聚复引众赴之。会旋风起,折大将旞(suì)①,南军相视而动。燕王乃以劲骑绕出其后,突入驰击,与高煦骑兵合,杀瞿能父子于阵。平安与朱能战,亦败。于是列阵大崩,奔走之声如雷,通渊与聚等皆死。燕兵追至其营,乘风纵火,燔(fán)其营垒②。郭英等溃而西,李景隆溃而南,委弃器械辎重山积,斩首及溺死者十余万。景隆单骑走德州。壬戌(二十七日),燕王进攻德州。

编　五月,李景隆奔济南,燕兵入德州,济阳儒学教谕王省死之③。

纪　燕兵入德州,籍吏民,收府库,获粮百余万,自是兵食益饶。哨骑至济阳,执教谕王省,既而释之。省还,升明伦堂,集诸生曰:"此堂名'明伦',今日君臣之义何在?"遂大哭,诸生亦哭,以头触柱而死。

[铁铉坚守济南,击退燕王]

编　燕王棣帅兵围济南,参政铁铉等击却之,遂复德州。

纪　先是,山东参政铁铉方督饷赴李景隆军,会景隆师溃东奔,铉与参军高巍酌酒同盟,收集溃亡,守济南,相与慷慨涕泣,以死自誓。及景隆

① 旞:古导车所载用五彩鸟羽作装饰的旗。
② 燔:烧。
③ 济阳:县名,今山东济南市济阳区。

奔就铉,燕王令诸将乘胜倍道而进。庚辰(十六日),至济南,景隆众尚十余万,仓猝出战,布阵未定,燕王帅精骑驰击之,景隆复大败,单骑走。于是燕兵列阵围之,铉督众悉力捍御。事闻,乃升铉为山东布政司使,召李景隆还,以左都督盛庸为大将军,右都督陈晖副之①。

燕王围济南久不下,乃堰城外诸溪涧水灌城,城中人大惧。铉曰:"无恐,计且破之。"乃议令军中诈降,迎燕王入,约壮士悬铁板伏城上闉(yīn)②,王且入,则下铁板,拔桥。计定,乃撤守具,出居民伏地请曰:"奸臣不忠,使大王冒霜露,为社稷忧。然东海之民,不习兵革,见大军压境,不识大王安天下、子元元之意③,或谓聚而歼之。请大王退师十里,单骑入城,臣等具壶浆而迎。"燕王大喜,亟下令退军。王乘骏骑徐行,张盖率劲骑数人渡桥,直至城下,城门开,守陴(pí)者皆登城伏堵间④。燕王比入门,门中人呼千岁,铁板亟下,伤燕王马首。王惊,易马而驰。济南人挽桥,桥则坚,燕王竟从桥逸去,复合兵围济南。铉令守陴者骂,燕王大怒,乃以炮击城。垂破,铉书高皇帝神牌悬城上⑤,燕兵不敢击。铉每出不意,募壮士突击燕兵,破之。燕王愤甚,计无所出。僧道衍进曰:"师老矣,请暂还北平以图后举。"于是撤围,还北平。铉及盛庸等兵乘势追之,遂复德州,兵势大振。上即军中擢铉为兵部尚书,赞理大将军军事,封盛庸为历城侯。

编九月,诏大将军盛庸总平燕师北伐。

---

① 右都督:五军都督府长官,职分左右,掌军旅之事。
② 闉:瓮城的门。
③ 元元:百姓。
④ 陴:城上女墙,上有孔穴,可以窥外。
⑤ 神牌:为祭奠死者所立的牌位。

囝于是,副将军吴杰进兵定州,都督徐凯等屯沧州。

编冬十月,燕王棣帅兵袭沧州。城陷,徐凯等被执,械至北平。

[盛庸、铁铉东昌之捷]

编十二月,大将军盛庸、参军铁铉等及燕王棣战于东昌①,大败之,杀燕
　　将张玉,燕军奔还。

囝燕王率兵至汶上②,掠济宁。盛庸、铁铉蹑其后③,营于东昌。乙卯
　　(二十五日),燕兵向东昌,庸与铉等背城而阵,具列火器、毒弩以待。
　　燕军至,即鼓噪前薄,尽为火器所伤。会平安兵至,与庸军合,于是庸
　　麾兵大战。燕王以精骑冲左掖,入中坚。庸军围燕王数重,朱能率蕃
　　骑冲入,奋力死战,翼燕王出。张玉不知王已出,突入阵救之,没于
　　阵。庸军乘胜擒斩万余人,燕兵大败,遂北奔。庸趣(cù)兵追之④,复
　　击杀者无算。
　　是役也,燕王数危甚,诸将奉帝诏⑤,莫敢加刃。至是奔北,燕王独以
　　一骑殿后,追者数百人不敢迫。适高煦领指挥华聚等至,击退庸兵而
　　去。燕王闻张玉败没,乃痛哭曰:"胜负常事,不足虑。艰难之际,失
　　此良辅,殊可悲恨!"师还,与诸将语,每及东昌事,曰:"自失张玉,吾
　　至今寝食不安。"遂涕下不已。

---

① 东昌:府名,治今山东聊城市。
② 汶上:县名,今山东汶上县。
③ 蹑:跟踪。
④ 趣:催促,急促。
⑤ 帝诏:"毋使朕有杀叔父名"之诏。

编辛巳,三年(1401),春正月,诏复齐泰、黄子澄官,仍领军国事。

纪东昌捷至,诏褒赏将士,召泰、子澄还朝,仍领军事。享太庙,告东昌
　之捷。

编二月,燕王棣帅师南下。

纪初,燕王师出,僧道衍曰:"师行必克,但费两日耳。"及自东昌还,道衍
　曰:"两日,昌也,自此全胜矣。"至是,燕王因激劝将吏,召募勇敢,以
　图进取。乙未(初六日),帅师南出。己酉(二十日),师至保定。
　盛庸合诸军二十万驻德州,吴杰、平安出真定。燕王与诸将议所向,
　丘福等言:"定州城池未固,攻之可拔。"王曰:"野战易,攻城难。今
　盛庸聚德州,吴杰、平安驻真定,相为犄(jī)角①,攻城未拔,顿师城下,
　必合势来援。坚城在前,强敌在后,胜负未可决也。今真定相距德州
　二百余里,我军界其中,敌必出迎战,取其一军,余自胆破。"诸将曰:
　"军介两敌,使彼合势夹攻,吾腹背受敌,奈何?"王曰:"百里之外,势
　不相及。两军相薄,胜败在呼吸间,虽百步不能相救,况二百里哉!"
　明日,遂移军东出。

〔盛庸败于夹河〕

编三月,盛庸及燕兵战于夹河,败绩,庸走还德州。

纪燕王师次滹沱河。盛庸军夹河为营,燕兵由陈家渡过河逆之。辛巳
　(二十二日),庸军及燕兵遇于夹河,燕王以步骑万余薄庸阵,攻其左

---

① 犄角:分别部署兵力以便牵制敌人或互相支援。

掖,庸军拥盾自蔽,矢刃不能入。燕军预作长攒(zuàn)①,约六七尺,横贯铁钉于端,钉末有逆钩,令勇士直前掷之,直贯其盾,亟不得出,动则牵连。乘隙急攻之,庸军弃盾走。燕兵蹂阵而入,南军奔溃。壬午(二十三日),复战,相持不决,忽东北风大起,尘埃涨天,沙砾击面,两军眯(mī)目,咫尺不见人。北军乘风大呼,纵左右翼横击之,庸军大败,弃兵走。燕兵追至滹沱河,践溺死者不可胜计。庸走德州。燕王战罢还营,尘土满面,诸将不能识,闻语声,始趋进见。

编 诏宥逐齐泰、黄子澄于外,籍其家以谢燕。

编 闰月,吴杰等及燕兵战于藁城②,败绩。

纪 杰、平安自真定引军出滹沱河,距燕军七十里。燕王闻之,趣兵渡河。循河行二十里,与杰军遇于藁城,会日暮。明日,杰等列方阵于西南以待,燕王亲率骁骑,循滹沱河,绕出阵后。会大风起,发屋拔树,燕军乘之,杰等师大溃。燕王麾兵四向蹙(cù)之,斩首六万余级,追奔至真定城下,杰、安走入城。燕兵自白沟至藁城,三捷,皆有风助之。

编 夏四月,燕王棣上书请召还吴杰等师,帝遣使赍书报之。

纪 燕王兵次于大名③,闻齐泰、黄子澄皆窜逐,乃上书称臣燕王棣,大略言:"比闻齐泰、黄子澄皆已窜逐,臣一家喜有更生之庆。而将士皆曰'恐非诚心,姑以饵我。不然,吴杰、平安、盛庸之众当悉召还,而今犹集境上,是奸臣虽出而其计实行'。臣思其言,恐亦人事或然也,故不

————————————

① 攒:小矛。
② 藁城:县名,今河北石家庄市藁城区。
③ 大名:府名,治今河北大名县。

敢遽释兵。惟陛下断而行之,毋为奸邪所蔽。"书上,帝以示方孝孺及侍中黄观。孝孺对曰:"诸军大集,燕兵久羁(jī)大名①,暑雨为沴(lì)②,不战自疲。急令辽东诸将入山海关,攻永平,真定诸将渡芦沟桥,捣北平。彼顾巢穴归援,我以大军蹑其后,必成擒矣。今宜且与报书,往返逾月,彼心懈而众离,我谋定而势合,机不可失也。"帝曰:"善。"命孝孺草诏,赦燕王父子及诸将士罪,使归本国,勿预兵政,仍复王爵,永为藩辅。遣大理少卿薛嵒(yán)赍往燕师③。

嵒赍诏至。燕王读之怒,问嵒:"临行,上何言?"嵒曰:"上言殿下旦释甲,谒孝陵,暮即旋师。"燕王曰:"嚄(huò),是不可给三尺儿!"嵒惶恐不能对。诸将请杀嵒,燕王曰:"嵒,天子命使,毋妄言。"嵒战栗,流汗被体。留数日,遣中使送出境,语之曰:"归为老臣谢天子。天子素爱厚臣,一旦为权奸谗构,以至于此。臣不得已,为救死计耳。幸蒙诏罢兵,臣一家不胜感激。但奸臣尚在,大军未还,臣将士存心狐疑,未肯遽散。望皇上诛权奸,散天下兵,臣父子单骑归阙下,惟陛下命之。"嵒归至京,方孝孺私就问燕事,嵒具以告,且曰:"燕王语直而意诚。"又言:"其将士同心,南师虽众,骄惰寡谋,未见可胜。"孝孺默然。嵒入见帝,亦备述前意。帝语孝孺曰:"诚如嵒言,曲在朝廷,齐、黄误我矣。"孝孺恶之曰:"此为燕游说也。"

〔南军粮草辎重被烧〕

编 五月,燕王棣遣都指挥李远烧南军积聚。

---

① 羁:停留。
② 沴:天地四时之气反常而产生的破坏、灾害。
③ 大理少卿:大理寺副长官,辅佐大理寺卿,掌审谳平反刑狱。

纪燕师驻大名,吴杰、平安发兵断北平饷道。燕王遣指挥武胜复奏书于朝,大略言:"朝廷许罢兵,而盛庸等攻北,绝粮饷,与诏旨背驰。"帝得书,有罢兵意,以示方孝孺曰:"此孝康皇帝同产弟,朕叔父也。吾他日不见宗庙神灵乎?"孝孺曰:"陛下果欲罢兵耶?即兵一罢,散不可复聚,彼长驱犯阙,何以御之?今军声大振,计捷书当不远,愿陛下毋惑甘言。"上然之。缚胜下锦衣狱。燕王闻之,怒曰:"俟命三月,今武胜见执,是其志不可回矣。彼军驻德州,资粮所给,皆道徐、沛,以轻骑数千邀焚之,德州必困。若来求战,吾严师待之,以逸待劳,可必胜。"诸将皆曰:"善。"乃遣李远等帅轻骑六千诣徐、沛,令易士卒甲胄,与南师同,插柳枝于背为识。远等至济宁、谷亭①,尽焚军兴以来积聚。丘福、薛禄合兵攻济州②,破其城,遂掠沙河、沛县,南军不之觉,粮船数万艘、粮数百万,悉为所焚,军资器械俱为煨(wēi)烬③,河水尽热,漕运军士散走。京师大震,德州粮饷遂艰。

编秋七月,遣张安遗燕世子高炽书。

纪方孝孺门人林嘉猷(yóu)尝居北平邸中,知高煦、高燧弗恭于燕世子。中官黄俨素奸险④,方曲事高燧。高燧与世子协守北平,高煦从燕王军,时时倾世子。而是时河北师老无功,德州饷道绝,孝孺乃言于上曰:"兵家贵间(jiàn)⑤,燕父子兄弟可间而离也。世子诚见疑,王必北

----

① 谷亭:镇名,在今山东鱼台县东。
② 济州:即济宁州。
③ 煨烬:灰烬。
④ 中官:宦官。
⑤ 间:离间。

归。王归而我饷道通,事乃可济。"上善之,立命孝孺草书,遣锦衣卫千户张安如燕遗世子,令归朝廷,许以王燕。世子得书,不启封,遣人并安等送军前。中官黄俨者,比书至北平,则已先使人驰报燕王曰:"世子且反。"王疑之,问高煦。高煦曰:"世子固善太孙①。"语未竟,世子所遣使以书及张安至。燕王启视,遽曰:"嗟乎!几杀吾子!"乃囚安等。

编 冬十月,燕王棣还北平。

编 十一月,遣驸马都尉梅殷镇守淮安。

纪 殷尚太祖女宁国公主,有才智,太祖特眷注之。临崩,帝与殷侍侧,受顾命②,太祖谓帝曰:"燕王不可忽。"顾语殷曰:"汝老成忠信,可托幼主。"出誓书及遗诏授之曰:"敢有违天者,为朕伐之。"言讫,崩。至是,燕兵渐逼,诸将多畏懦观望,乃召募淮南兵民,合军士号四十万,命殷统之,驻淮上以阨燕师。既而燕王遗殷书,以进香金陵为辞。殷答曰:"进香,皇考有禁。遵者为孝,不遵者不孝。"割使者耳鼻,口授数语,词甚峻。燕王怒,决计趋金陵。

编 十二月,燕师发北平。

编 壬午,四年(1402),春正月,命魏国公徐辉祖帅京军往援山东。

编 燕兵陷东阿③,吏目郑华死之④。

---

① 太孙:建文帝。
② 顾命:临终遗命,指天子遗诏。
③ 东阿:县名,今山东东阿县。
④ 吏目:诸州低级官员,掌出纳文书。

编燕兵入沛县,知县颜伯玮、主簿唐子清、典史黄谦皆死之。

编二月,燕王棣帅师南下。

编平安及燕兵遇于淝河①,战不利,退屯宿州。

纪燕将金铭护北军渡河,期与燕王会于宿州。平安率马步兵四万蹙燕
　　军,燕王亲率骑二万,持三日粮,至淝河,设伏兵。南军追至,伏发,南
　　军还走,燕王率兵至,平安以三千骑走北岸,燕王以数十骑当之。平
　　安裨将火耳灰者,故燕蕃骑指挥,素骁勇,被召入京师,遂隶平安麾
　　下。持稍(shuò)直犯燕王②,相距十步许,燕王令胡骑指挥童信射其
　　马蹶(jué)③,遂获火耳灰者。其部曲哈三帖木耳亦勇,见火耳灰者被
　　获,持稍突阵,亦射擒之。平安易服,以数骑走,燕王率兵追之,南军
　　大败,骁将林帖木儿等被执。平安退屯宿州。是日,释火耳灰者,令
　　入宿卫,诸将以为言,不听。

编燕兵陷萧县④,知县陈恕死之。

编夏四月,总兵何福、都督平安等师屯灵璧⑤,燕兵攻破之,福遁走,安被
　　执,遣诣北平。

纪平安营于小河,燕兵据河北,燕王令陈文扼要处为桥,先渡步卒、辎
　　重,骑兵随之,遂分兵守桥。明日,总兵何福列阵十余里,张左右翼,

---

① 淝河:淝水,在今安徽合肥市西南。
② 稍:长矛。
③ 蹶:跌倒。
④ 萧县:今安徽萧县。
⑤ 灵璧:县名,今安徽灵璧县。

缘河而东,燕王帅骑兵战。福麾步兵而前,争所守桥,福帅后军来援,奋击破之,遂斩陈文于阵。平安转战,遇燕王于北坂,王急,几为安槊所及,马蹶不得前,燕蕃骑指挥王骐跃马入阵援,燕王得脱。南军夺桥而北,勇气百倍。徐辉祖军至,大战齐眉山①,自午至酉②,胜负相当。

是时南军再捷,燕骁将多败没。燕王不解甲者数日,南军相庆。

时廷臣有曰:"燕且北矣,京师不可无良将。"帝因召辉祖还,何福军声遂孤。燕遣轻骑截南军饷道,又令游骑扰其樵采。福乃下令移营灵璧就粮。时南军运粮五万,平安帅马步六万护之。燕王遣壮士万人遮援兵,而令高煦伏兵林间,躬帅师迎战。福出壁,与安合击。高煦帅众自林间突出,燕王还兵掩击其后。福等大败,尽丧其粮饷。福等入营坚守。是夜,福下令期明旦闻炮声三,即突围出师就粮于淮河。庚辰(二十八日),燕军攻灵璧营,燕王帅诸将先登,军士蚁附而上。燕兵三震炮,福军误为己炮,急趋门,门塞不得出,营中纷扰,燕兵急攻之,遂破其营。福遁走,安等被执,参赞军务、礼部侍郎陈性善,大理寺丞彭与明皆死之③。平安被俘见燕王,王曰:"淝河之战,公马不蹶,何以遇我?"安大言曰:"刺殿下如拉朽耳!"王太息曰:"高皇帝好养壮士!"释之,遣还北平。自是南军益衰矣。

编 五月,燕兵至泗州,守将周景初举城叛降燕。

纪 燕王谒祖陵,泣曰:"横罹权奸,几不免矣。幸赖祖宗,得今日拜陵

① 齐眉山:在今安徽灵璧西南。
② 午:白天十一点到一点。酉:下午五点至七点。
③ 大理寺丞:大理寺属官,分理京畿、诸布政司刑名。

下。"陵下父老来见,悉赐牛酒,慰劳遣之。

编燕兵渡淮,守淮河兵部主事樊士信死之①。

纪燕师至淮,盛庸帅马步兵数万、战舰数千,列营南岸。燕王令舣舟编筏②,扬旗鼓噪,若将渡者。潜遣丘福、朱能、狗儿等西行二十里,以小舟潜渡,出庸后。渐近营,举炮,南军惊走。庸股栗不能上马③,遂单舸脱去。燕兵尽得其战舰,渡淮驻南岸。樊士信死之。

编燕兵陷盱眙(xū yí)④、天长⑤,进至扬州,守将崇刚、监察御史王彬死之。

编燕王至高邮,遂陷仪真⑥。

编诏天下勤王⑦。

纪仪真既破,北舟往来江上,旗鼓蔽天。燕王驻师江北,朝廷六卿大臣多为自全计⑧,求出守城,都城空虚。帝下诏罪己,遣使四出,征勤王兵。方孝孺曰:"事急矣,宜以计缓之,遣人许割地。稽延数日,东南募兵当至,长江天堑,北兵不闲舟楫⑨,相与决战于江上,胜败未可知。"帝从之,乃以吕太后命,遣庆城郡主如燕师议和,以割地分南北

---

① 主事:六部属官。
② 舣:整船靠岸。
③ 股栗:大腿发抖,形容十分恐惧。
④ 盱眙:县名,今江苏盱眙县。
⑤ 天长:县名,今安徽天长市。
⑥ 仪真:县名,今江苏仪征市。
⑦ 勤王:出兵救援朝廷。
⑧ 六卿:代指六部长官。
⑨ 闲:通"娴"。

为请。郡主,燕王从姊也①。燕王见郡主哭,郡主亦哭。燕王问:"周、齐二王安在?"郡主言:"周王召还未复爵,齐王仍拘囚。"燕王益悲不自胜。郡主徐申割地议,燕王曰:"凡所以来,为奸臣耳。皇考所分吾地且不能保,何望割也! 但得奸臣之后,谒孝陵,朝天子,求复典章之旧,免诸王之罪,即还北平,祇(zhī)奉藩辅②,岂有他望? 此议盖奸臣欲缓我师,俟远方兵至耳。"郡主默然,辞归。燕王送之出,曰:"为我谢天子,吾与上至亲,相爱无他意,幸不终为奸臣所惑。更为我语诸弟妹,吾几不免,赖宗庙神灵得至此,相见有日矣。"郡主还,具告之。帝出,语方孝孺,且问曰:"今奈何?"孝孺曰:"长江可当百万兵。江北船已遣人烧尽,北师岂能飞渡?"

编 宁波知府王琎、永清典史周缙募兵勤王③。

编 六月,燕兵渡江,盛庸整众御之,师溃,庸单骑遁。

纪 燕兵至浦子口④,盛庸诸将逆战,败之。会高煦引北骑至,燕王大喜,抚煦背曰:"勉之! 世子多疾。"于是煦殊死战。燕王帅精骑直冲庸阵,庸军小却。帝遣都督佥事陈瑄帅舟师往援庸,瑄乃降燕。

〔燕王誓师渡江〕

乙卯(初三日),瑄具舟至江上来迎燕王,王乃誓师渡江。庸所驻海艘,列兵沿江上下二百里,皆大惊愕。师渐近岸,庸等整众以御。燕

---

① 从姊:堂姐。
② 祇:恭敬。
③ 永清:县名,今河北永清县。
④ 浦子口:在今江苏南京市浦口区。

王麾诸将鼓噪先登,以精骑数百冲庸军,庸师溃,追奔数十里,庸单骑走,余将士皆降燕。

编 燕兵进屯金川门①,谷王橞(huì)与李景隆开门降。

纪 燕诸将请径薄京城,燕王曰:"镇江咽喉之地,若城守不下,往来非便。先下镇江,则彼势益危矣。"乃令来降海舟悬黄帜往来江中,镇江城中望见,惊曰:"海舟皆已降,吾将何为?"其守将童俊遂率众降。

帝闻江上海舟暨镇江皆降,甚忧郁,召方孝孺问计。孝孺即班中执李景隆,请诛之,曰:"坏陛下事者此贼也。"不听。孝孺请令诸王分守城门,乃命谷王橞、安王楹分守都城门,遣李景隆及兵部尚书茹瑺、都督王佐往龙潭②,仍以割地请和为辞,观虚实以待援兵。景隆、瑺至龙潭见燕王,伏地叩头而已,稍稍及割地事。燕王曰:"吾今救死不暇,何用地为!且今割地何名?皇考裂土分封,吾故有地矣。此又奸臣计也。凡所以来,欲得奸臣耳。公等归奏上,但奸臣至,吾即解甲,谢罪阙下,谒孝陵,归奉北藩,永祗臣节。"景隆、瑺还报命。帝令景隆再如燕师,言罪人已窜逐,候执至来献,且令诸王与偕。既至,燕王见诸王相劳苦,诸王具述帝意。燕王曰:"诸弟试谓斯言诚伪。"诸王曰:"大兄洞见矣。"燕王曰:"吾来但欲得奸臣耳,不知其他。"遂宴诸王,遣归。

帝会群臣恸哭。或劝帝且幸浙,或曰不若幸湖湘。方孝孺请坚守京城以待援,万一不利,车驾幸蜀,收集士马,以为后举。齐泰奔广德

---

① 金川门:明代南京北门。
② 龙潭:在今江苏南京市东部,临江。

州①,黄子澄奔苏州。帝太息曰:"事出汝辈,而今皆弃我去乎!"长吁不已。

癸亥(十一日),燕王整兵而进。屯金川门,时谷王橞与李景隆守金川门,燕兵至,遂开门降。魏国公徐辉祖率师迎战,败绩。

**评靖难之役:**

在中国历史上,地方藩王反叛中央朝廷,无论实力还是道义都处于劣势,基本以失败告终。朱棣发动靖难之役取得成功堪称特例。建文帝的失败主要有三方面原因:首先,即位之初,急于推行"新政";其次,改革官制提高文臣地位,而武臣受到冷落,同时力推削藩,最终失去两个最有实力的政治集团——武臣与宗藩的支持;再次,建文君臣多属文弱书生,缺乏政治经验,用人失当,军事策略一误再误。而燕王朱棣工于权谋,老于行阵,屡挫不服,终而一役获胜。战事中,双方领导者的政治、军事素质起到了关键作用。

〔**建文帝逊国,下落成谜**〕

编 大内火,帝逊国去②。

纪 时朝廷文武俱迎降燕,帝闻金川门失守,欲自杀。翰林院编修程济曰:"不如出亡。"少监王钺跪进曰③:"昔高帝升遐时④,有遗箧(qiè)⑤,曰:

---

① 广德州:治今安徽广德市。

② 逊国:让国,将国家统治权让给别人。

③ 少监:宦官,位在太监之下。

④ 升遐:指帝王驾崩离世。

⑤ 箧:箱子。

'临大难当发。'谨收藏奉先殿之左。"群臣齐言："急出之!"俄而舁一
红箧至,四围俱固以铁,二锁亦灌铁。帝见而大恸,急命举火焚大内,
皇后马氏赴火死。程济碎箧,得度牒三张①:一名应文,一名应能,一
名应贤。袈裟、帽鞋、剃刀俱备,白金十锭。朱书箧内："应文从鬼门
出,余从水关御沟而行,薄暮会于神乐观之西房。"帝曰："数也。"程
济即为帝祝发②。吴王教授杨应能愿祝发随亡,监察御史叶希贤毅
然曰："臣名贤,应贤无疑。"亦祝发。各易衣披牒,在殿凡五六十人,
俱矢随亡。帝曰："多人不能无生得失,宜各从便。"九人从帝至鬼门,
而一舟舣岸,为神乐观道士王昇,见帝,叩头称万岁,曰："臣固知陛下
之来也。畴昔③,高皇帝见梦,令臣至此耳。"乃乘舟至太平门④,昇导
至观,已薄暮矣。俄而杨应能、叶希贤等十三人同至,共二十二人。
帝曰："今后但以师弟称,不必拘主臣礼也。"约定左右不离者三人,给
运衣食者六人,余俱遥为应援。黎明,取道溧(h)阳去⑤。

## 〔燕王即位〕

编 燕王立为皇帝。

纪 诸王及文武臣诣燕王劝进,燕王固辞。诸王群臣顿首固请,燕王乃命
　　驾。谒孝陵毕,入城。燕王曰："诸王群臣以为奉宗庙宜莫如予,宗庙
　　事重,予不足称。今辞弗获,勉徇众志。诸王群臣各宜协心,辅予不

---

① 度牒:僧尼出家,由官府发给的凭证。
② 祝发:断发。后谓削发为僧。
③ 畴昔:往日。
④ 太平门:明代南京正北门。
⑤ 溧阳:县名,今江苏溧阳市。

逮。"遂诣奉天殿即皇帝位。

复周王橚、齐王榑封爵。

清宫三日,诸宫人、女官、内官多诛死,惟得罪于建文者乃得留。上诘问宫人、内侍以建文帝所在,皆指认后尸应焉。乃出尸于煨烬中,哭之曰:"小子无知,乃至此乎!"召翰林侍读王景问:"葬礼当何如?"景对曰:"当葬以天子之礼。"从之。

革去兴宗孝康皇帝庙号,仍旧谥,号懿文皇太子。降封吴王允熥为广泽王,卫王允熞为怀恩王,徐王允熙为敷惠王。寻复降允熥、允熞为庶人,允熙改封瓯(ōu)宁王,后皆不得其死。

〔杀方孝孺〕

编 杀故文学博士方孝孺①。

纪 上之发北平也,僧道衍送之郊,跪而密启曰:"南有方孝孺者,素有学行,武成之日,必不降附,请勿杀之,杀之则天下读书种子绝矣。"上首肯之。及建文帝逊去,即召用孝孺,不屈,系之狱。上欲草即位诏,皆举孝孺,乃召出狱。孝孺斩衰入见,悲恸彻殿陛。上谕之曰:"我法周公辅成王耳②。"孝孺曰:"成王安在?"上曰:"伊自焚死。"孝孺曰:"何不立成王之子?"上曰:"国赖长君。"孝孺曰:"何不立成王之弟?"上降榻劳曰:"此朕家事耳,先生毋过劳苦。"左右授笔札,上曰:"诏天下非先生不可。"孝孺大批数字,掷笔于地,且哭且骂,曰:"死即死

---

① 文学博士:隶翰林院。建文时,改侍读、侍讲两学士为文学博士。
② 朱棣借周公指代自己,借成王指代建文帝。

耳,诏不可草。"上大声曰:"汝独不顾九族乎①?"孝孺曰:"便十族奈我何②!"声愈厉。上大怒,令以刀抉(jué)其口③,两旁至两耳,复锢之狱。大收其朋友、门生,尽杀之,然后出孝孺,磔(zhé)之聚宝门外。孝孺慷慨就戮,时年四十六。坐死者八百七十三人。

编 杀故兵部尚书铁铉。

纪 铉被执至京,陛见,背立廷中,正言不屈,令一顾不可得,割其耳鼻,竟不肯顾。爇其肉,纳铉口中,令啖之,问曰:"甘否?"铉厉声曰:"忠臣孝子肉有何不甘!"遂寸磔之,至死犹喃喃骂不绝。上乃令舁大镬至④,纳油数斛(hú)熬之,投铉尸,顷刻成煤炭。导其尸使朝上,转展向外,终不可得。上大怒,令内侍用铁棒十余夹持之,使北面。笑曰:"尔今亦朝我耶!"语未毕,油沸蹙溅起丈余,诸内侍手糜烂,弃棒走,尸仍反背如故。上大惊,命葬之。铉年三十七。

编 秋七月朔,大祀天地于南郊,以即位诏天下,大赦。

纪 仍以洪武三十五年为纪,改明年为永乐元年。

编 执黄子澄、齐泰至京,皆杀之,夷其族。

编 以夏原吉为户部尚书。

编 八月,杀故左佥都御史景清。

---

① 九族:明代律法,九族以自己为本位。直系亲,上推至四世高祖,下推至四世玄孙。
② 十族:九族之外,以朋友、门生另立一族,总计十族。
③ 抉:戳,穿。
④ 镬:大锅。

[纪] 初,燕师入,清知帝出亡也,犹思兴复,诡自归附。上厚遇之,仍其官。清自是恒伏利剑于衣衽中,委蛇(wēi yí)侍朝①,人疑焉。八月望日早朝,清绯衣入②。先是,灵台奏③:"文曲犯帝座急④,色赤。"及是见清独衣绯,疑之。朝毕,出御门,清奋跃而前,将犯驾。上急命左右收之,得所佩剑。清知志不得遂,乃起植立嫚骂。抉其齿,且抉且骂,含血直噀(xùn)御袍⑤。乃命剥其皮,草楦之,械系长安门,碎磔其骨肉,是夕精英迭见。后驾过长安门,索忽断,所械皮趋前数步,为犯驾状。上大惊,乃命烧之。已而上昼寝,梦清仗剑追绕御座,觉曰:"清犹为厉耶!"命赤其族⑥,籍其乡,转相扳(pān)染⑦,谓之"瓜蔓钞"⑧,村里为墟。

[编] 杀故右副都御史练子宁⑨。

[纪] 子宁被缚至阙,语不逊。上大怒,命断其舌,曰:"吾欲效周公辅成王耳。"子宁手探舌血,大书地上"成王安在"四字。上益怒,命磔之。宗族弃市者一百五十一人。

〔大封靖难功臣〕

[编] 九月,大封靖难功臣。

---

① 委蛇:随顺貌。
② 绯:红色。
③ 灵台:明代内府职掌观察气象、测候灾祥之所。
④ 文曲:文昌星,也代指重要的文职官员。帝座:又称五帝坐,在太微垣。
⑤ 噀:喷。
⑥ 赤:诛灭无余。
⑦ 扳:攀附,援引。
⑧ 瓜蔓钞:朱棣夺位后诛戮建文诸臣之手段。因残酷诛戮,妄引株连,如瓜蔓之伸延,故名。
⑨ 右副都御史:都察院副长官,职分左右,掌纠察内外百司。

编以蹇(jiǎn)义为吏部尚书。命解缙、黄淮、胡广、杨荣、杨士奇、金幼孜、胡俨直文渊阁。

编徙封谷王橞于长沙。

编以黄福为工部尚书。

编冬十月,宁王权来朝,徙封南昌。

编十一月,立妃徐氏为皇后。

编建文帝往滇。

纪初帝附舟至京口①,过六合②,陆行至襄阳,至是往滇。

于 月 评注

万 明 彭 勇 邓闳旸 审定

---

① 京口:今江苏镇江市。
② 六合:县名,今江苏南京市六合区。

# 明鉴易知录卷四

　　卷首语:本卷起明太宗永乐元年(1403),止明宣宗宣德十年(1435),所记为太宗、仁宗、宣宗三朝三十三年史事。明太宗即位后,在内政方面,迁都北京,加强北部边防;建立内阁,辅佐处理政务;中央派遣官员巡抚地方,加强中央对地方的控制。对外开拓进取,北征鞑靼、瓦剌,南伐安南,遣郑和下西洋。仁宗、宣宗在位期间,内阁地位显著提升,文官政治的格局完全形成。仁宗、宣宗提倡节俭,边疆政策转为收缩,严守边备,与民休息。

# 明　纪

## 太宗文皇帝

编 癸未,太宗文皇帝永乐元年(1403)①,春正月,建文帝至云南永嘉寺。

编 复代王桂、岷王梗封爵。

〔改北平为北京〕

编 二月,诏以北平为北京。

纪 设留守及行部官②,改北平为顺天府③。

编 命皇子高煦率兵备开平。

编 冬十月,赐贵州总兵官④、镇远侯顾成银币。

纪 上谓侍臣曰:“朕今休息天下,惟望时和年丰,百姓安乐。至于外夷,
但思有以备之,必不欲自我扰之,以罢敝生民。成言‘今日惟安养中
国,慎固边方’,甚合朕意,以是特嘉奖之。”

---

① 太宗文皇帝:嘉靖年间改庙号为成祖。
② 留守:即北京留守行后军都督府,迁都前北京最高军事机构。行部:即北京行部,职
　掌仍如原北平布政使司、按察使司。
③ 顺天府:原北平府,迁都后为北京最高地方行政机构。
④ 总兵官:明代总镇一方的武官。

编 十一月,封李芳远为朝鲜国王①。

编 甲申,二年(1404),春正月,召皇长子及高煦还京。

编 夏四月,立皇长子高炽为皇太子,封高煦为汉王,高燧为赵王。

纪 初,上议建储,武臣咸请立高煦,谓其有扈从功,惟文臣金忠以为不可。上密谘解缙,缙言:"立嫡以长。"复问黄淮,亦曰:"长嫡承统,万世正法。"上意遂决。

编 擢左善世道衍为太子少师②。

纪 始复姓名姚广孝,上称为姚少师而不名。亦终不畜发娶妻,尝赐二宫人,亦不近。寻命广孝赈济苏、湖,往见其姊,姊拒之曰:"贵人何用至贫家为?"不纳。广孝乃易僧服往,姊坚不出。家人劝之,姊不得已,出立堂中,广孝即连下拜,姊曰:"我安用尔许多拜?曾见做和尚不了底是个好人!"遂还户内,不复见。

编 六月,诏杖饶州儒士朱友季③,焚其所著书。

纪 饶州鄱阳儒士朱友季诣阙献所著书,专毁濂④、洛⑤、关⑥、闽之说⑦。上览之,曰:"此儒者之贼也!"遣行人押还饶州,会司府县官声其罪,

---

① 朝鲜:李氏朝鲜王朝,在今朝鲜半岛。
② 左善世:僧录司长官,职分左右,掌全国佛教事务。
③ 饶州:府名,治今江西鄱阳县。
④ 濂:周敦颐。
⑤ 洛:程颢、程颐。
⑥ 关:张载。
⑦ 闽:朱熹。

杖之,悉焚其书。

编 冬十月,山西蒲州河津县禹门渡黄河清①。

编 直文渊阁解缙等承制纂录韵书成,赐名《文献大典》。

编 十二月,李景隆伏诛。

纪 景隆僭(jiàn)逾不法②,诸司连章劾奏其罪。上初宥景隆死,惟没其田庄,令杜门省愆(qiān)③。因奸人造图谶(chèn)④,谓"十八子当有天下",乃执景隆下狱。景隆见上,大呼曰:"陛下非臣开门奉迎,何以有今日?"上曰:"幸是朕来,若他人来,汝亦开门耶?"景隆遂死于狱。

编 乙酉,三年(1405),春正月,诏选新进士,就文渊阁进学。

纪 命学士解缙选新进士才识英敏者,入文渊阁进学。于是选修撰曾棨(qǐ)等凡二十八人,以应二十八宿。庶吉士周忱自陈年少,愿进学。上喜曰:"此有志之士也。"命增忱为二十九人,人歆(xīn)其荣⑤。

编 冬十月,以郑赐为礼部尚书,吕震为兵部尚书。

编 丙戌,四年(1406),春二月,命赵王高燧居守北京。

编 帝诣太学谒孔子。

纪 上视太学,礼部尚书郑赐言:"宋制,谒孔子,服靴袍,再拜。"上曰:

①蒲州:治今山西永济市。禹门渡:在今山西河津市西北禹门口。
②僭:超越身份。
③愆:罪过,过失。
④图谶:预言吉凶得失的文字、图箓。
⑤歆:欣羡。

“见先师,礼不可简。”乃服皮弁①,行四拜礼。

编建文帝至重庆之大竹善庆里。

编夏四月,建文帝至西平侯沐晟家。五月,结茅白龙山。

〔讨安南〕

编秋七月,命成国公朱能、新城侯张辅等帅师讨安南②。

纪先是安南国王陈日焜(kūn)为其臣黎季犛所弑,季犛窜易姓名,上表诈称陈氏绝嗣,求权署国事,上从之。逾年,故安南王孙陈天平走至京师愬(sù)实③。上遣人责之,季犛卑辞表请还国。上遂命广西都督黄中等以兵送天平还,季犛伏兵杀天平,中等引兵还。事闻,上大怒曰:“蕞(zuì)尔小丑,罪恶滔天,犹敢潜伏奸谋,肆毒如此。朕推诚容纳,乃为所欺,此而不诛,兵则奚用!”乃命朱能、张辅等帅兵分道进讨。

〔建北京宫殿〕

编诏建北京宫殿。

编冬十月,朱能有疾留龙州④,张辅等入安南。

---

① 皮弁:明代皇帝、皇太子、诸王服式,戴皮弁冠。
② 安南:在今越南北部。
③ 愬:告诉,诉说。
④ 龙州:治今广西龙州县。

编丁亥，五年（1407），春正月，出学士解缙为广西布政①。

编夏四月，命皇长孙瞻基出阁就学。

纪时年九岁。命太子少师姚广孝、翰林院待诏鲁瑄②、宋礼等侍讲读，礼部郎中李继鼎说书③，不置僚属。

〔安南平〕

编五月，安南平。

纪张辅等至安南，黎季犛遁，辅军追败之，生擒季犛及其子澄，余众悉降。安南平，得府十五，州四十一，县二百八，户三百十二万。

编秋七月，皇后徐氏崩。

纪后疾甚，上问有何言，对曰："天下虽定，然生民未大休息，惟陛下矜念之。妾不能报陛下恩，愿无骄畜外家④。"后崩，上哭之恸。

　　后恭勤妇道，高后深爱重。高后崩，哀毁动左右，蔬食三年。正位中宫，愈益敬谨，命妇入见，后谕之曰："妻之事夫，岂止衣服馈食，必有德行之助。常情，朋友之言，有从有违；夫妇之言，婉顺易入。吾在宫中，朝夕侍皇上，未尝不以生民为言，每承顾问，多见听纳。今皇上所与共图治理者，公卿大臣数辈，诸命妇可不有以翼赞于内乎？百姓安则国家安，国家安则君臣同享富贵，泽被子孙矣。"崩年四十六。太

①广西布政：即广西布政使。
②翰林院待诏：翰林院属官，掌校对文史。
③郎中：六部属官，为各司之长。
④外家：女子出嫁后称娘家为外家。

子、汉王、赵王皆后出。

编 九月,张辅等槛送黎季犛等至京师①,帝御承天门受俘②。

编 戊子,六年(1408),春三月,张辅等振旅还京师。

编 夏六月,建文帝白龙庵灾。

纪 程济出山募茸(qì)。

编 秋七月,论平安南功,封元功张辅等七人为公、侯、伯,余皆颁赍有差。

编 己丑,七年(1409),春二月,帝巡幸北京,命皇太子监国。

编 三月,帝至北京。

编 敕都御史虞谦、给事中杜钦巡视两淮。

纪 谦等奏:“颍州军民缺食③,请发廪赈贷。”皇太子遣人驰谕之曰:“军
　　民困乏,待哺嗷嗷,卿等尚从容启请待报。汲黯何如人也④? 即发廪
　　赈之,勿缓!”

编 夏五月,建文帝还滇。

纪 先是上命太监郑和航海通西南诸国,和数往来云、贵间踪迹建文帝,
　　帝东行至善庆里,是月复还滇。

―――――――――

① 槛送:以囚车押送。
② 承天门:明代南京皇城南门。
③ 颍州:治今安徽阜阳市。
④ 汉武帝朝,汲黯奉使过河内,见水旱灾民万余家,甚者父子相食,持节发仓粟赈济
　　贫民。

**评郑和下西洋：**

　　永乐三年，明太宗朱棣派遣太监郑和航海下西洋。郑和航海规模宏大，前后七次，历永乐、宣德两朝近三十年，率领大小船只二百多艘，二万七千多人，从海上通西域，拓展了海上丝绸之路。郑和下西洋，寻找建文帝不是其主要目标；当时既有宣扬国威、扩大海外政治影响、招谕各国前来朝贡的目的，也有发展海外贸易、满足皇室之需的意图。下西洋是古代中国乃至世界历史上最大规模的国家航海活动，为开辟世界海路交通与传播中华文明做出重要贡献。

编 庚寅，八年（1410），春三月，建文帝复至白龙庵。

纪 工部尚书严震使安南①，密访建文帝，忽与帝遇于云南道中，相对而泣，帝曰："何以处我？"对曰："上从便，臣自有处。"夜缢于驿亭中。帝复结庵于白龙山，寻复舍白龙庵他去。

编 冬十月，帝还南京。

编 辛卯，九年（1411），春二月，开浚会通河。

编 夏四月，建文帝至鹤庆山。

纪 先是，有司毁白龙庵。是月，帝至浪穹鹤庆山②，其地颇佳，因募建一庵，名大喜。

编 六月，逮交阯参议解缙至京③，下之狱。

---

① 严震：据《明太宗实录》应作"严震直"。
② 浪穹：县名，今云南洱源县。
③ 交阯：在今越南北部。交阯参议：交阯布政司属官，位在布政使之下。

纪先是,缙入奏事,会上北巡,见皇太子而归。及上还京,赵王言:"缙瞯陛下远出①,觐储君,无人臣礼。"上怒。时检讨王偁(chēng)亦谪交阯,缙偕偁至广东娱嬉山水,且上言:"请役夫数万凿赣江,以便往来。"上大怒曰:"为臣受事,则引而避去,乃欲劳民如此!"遂逮缙并偁俱下狱。

编诏遇民饥即行赈给。

纪户部言赈北京、临城饥民三百余户②,给粮三千七百石有奇。上曰:"国家储蓄,上以供国,下以济民,故丰年则敛,凶年则散。隋开皇间旱饥,文帝不肯开仓赈济,末岁计所积,可供五十年。仓廪虽丰,民心不固,炀帝无道,遂至灭亡。前鉴具在,今后但遇水旱民饥,即赈给之。"

编冬十一月,立皇长孙瞻基为皇太孙。

编壬辰,十年(1412),春三月,建文帝纳弟子应慧。

编秋九月,杀浙江按察使周新③。

纪新,南海人④,举乡荐为御史,弹劾不避权贵,京师称为"冷面寒铁"。出为云南按察使,改浙江。时锦衣卫指挥纪纲有宠,使千户往浙缉事,作威受赂,新推治之。千户脱走诉于纲,纲奏新专权,上命逮新至京。新见上,抗声曰:"臣奉诏擒奸恶耳,奈何罪臣?臣死且不憾!"上

---

① 瞯:窥伺。
② 临城:县名,今河北临城县。
③ 按察使:各省提刑按察司长官,掌一省刑名按劾之事。
④ 南海:县名,今广东广州市。

怒,命杀之。已而悟其冤,问侍臣曰:"新何处人?"对曰:"广东。"上叹曰:"广东有此好人,枉杀之矣。"悼惜者久之。

编 癸巳,十一年(1413),春正月,帝巡幸北京。

纪 皇太孙从,命尚书蹇义、学士黄淮、谕德杨士奇①、洗马杨溥辅太子监国②。

编 夏五月,山东曹县献驺(zōu)虞③。

〔封阿鲁台为和宁王〕

编 秋七月,封鞑靼太师阿鲁台为和宁王④。

纪 先是阿鲁台遣使来纳款,且请得部署女真、吐蕃诸部。上以问左右,多请许之,黄淮独不可,曰:"此属分则易制,合则难图矣。"上顾左右曰:"黄淮如立高冈,无远不见。诸人处平地,所见惟目前耳。"乃不许阿鲁台之请。至是封为和宁王,赐金帛,仍居漠北⑤。瓦剌顺宁王马哈木怨阿鲁台⑥,朝贡不至。

〔亲征瓦剌〕

编 甲午,十二年(1414),春二月,诏亲征瓦剌。

---

① 谕德:詹事府属官,掌侍从赞谕。
② 洗马:司经局长官,隶詹事府,掌收贮经史、刊辑图书。
③ 曹县:今山东曹县。驺虞:传说中的仁兽。
④ 鞑靼:明时总称东部蒙古成吉思汗后裔各部。
⑤ 漠北:又称岭北,指中国北方沙漠、戈壁以北的广大地区。
⑥ 瓦剌:明时总称西部蒙古各部,元代称斡亦剌。

编三月,车驾发北京。

纪皇太孙从,上谓侍臣曰:"朕长孙聪明英睿,智勇过人。今肃清沙漠,使躬历行阵,见将士劳苦,征伐不易。"又谓胡广、杨荣、金幼孜曰:"每日营中闲暇,尔等即以经史于长孙前讲说,文事武备,不可偏废。"

编夏六月,帝帅师击瓦剌军,大败之,马哈木北遁。

纪上帅师至撒里怯儿之地①,前锋都督刘江遇敌三峡口②,击走之。戊申(初七日),上发苍崖峡,次兰忽失温③,马哈木以三万人来战,顿山巅不敢发。上遣铁骑挑之,敌奋而下,中军将安远侯柳升以神机炮毙其骑数百,上率铁骑乘之,马哈木遂大溃走。追至土剌河④,生擒数十人,马哈木乘夜北遁,上遂下令班师。

编秋八月,车驾还北京。

编逮学士黄淮等下狱。

纪上北征还,太子遣使迎车驾缓,且书奏失辞,上怒曰:"此辅导之咎也!"汉王高煦复谮(zèn)之⑤,遂逮尚书蹇义、学士黄淮、谕德杨士奇、洗马杨溥、芮喜、正字金问等。既而义获宥,淮等俱下狱。寻召士奇至前,亲问东宫事,士奇言:"太子孝敬诚至,凡所稽迟⑥,皆臣等之罪。"乃特宥士奇复职。

---

① 撒里怯儿:又译萨里川,在今蒙古国克鲁伦河上游。
② 三峡口:在今蒙古国乌兰巴托东南。
③ 兰忽失温:在今蒙古国乌兰巴托东南。
④ 土剌河:今蒙古国土拉河。
⑤ 谮:诬陷。
⑥ 稽迟:滞留,耽误。

编榜葛剌国献麒麟①。

编冬十二月,命儒臣纂修《五经四书性理大全》。

纪开馆于东华门外。书成,上亲为之序。

编乙未,十三年(1415),春二月,解缙死于狱。

编秋八月,建文帝游衡山②。

编冬十月,赐刑部主事刘宁妻安氏银币。

纪有人纳银于瓜以馈宁者,宁妻安氏发之。诏褒宁平日廉信于妻,妻能
　佐夫以义,赐白金二百两、彩币八表里。

编瓦剌马哈木贡马谢罪。

编丙申,十四年(1416),春三月,徙封赵王高燧于彰德③,汉王高煦于青州。

编冬十月,帝还南京。

[决议迁都北京,利于巩固北方边防并加强控制全国]

纪上将建北京宫殿,命群臣会议,于是文武群臣议奏曰:"北京,圣上龙
　兴之地,北枕居庸,西峙太行④,东连山海⑤,南俯中原,山川形胜足以

---

① 榜葛剌:今孟加拉国。麒麟:即长颈鹿。
② 衡山:南岳衡山。
③ 彰德:府名,治今河南安阳市。
④ 峙:直立,耸立。
⑤ 山海:即山海关。

控四夷,制天下,诚帝王之都也。比年车驾巡狩,四海会同,人心协和,漕运日广,商贾辐辏,财货充盈。良材巨木,已集京师,天下军民,乐于趋事。伏乞上顺天心,下从民望,早敕所司兴工营建,以为子孙万世帝王之业,天下幸甚。"

编 命丰城侯李彬镇交阯。

编 以翰林院修撰沈度为侍读学士。

纪 上爱度书法,称为"我朝王羲之",命中书习其字。

〔谷王橞谋逆〕

编 丁酉,十五年(1417),春二月,谷王橞谋逆,诏削爵为庶人。

纪 上以谷王橞开门迎降之故,待之加厚,改封长沙。橞阴养死士,造战船。随侍都督张兴密言于上,上未之信。会蜀王椿次子崇宁王悦燇(zūn)得罪于父①,逃橞所,橞诡众曰:"建文君初不死,今已在此。"蜀王闻之,上疏具言橞谋逆之事。上叹曰:"朕何如待橞,乃有此心? 蜀王忠孝,又不宜欺我,张兴尝为我言,我不忍信,今果然。"立命中官持敕谕橞,令遣悦燇还蜀,且征橞。橞不意敕使猝至,乃就征。至京入见,上以蜀王章示之,橞伏地言:"死罪死罪!"上不忍诛,削橞及其二子赋灼、赋爚(yuè)爵为庶人。诛诸通谋者,张兴以先发橞谋,得不坐。

〔汉王高煦徙居乐安〕

编 三月,汉王高煦有罪,徙居乐安②。

① 悦燇:据《明太宗实录》应作"悦燇",下同。
② 乐安:州名,治今山东惠民县。

纪先是,封高煦为汉王,国云南,怏怏不肯去,曰:"我何罪,斥我万里!"
及改青州,又不肯去,曰:"何为置我瘠土!"留居京师,请得天策卫为
护卫①,曰:"唐太宗为天策上将军②,吾得之岂偶然?"又益请两护卫,
曰:"我英武岂不类秦王?"遂僭用天子车服。上在北京颇闻之,及还
南京,以问杨士奇,对曰:"汉王始封云南不肯行,复改青州又不行,今
知朝廷将都北京,惟欲留守南京。此其心,路人知之。惟陛下蚤善处
置③,用全父子之恩。"上默然。后数日,上复得高煦造兵器、阴养死
士、招纳亡命等事④,大怒,召至诘之,絷(zhí)之西华门内⑤,将诛之,
皇太子涕泣力救,乃徙封乐安,即日促行。上顾谓皇太子曰:"乐安去
京甚近,如其作祸,可朝发而夕擒之。"

编帝巡北京,命皇太子监国。

编秋八月,瓦剌顺宁王马哈木卒,以其子脱欢袭顺宁王。

编冬十二月,建北京宫殿。

编戊戌,十六年(1418),夏五月,胡广卒。

纪初,燕兵渡江时,解缙、胡广与周是修约,同死于难。既而缙使人觇广
动静,广方问家人饲猪否,缙闻而笑曰:"一猪尚不肯舍,况舍性命?"
盖初皆无意于死也,惟是修竟行其志。后缙、广同直文渊阁,上曰:

———————————

① 天策卫:明代南京卫所番号。
② 唐太宗初封秦王,高祖因秦王功高,特置天策上将,位在王公上,开府置属。
③ 蚤:通"早"。
④ 亡命:逃亡者。
⑤ 絷:拘囚。

"缙、广少同业,仕同官。缙业已有子,广宜妻之以女。"广曰:"臣妻有娠,未卜男女。"上曰:"定生女。"越数月,广妻果生女,遂订盟。既而,缙遭谗死,举家徙边,广欲使女改适。女窃入室,以刀截耳,家人觉而救之,血被两颊,且言曰:"薄命之婚,皇上主之,父面承之,一与之盟,终身不改。"越数年,解氏蒙宥归,女卒归解氏。

编 以吏科给事中陈谔为顺天府尹①。

编 己亥,十七年(1419),冬十二月,颁《为善阴骘(zhì)》《孝顺事实》二书于天下学校。

纪 上命儒臣辑录古今载籍所记,为善阴骘之事可以垂劝者②,得百六十五人。孝顺之事可以垂教者,得二百七人,上亲为之序。

〔立东厂,宦官获得缉事权,与锦衣卫相互制衡〕

编 庚子,十八年(1420),秋八月,立东厂③。

纪 命内官一人主之,刺大小事情以闻。

编 九月,北京宫殿成。

编 冬十月,建文帝入蜀。

编 十一月,皇太子赴北京。

①　顺天府尹:顺天府长官,掌京府之政令。
②　阴骘:本义默定,引申为阴德。
③　东厂:明代宦官统领的侦缉机构,由司礼监太监提督其事。

纪 太子过邹县①,会岁荒民饥,乃下马入民舍,见男女衣皆百结不掩体,灶釜倾仆不治②,叹曰:"民隐不上闻若此乎!"会山东布政使石执中来迎,让之曰:"为民牧而视民穷如此,亦动念否乎?"执中言:"凡被灾之处,皆已奏请,赐今年秋粮。"太子曰:"民饥且死,尚及征税耶?速取勘饥民口数,近地约三日,远地约五日,悉发官粟赈之。"执中请人给三斗,太子曰:"且与六斗。汝无惧擅发,予见上,当自奏也。"太子至即奏之,上曰:"昔范仲淹之子,犹能举麦舟济其父之故旧,况百姓吾赤子乎?"

编 辛丑,十九年(1421),春正月,帝御北京奉天殿受朝贺。大赦。

**评明太宗迁都北京:**

迁都北京是明太宗永乐皇帝在位时期最重要的一项举措,对明代政治、军事格局产生了深远影响。明初为防御蒙古,北边分封藩王,屯驻重兵。靖难之役后,朱棣将"塞王"内迁,致使北边防御压力陡增。南京为全国经济中心,但从军事角度而言难以控御北边。故而朱棣迁都,以"天子实边"取代洪武时期的"塞王实边",重新构筑新的北边防御体系。因此,迁都首先是出于加强国家防御战略和控制力的需要,其次北京是明太宗的"龙兴之地"。明朝形成政治中心在北而经济中心在南的格局,故保留南京,实行两京制,以便于全国治理。

纲 夏四月,奉天、谨身、华盖三殿灾③,诏求直言。

---

① 邹县:今山东邹城市。
② 灶釜:灶和锅。
③ 灾:此处专指火灾。

编秋七月,建文帝入粤。

编冬十月,阿鲁台入寇。

纪上议北征,大臣皆言:"粮储未足,且频年出师无功,宜休养兵民。"上
　不悦,下户部尚书夏原吉、刑部尚书吴中狱。

〔亲征阿鲁台〕

编壬寅,二十年(1422),春三月,帝亲征阿鲁台。

纪阿鲁台寇兴和①,杀守将王焕。上遂决意亲征,驾至鸡鸣山②,阿鲁台
　闻之,夜遁。

编秋七月,帝至西凉亭,下令班师。

纪驾次西凉亭。西凉亭者,故元往来巡游之地也。上望其颓垣遗址,树
　林郁然,谓守臣曰:"元氏创此,将遗子孙为不朽之图,岂意有今日?
　《书》云:'常厥德,保厥位。厥德靡常,九有以亡。'况一亭乎?可以
　为殷鉴矣。"因下令禁军士斩伐树木,遂班师。

编九月,车驾还京师。

〔阿鲁台自称可汗〕

编冬闰十二月,阿鲁台弑其主本雅失里,自称可汗。

编癸卯,二十一年(1423),春二月,蜀王椿薨,谥曰献。

———————

① 兴和:卫所名,治今河北张北县。
② 鸡鸣山:在今河北张家口市东部。

纪 王天性孝友,循礼执法,好学不倦,喜接士大夫,讲道问业,诸王中最称贤。

编 建文帝入楚。

编 夏五月,常山中护卫指挥孟贤等谋逆,伏诛。

纪 先是上以疾,多不视朝,中外事悉启皇太子处分。太子每裁抑宦侍,
黄俨、江保尤见疏斥。俨等素厚赵王,流言传播,谓上属意赵王。由
是孟贤遂起邪心,与羽林卫指挥彭旭等连结贵近①,谋进毒于上。俟
晏驾②,即以兵劫内库兵仗符宝,执大臣伪撰遗诏,废皇太子而立赵
王。布置已定,中护卫总旗王瑜知之,诣阙上变告。上大惊,急捕贼。
既悉得,上御左顺门亲鞫之,召皇太子、赵王、文武大臣皆至。上览所
撰伪诏,震怒,顾赵王曰:"尔为之耶?"皇太子为之营解曰:"高燧必
不预谋,此自下人所为耳。"遂止按诛贤等。

[复亲征阿鲁台]

编 秋七月,帝复亲征阿鲁台。

纪 上闻阿鲁台将犯边,复亲征,次于宣府③。

编 冬十月,帝至上庄堡,鞑靼王子也先土干率众来降。

纪 初,上次沙城④,阿失帖木耳率妻子来降,言阿鲁台闻天兵复出,疾走
远遁,不复有南意。至是,也先土干来降,上喜,谓诸将曰:"远人来

---

① 羽林卫指挥:羽林卫长官,羽林卫属明代皇帝侍卫亲军。
② 晏驾:帝王死亡的讳称。
③ 宣府:治今河北张家口市宣化区。
④ 沙城:在今河北怀来县。

归,宜有以旌异之。"乃封为忠勇王,赐姓名金忠。遂班师。

编十一月,帝还京师。

编甲辰,二十二年(1424),春正月,阿鲁台寇大同。

纪大同守将奏阿鲁台侵塞。遂大阅,议北征。

〔再征阿鲁台〕

编夏四月,诏命皇太子监国,帝发京师。

纪大学士杨荣、金幼孜从。五月,师次清水源,阿鲁台远遁。上谓荣、幼
孜曰:"朕夜梦神人告朕曰:'上帝好生。'如是者再,是何祥也?岂天
属意兹寇乎?"荣、幼孜言:"宜承天意,赦其不臣之罪,班师还京。"上
曰:"此朕志也。"

编六月,帝下诏班师。

纪师次答兰纳木儿河①,弥望荒尘野草。阿鲁台遁走已久,前锋陈懋、金
忠引兵抵白邙山下,咸无所遇,以粮尽还。英国公张辅奏:"愿假臣一
月粮,率骑深入,罪人必得。"上曰:"今出塞已久,人马俱劳。北地早
寒,一旦有风雪之变,归途尚远,不可不虑。"乃诏旋师。

〔明太宗崩〕

编秋七月,帝崩于榆木川②。

---

① 答兰纳木儿河:今蒙古国哈剌哈河下游。
② 榆木川:在今内蒙古多伦县西北。

纪 师次苍崖,上不豫。庚寅,次榆木川,上大渐①,召张辅受遗命,传位皇太子。辛卯,上崩。

编 八月,梓宫至京师②。

纪 杨荣等奉大行皇帝讣至京师③,皇太子遣皇太孙赴开平迎梓宫,壬子(初十日),至京师。

编 出夏原吉、吴中、黄淮、杨溥、金问于狱。

编 太子高炽即位,大赦。

编 置公、孤官。

纪 太师、太傅、太保皆正一品,少师、少傅、少保皆从一品。上谕吏部尚书蹇义曰:"此皇祖之制,皇考圣明天纵,可不置此官。予历事未广,不无望于师傅,卿等勉之。"遂加义少保。

编 赦解缙妻子还乡,官其子祯亮为中书舍人④。

纪 初,文皇尝手书蹇义等十人授缙曰:"汝可疏其人品。"缙曰:"蹇义天姿厚重,中无定见。夏原吉有德有量,不远小人。刘儁(jùn)虽有才干,不知顾义。郑赐可谓君子,颇短于才。李至刚诞而附势,虽才不端。黄福秉心易直,确有执守。陈瑛刻于用法,好恶颇端。宋礼戆

---

① 大渐:病危。
② 梓宫:帝后所用的棺材。
③ 大行皇帝:刚死而未获谥号的皇帝。
④ 中书舍人:隶中书科,掌缮写文书。

(zhuàng)直而苛①,人怨不恤。陈治疏通警敏,亦不失正。方宾簿书之才,驵侩(zǎng kuài)之心②。"奏上,文皇以示上曰:"至刚朕已洞灼,余徐验之。"至是,上出缙奏示杨士奇曰:"今人率谓缙狂士,观所论评,皆有定见。"乃赦其家属,官其子祯亮。

编 九月,进蹇义少傅,加杨士奇少保,杨荣太子少傅,金幼孜太子少保。

纪 赐义等银图书各一,其文曰"绳愆纠缪"③。谕之曰:"卿等皆先帝旧臣,又事朕于东宫。今朕嗣位之初,赖卿等协心赞辅,凡政有阙失,群臣及卿等言之而朕未从,悉用此印密疏以闻。"

编 冬十月,建文帝下江南。

编 立妃张氏为皇后。

编 立皇太孙瞻基为皇太子。

编 封子瞻埈(jùn)为郑王,瞻墉(yōng)为越王,瞻垠(yín)为蕲王,瞻墡(shàn)为襄王,瞻堈(gāng)为荆王,瞻墺(ào)为淮王,瞻垲(kǎi)为滕王,瞻㙷(jì)为梁王,瞻埏(yán)为卫王。

编 十一月,赦奸党族属,并放还家,给还田产。

纪 上谓侍臣曰:"方孝孺辈皆忠臣也,宜从宽典。"因下御札,谕礼部尚书吕震曰:"建文中奸臣,其正犯已悉受显戮,家属初发教坊司④、锦衣

① 戆:刚直而愚。
② 驵侩:牲畜交易的经纪人,引申为贪财好利。
③ 绳:纠正。愆:罪过,过失。
④ 教坊司:管理宫廷音乐、蓄养官妓以及拘禁犯罪官员家眷的机构。

卫及功臣之家为奴。今有存者,既经大赦,可宥为民,给还田土。"

编 逮治前御史舒仲成,既而罢之。

纪 初,上监国时,仲成以言事忤旨,贬湖广按察副使①。至是,命都察院逮治之。杨士奇上疏言:"向来得罪者多,陛下即位皆宥之,今追理仲成,即诏书不信。汉景帝为太子,召卫绾(wǎn)不赴,即位,进用绾,前史媺(wěi)之②。"上览疏喜,即有旨罢治仲成,而降敕奖谕士奇。

编 十二月,葬长陵③。

### 仁宗昭皇帝

编 乙巳,仁宗皇帝洪熙元年(1425),春正月,进大学士黄淮为少保兼户部尚书,杨士奇兼兵部尚书,金幼孜兼礼部尚书。

编 建弘文阁。

纪 建弘文阁于思善门之左,作印章,命翰林院学士杨溥掌阁事。征苏州儒士陈继为翰林院五经博士,学录杨敬为翰林院编修④,训导何澄为礼科给事中,皆直弘文阁。上亲举印授溥曰:"朕用卿等,非止助益学问,亦欲广知民事,为理道之助。卿等如有建白,即用此印封识以闻。"

编 三月,征权谨为学士。

---

① 按察副使:各省提刑按察使司副长官。
② 媺:是。
③ 长陵:明太宗陵墓。
④ 学录:国子监属官,分掌国子监六堂教务。

纪上闻前光禄寺署丞权谨孝行①,曰:"忠孝之人,可任辅导。"遂驿召至,以为文华殿大学士。

编赵王高燧之国彰德。

编遣汉王高煦子瞻圻守皇陵。

纪初,瞻圻恨父杀其母,屡发父过恶,文皇曰:"尔父子何忍也!"及文皇北征晏驾,瞻圻在北京,凡朝廷事,潜遣人驰报,一昼夜六七行。高煦亦日遣数十人入京师潜伺,幸有变。上固知之,顾益厚遇。至是,高煦悉上瞻圻前觇报朝中事,且曰:"廷议旦夕发兵取乐安。"上召瞻圻示之,曰:"汝处父子兄弟间,谗构至此乎?稚子不足诛,发凤阳守皇陵。"

编夏四月,诏免山东、淮、徐税粮之半。

纪时有至自南京者,上问:"所过地方何如?"对曰:"淮、徐、山东民多乏食,而有司征税方急。"上遂召杨士奇等,令草诏免之。士奇曰:"此事可令户部、工部与闻。"上曰:"救民之穷当如救焚拯溺,不可迟疑。有司虑国用不足,必持不决之论。"乃令士奇书诏毕,即遣使赍行。上顾士奇曰:"卿可语户、工二部,朕已悉免之矣。"左右言:"地方千余里,其间未必尽荒,宜有分别,庶不滥恩。"上曰:"恤民宁过厚,为天下主,乃与民寸寸计较耶?"

编命皇太子谒祭皇陵、孝陵,留南京监国。

① 光禄寺署丞:光禄寺属官,掌祭享、宴劳、酒醴、膳馐之事。

编 出二敕二印,赐蹇义、杨士奇。

纪 上明于星象,忽夜见星变,召士奇等语曰:"天命尽矣!"乃叹息而起。
次日早朝罢,召义、士奇谕曰:"监国二十年,为谗慝(tè)所构①,心之
艰危,吾三人共之。赖皇考仁明,得遂保全。"言已,泫然②,义、士奇
亦流涕。上曰:"即吾去世后,谁复知吾三人同心一诚?"遂出二敕二
印,一赐义,文曰"忠贞";一赐士奇,曰"贞一"。皆拜受而退。

编 五月,帝崩。

纪 上不豫,召蹇义、杨士奇、黄淮、杨荣至思善门,命士奇书敕遣中官海
寿驰召皇太子于南京。翌日,上疾大渐,遗诏传位皇太子,遂崩。寿
四十八。时皇太子未至,群臣请郑、襄二王监国。

编 建文帝自闽、粤还鹤庆山。

纪 建文帝自闽、粤还山,止程济从。闻仁宗崩,帝曰:"吾心放下矣。今
后往来亦少如意也。"

编 六月,太子瞻基即位。

纪 太子至自南京,遂即位。

编 秋七月,尊皇后曰皇太后。

编 立妃胡氏为皇后。

---

① 慝:邪恶。
② 泫:流泪。

编 九月,葬献陵①。

## 宣宗章皇帝

编 丙午,宣宗皇帝宣德元年(1426),春正月,汉王高煦遣人献元宵灯。

纪 有言于上曰:"汉府所遣来者多,是窥觇朝廷之事,特以进献为名。"上
曰:"吾惟推诚以待之耳。"复书报谢。

编 二月,礼部进耕藉田仪注②。

纪 上观之,谓侍臣曰:"先王制藉田以奉粢盛(zī chéng)③,以率天下务农,
所贵有实心耳。诚念创业艰难,爱恤苍生,使明德至治达于神明,则
黍稷之荐不待亲耕矣。诚轻徭薄赋,贵农重谷,则人咸乐耕,不待劝
率矣。不然,三推五推,何益于事?"

编 夏四月,吕震卒。以胡濙(yíng)为礼部尚书。

编 五月,以户部左侍郎陈山为户部尚书,兼谨身殿大学士,礼部左侍郎
张瑛兼华盖殿大学士,并入内阁预机务。

[高煦叛乱,明朝削除藩王兵权]

编 秋八月,汉王高煦反,帝自将讨擒之。

纪 初,高煦既之国乐安,反谋未尝一日忘。及仁宗崩,上即位,赐高煦视

---

① 献陵:明仁宗陵墓。
② 仪注:礼仪制度的内容规范。
③ 粢盛:祭品,盛在祭器内之黍稷类食品。

他府特甚。高煦益自肆。八月壬戌（初一日）遂反，遣枚青潜来京，约英国公张辅为内应，辅系青闻于朝。又约山东都指挥靳荣等反济南为应。乃立五军都督府，指挥王斌领前军，韦达左军，千户盛坚右军，知州朱烜（xuǎn）后军①。诸子瞻垒（cǐ）、瞻域、瞻埣（suì）、瞻墿（yì）各监一军，高煦率中军，世子瞻垣居守，指挥韦贤、韦兴、千户王玉、李智领四哨，部署已定。御史李濬，乐安人，弃其家，变姓名，间道诣京上变，言高煦刻日取济南，然后率兵犯阙。

丁卯（初六日），高煦遣百户陈刚进疏，斥言二三大臣夏原吉等为奸佞，并索诛之。上叹曰："高煦果反！"议遣将讨高煦，杨荣力言不可，曰："陛下独不见李景隆事乎②？"上默然，顾原吉，原吉曰："兵贵神速，宜卷甲韬（tāo）戈以往③，一鼓而平之，所谓'先人有夺人之心'也。若命将出师，恐不济。荣言是。"上意遂决。立召张辅谕亲征，辅对曰："高煦鸷（zhì）而寡谋④，外礜中恇（kuāng）⑤，今所拥非有能战者，愿假臣兵二万⑥，擒逆贼献阙下。"上曰："卿诚足办贼，顾朕新即位，小人或怀二心，行决矣。"

乙丑（初四日），敕平江伯陈瑄防守淮安，勿令贼南走。令指挥芮勋守居庸关，勿令北入胡。戊辰（初七日），命定国公徐景昌、彭城伯张昶守皇城，安乡伯张安、广宁伯刘瑞、汴城伯张荣、建平伯高远辅、郑王

---

① 朱烜：据《明宣宗实录》应作"朱恒"。
② 建文帝遣李景隆讨燕王。
③ 韬：隐藏，隐蔽。
④ 鸷：凶猛。
⑤ 恇：恐惧，虚弱。
⑥ 假：借。

瞻埈、襄王瞻墡留守北京，蹇义、杨士奇、夏原吉、杨荣、杨溥、吴中、胡濙、张本、顾佐扈从，丰城伯李贤、侍郎郭琎（jìn）督军饷，阳武侯薛禄为先锋。辛未（初十日），车驾发京师，率大营五军将士以行。戊寅（十七日），获乐安归正人，给榜令还乐安谕众。

上赐书谕高煦曰："王，太宗皇帝之子，仁宗皇帝之弟。朕嗣位以来，事以叔父，礼不少亏，何为而反耶？朕惟张敖失国，本之贯高①；淮南受诛，成于伍被②。自古小人事藩国，率因之以自图富贵，而陷其主于不义。及事不成，则反噬主以图苟安。今六师压境，王能悔祸，即擒献倡谋者。朕与王削除前过，恩礼如初。王如执迷，或出兵拒敌，或婴城固守③，图侥幸于万一，当率大军乘之，一战成擒矣。又或麾下以王为奇货，执以来献，王以何面目见朕？虽欲保全，不可得也。王之转祸为福，一反掌间耳，其审图之！"

辛巳（二十日），车驾至乐安，诸将请即攻城，上不许。复敕谕高煦，不报。又以敕系矢射城中，谕党逆者以祸福，于是城中人多欲执献高煦者。高煦狼狈失据，密遣人诣御幄陈奏："愿宽假今夕与妻子别，明旦出归罪。"上许之。是夜，高煦尽取积岁所造兵器，与凡谋议交通文书尽焚之④。壬午（二十一日），高煦将出，王斌等固止之，曰："宁一战以死，就擒辱矣。"高煦遂潜从间道，衣白席藁（gǎo）出见上⑤，顿首自

①　汉高帝朝，贯高为赵王张敖相国，劝说张敖谋逆。
②　汉武帝朝，淮南王刘安意图谋反，召见伍被谋划举兵，后伍被自行诣吏上告，刘安自杀。
③　婴：环绕，引申为根据、依托。
④　交通：交往，勾结。
⑤　席藁：坐卧藁上自等于罪人，表示请罪的一种方式。

陈。群臣请正典刑，不许。上令高煦为书，召诸子同归京师。

乙酉（二十四日）班师，命中官颈系高煦父子赴北京。庚寅，车驾至献县之单桥①，户部尚书陈山迎驾。山见上，言："宜乘胜移师向彰德，袭执赵王，则朝廷永安矣。"上召杨荣以山言谕之，荣对曰："山言，国之大计。"遂召蹇义、夏原吉谕之，两人不敢异议。荣言："请先遣敕赵王，诘其与高煦连谋之罪，而六师奄至，可擒也。"从之。荣遂传旨令杨士奇草诏，士奇曰："事须有实，天地鬼神岂可欺哉！且敕旨以何为辞？"荣厉声曰："此国家大事，庸可沮乎？令锦衣卫责所系汉府人状，云与赵连谋，何患无辞？"士奇曰："锦衣卫责状，何以服人心？太宗皇帝惟三子，今上亲叔二人，一人有罪者不可恕，其无罪者当厚之，庶几仰慰皇祖在天之灵。"荣不肯。时杨溥亦与士奇意合，上乃不复言移兵。车驾遂还京。

编 九月，帝至京师，废高煦为庶人，逆党王斌、朱烜等伏诛②。

纪 时言者犹喋喋，请尽削赵护卫，且请召赵王拘之京，上皆不听。乃召杨士奇谕曰："言者论赵王益多，如何？"对曰："今日宗室，惟赵王最亲，当思保全之，毋惑群言。"上曰："吾亦思之，皇考于赵王最友爱，且吾今惟一叔，奈何不爱？然当思所以保全之道。"乃封群臣言章，遣驸马都尉广平侯袁容、左都御史刘观赍以示之，使自处。容等至，赵王大喜曰："吾生矣！"即献护卫，且上表谢恩，而言者始息。

编 汉庶人高煦伏诛。

---

① 献县：今河北献县。
② 朱烜：据《明宣宗实录》应作"朱恒"。

纪 庶人锁絷大内逍遥城,一日上往,熟视久之。庶人出不意,伸一足勾上仆地。上大怒,亟命力士舁铜缸覆之。缸重三百斤,庶人有力,顶负缸起。乃积炭缸上如山,然炭①,逾时,火炽铜镕,庶人死。诸子皆死。

编 冬十月,复李时勉翰林侍读。

纪 洪熙中,时勉言事过激,仁宗怒,命武士扑以金瓜②,断胁不死,系狱。至是,上面讯,释之,复召入翰林。

编 以张本为兵部尚书,陈祚、于谦为监察御史。

编 丁未,二年(1427),春二月,进张瑛礼部尚书。

编 秋八月,建文帝入蜀。

编 九月,诏浙江按察使林硕复职。

纪 硕振举宪法不少贷③,中官裴可立督事浙江,以沮格诏令诬之。上遣人逮硕至,亲问之,曰:"尔毋怖,但尽实对。"硕言:"臣往年为御史,尝巡按浙江④,小人多不便臣。今任按察使至浙未久,中官在彼者亦无乖忤,惟旧不便臣者设谋造诈,欲去臣以自便耳。"上曰:"朕固未信,逮汝面问。今既明白,即驰驿还任,汝无他虑。"遂降敕切责裴可立曰:"归必不贷也。"硕初被逮,众皆危之,一见遽释,中外颂圣德焉。

---

① 然:同"燃"。
② 金瓜:兵器。
③ 宪法:法度,法则。贷:宽免。
④ 巡按:监察御史分道出巡按察,掌考核吏治、审录罪囚等事。

編 冬十一月，皇子祁镇生。

編 以薛瑄为监察御史。

編 戊申，三年（1428），春二月，立皇子祁镇为太子。

編 废皇后胡氏，立妃孙氏为皇后。

紀 先是上尝召张辅、蹇义、夏原吉、杨士奇、杨荣谕之曰："朕年三十未有子，今幸贵妃生子。母以子贵，古亦有之，但中宫宜如何处置？"因举中宫过失数事。荣曰："举此废之可也。"上曰："废后有故事否①？"义曰："宋仁宗降郭后为仙妃。"上问辅、原吉、士奇何无言，士奇对曰："臣于帝后，犹子事父母。今中宫母也，群臣子也，子岂当议废母。"上问辅、原吉云何，二人依违其间，曰："此大事，容臣详议以闻。"上问："此举得不贻外议否？"义曰："自古所有，何得议之。"士奇曰："宋仁宗废郭后，孔道辅、范仲淹率台谏十数人入谏②，被黜。至今史册为贬，何谓无议？"既退，明旦，上复召问士奇、荣，士奇对曰："汉光武废后，诏书曰：'异常之事，非国休福。'宋仁宗废后，后来甚悔。愿陛下慎之。"上不怿而罢。一日，独召士奇至文华殿，屏左右，谕曰："若何处置为当？"士奇因问："中宫与贵妃若何？"上曰："甚和睦，相亲爱。中宫今病逾月矣，贵妃日往视，慰藉（jiè）甚勤也。"士奇曰："然则乘今有疾，而导之辞让，则进退以礼，而恩眷不衰。"上颔（hàn）之。数日，复召士奇曰："尔前说甚善，中宫果欣然辞，贵妃坚不受，太后亦尚未听辞，然中宫辞甚力。"士奇曰："若此，则愿陛下待两宫当均一。昔宋

① 故事：先例，旧日的典章制度。
② 台谏：台官与谏官的合称。

仁宗废郭后,而待郭氏恩意加厚。"上曰:"然,吾不食言。"其议遂定。敕皇后退居别宫,册立孙氏为皇后。

编 夏六月,出左都御史刘观,以通政使顾佐为左都御史①。

纪 上罢朝,谕:"朝臣贪浊,奈何?"杨士奇对曰:"贪风始永乐末,今更甚。"上问:"何如?"对曰:"太宗自十五六年,数疾不视朝,扈从之臣,请托贿赂,公行无忌。"杨荣曰:"当是时,惟方宾有贪名。"上即顾荣问:"今贪者谁甚?"对曰:"莫甚于刘观。"士奇曰:"风宪所以肃百僚。宪长如此②,则不肖御史皆效之。御史奉巡四方,则不肖有司皆效之。"上叹息曰:"除恶务本,顾观去,谁代观者?"士奇曰:"通政使顾佐廉公有威。"荣曰:"佐为京尹③,能禁防下吏,政清弊革。"上喜曰:"顾佐乃能如是。"乃命观巡阅河道,而以佐代之。寻下观狱。

编 冬十月,建文帝游汉中。

编 己酉,四年(1429),春正月,建文帝至成都,再宿而去。

编 二月,江南守备襄城伯李隆献驺虞,群臣请表贺,不许。

纪 隆献驺虞二,云出滁州来安县石固山④。礼部尚书胡濙等请上表贺,上曰:"朕嗣位四年,民生未能得所,驺虞之祥,于德弗类。"不许。

编 冬十一月,千户臧清弃市。

———————

① 通政使:通政使司长官,掌受理内外章疏、敷奏封驳。
② 宪长:此处指都察院长官都御史。
③ 京尹:指顺天府尹。
④ 来安县:今安徽来安县。

纪 时有囚告左都御史顾佐枉法者,上怒,召杨士奇、杨荣谕曰:"此必有
　重囚教之陷佐。"因命法司穷治之①。得千户臧清杀无罪三人,当死,
　教之诬告。上曰:"不诛之,佐何以行事!"立命磔清于市。

编 庚戌,五年(1430),春正月,少保、户部尚书夏原吉卒。

纪 原吉天性宽平,人无识与不识皆称为君子长者。吕震尝在上前短原
　吉柔奸。震为子求官,上问原吉,原吉称震有守城功。陈瑄靖难初,
　欲杀原吉。原吉荐瑄才,总漕运。尝有从隶污所服织金赐衣,惧欲
　逃,原吉曰:"污可浣,何惧为?"吏坏所宝古砚,匿不敢见,原吉召吏谕
　曰:"物皆有坏,吾未尝惜此。"慰遣之。在部,吏捧精微文书押之,因
　风为墨所污,吏惧,肉袒(tǎn)以俟②,原吉曰:"汝何与焉?"明日袖至
　上前,自咎不谨被污,上命易之。一时卿大夫雅量推原吉第一。尝夜
　阅文卷,抚案叹息,欲下而止者再。其夫人问之,原吉曰:"此岁终大
　辟(bì)奏也③。吾笔一下,死生决矣,是以惨沮而不忍下也。"尝与同
　列饮于他所,夜归值雪,过禁门,有欲不下马者,原吉曰:"君子不以冥
　冥惰行。"其敬慎如此,有古大臣之风焉。

编 秋八月,以况钟为苏州知府。

纪 钟,靖安人④,始为吏胥,吕震荐其才,授仪制司郎中⑤。至是,大臣奏
　苏州等九大郡烦剧难治,特选钟等九人为知府,赐以玺书,假便宜行

① 法司:刑部、都察院、大理寺的合称。
② 肉袒:古人在谢罪时,脱上衣露体,表示虔敬和惶惧。
③ 大辟:死刑。
④ 靖安:县名,今江西靖安县。
⑤ 仪制司郎中:仪制司长官,掌朝廷礼仪、宗封、贡举、学校等事。

事,驰驿赴任。钟至苏,初视事,阳为木讷,胥有弊蠹(dù)①,辄默识之。通判赵忱肆谩侮,钟亦不校②,及期月③,一旦宣敕,召府中胥悉前,大声言:"某日某事某窃贿若干,某日某亦如之。"群胥骇服,不敢辨,立杀六人肆诸市。复出属官贪暴者五人,庸懦者十余人。由是吏民震悚④,苏人称之曰"况青天"。

编 冬十二月,含誉星见⑤。

编 辛亥,六年(1431),春二月,建文帝往陕西。

编 逮江西巡按御史陈祚下狱。

纪 祚上疏劝上务帝王实学,退朝之暇,命儒臣讲说真德秀《大学衍义》一书。上览疏怒曰:"朕不读书,《大学》且不识,岂堪作天下主乎!"命逮至京,并其家下锦衣卫狱,禁锢者五年。时上方以博综经史自负,祚之措词若上未尝学问者,故怒不可解。

编 秋七月,帝微行,夜至少傅杨士奇家。

纪 时上颇好微行,夜半,从四骑至士奇家。比出迎,上已入门,立庭中。士奇俯伏地下,言:"陛下奈何以宗庙社稷之身自轻?"上笑曰:"思见卿一言,故来耳。"遂屏左右语。既竟,士奇叩头曰:"车驾今夕俯临,外间必有知者,伏乞自此慎出,事变不测,当虑也。"驾还宫,明日遣太

① 弊蠹:弊病,祸害。
② 校:计较。
③ 期月:一整月。
④ 悚:恐惧。
⑤ 含誉星:瑞星。

监范弘问："车驾临幸,曷(hé)不谢?"对曰："至尊夜出,愚臣迨今中心惴栗未已,岂敢言谢。"又数日,遣弘问："尧不微行乎?"对曰："陛下恩泽岂能遍洽幽隐?万一有怨夫冤卒窥视窃发,诚不可无虑。"后旬余,锦衣卫获二盗,尝杀人,捕急,遂私约候驾之玉泉寺,挟弓矢,伏道旁林丛中作乱。捕盗校尉变服如盗,入盗群,盗不疑,以谋告,遂为所获。上叹曰："士奇爱我。"遣弘赐金绮。

编 冬十二月,大学士金幼孜卒。

编 壬子,七年(1432),春正月,建文帝入楚,至公安①。

编 夏六月,诏修各州县广济仓。

纪 巡按湖广御史朱鉴上言："洪武间,郡县皆置东南西北四仓,以贮官谷,令富民守之,遇水旱饥馑,以贷贫民。今廒(áo)仓废弛②,赎谷、罚金有司皆掩为己有,深负朝廷仁民之意。"上从其言,命违者从按察使、监察御史劾奏。

编 秋八月,诏释故城县丞陈铭罪③,复其官。

纪 先是,上闻内官奉使者多贪纵为民害。以太监刘宁清谨,命同御史驰往各郡,尽收所差内官资橐(tuó)④,并其人解(jiè)京师。既还,道经故城,县丞陈铭闻有内官至,不问从来,辄奋前捽宁,手击之。御史奏丞无状,逮至,上曰："丞固可罪,朕以其一时偏于所恶,姑宥之。"侍臣

---

① 公安:县名,今湖北公安县。
② 廒:粮仓。
③ 故城县:今河北故城县。
④ 资橐:装财物的袋子。借指财物。

言:"纵赦之,亦不可使复任。"上曰:"朕既释之,彼当知所改过也。"

编 癸丑,八年(1433),春正月,少保、大学士黄淮致仕。

纪 淮辞归,上宴之于太液池,亲洒宸翰送之①。

编 秋八月,南海诸国献麒麟者四。

编 景星见②。

编 冬十一月,巡抚南直隶工部侍郎周忱奏定济农仓之法③。

纪 令诸县各设仓,择县官之廉公有威与民之贤者司其籍。每岁种莳(shì)之际量给之④,秋成还官。明年,江南大旱,诸郡发济农米以赈贷,民不知饥。

编 甲寅,九年(1434),夏五月,建文帝至吴江史彬家⑤,程济从。

编 冬十二月,有僧自陈修寺祝延圣寿,诏斥之。

纪 上谓侍臣曰:"人情莫不欲寿。古之人君,若商中宗、高宗、祖甲、周文王享国最久,其时岂有僧道、神仙之说?秦皇、汉武求神仙,梁武帝、宋徽宗崇僧道,效验可见。世人不悟,可叹也!"

编 乙卯,十年(1435),春正月,帝崩,太子祁镇即位。

纪 上不豫,百官朝皇太子于文华殿。翌日上崩,太子即位。

———————

① 宸翰:帝王的墨宝。
② 景星:也称瑞星、德星,古谓现于政治清明之时。
③ 南直隶:今江苏、安徽、上海一带。
④ 莳:移植,栽种。
⑤ 吴江:县名,今江苏苏州市吴江区。

実尊皇太后曰太皇太后,皇后曰皇太后。封弟祁钰为郕(chéng)王。

実命礼部尚书兼翰林院学士杨溥复入阁参预机务。

実三月,建文帝往粤西。

実夏六月,葬景陵①。

[明代宦官专政始于王振]

実秋七月,命司礼太监王振偕文武大臣阅武于将台②,振矫制以隆庆右
　卫指挥佥事纪广为都督佥事③。

紀振,山西大同人。初侍上东宫,及即位,遂命掌司礼监④,宠信之,呼为
　先生而不名,振遂擅作威福。时辅臣方议开经筵⑤,而振乃导上阅武
　将台,集京营及诸卫武职试骑射⑥,殿最之⑦。纪广者,尝以卫卒守居
　庸,往投振门,大见亲昵,遂奏广第一,超擢之。宦官专政自此始。
　太皇太后尝御便殿,英国公张辅、大学士杨士奇、杨荣、杨溥、尚书胡
　濙被旨入朝。上东立,太皇太后顾上曰:"此五人,先朝所简遗皇帝
　者,有行必与之计。非五人赞成,不可行也。"上受命。有顷,宣太监
　王振,振至,俯伏,太皇太后颜色顿异,曰:"汝侍皇帝起居多不律,今

---

① 景陵:明宣宗陵墓。
② 将台:故址在今北京市朝阳门外。
③ 隆庆右卫:卫所名,治今河北怀来县东。
④ 司礼监:宦官二十四衙门之一,专掌机密、批阅章奏。
⑤ 经筵:为皇帝讲读经史而设立的御前讲席。
⑥ 京营:称京军三大营,包括五军营、三千营、神机营。
⑦ 殿最:考评优劣,下等为殿,上等为最。

当赐汝死。"上跪为之请,诸大臣皆跪。太皇太后曰:"皇帝年少,岂知此辈祸人家国!我听皇帝暨诸大臣贷振,此后不可令干国事也。"

于　月 评注

万　明　彭　勇　邓闳旸 审定

# 明鉴易知录卷五

卷首语:本卷起明英宗正统元年(1436),止天顺元年(1457),所记为英宗、景泰帝两朝二十二年史事。自英宗即位,宦官王振恃宠专擅用事。蒙古瓦剌部大举南侵,英宗在王振怂恿下北上亲征,明军惨败。土木之变后英宗被俘,景帝即位。也先率军围攻北京,于谦主持北京保卫战,最终击退瓦剌军,成功化解危机。天顺元年,英宗南宫复辟,重掌皇权。景帝废为郕王,于谦被杀。

# 明　纪

## 英宗睿皇帝

编 丙辰,英宗皇帝正统元年(1436),春正月,诏开经筵。

编 夏四月,始设提学①。

编 秋八月,建文帝还至滇,卜筑旧日之浪穹。

编 冬十月,帝阅武于将台。

纪 命诸将骑射,以三矢为率,受命者万骑,惟驸马都尉井源弯弓跃马,三发三中。上大喜,撤上尊赐之。观者皆曰:"往年王太监阅武,纪广骤升。今天子自来,顾一杯酒耶?"

编 丁巳,二年(1437),春二月,诏宋儒胡安国、蔡沈、真德秀从祀孔子庙庭。

编 夏六月,京师旱。

纪 时御巷小儿为土龙祷雨,拜而歌曰:"雨帝,雨帝,城隍土地。雨若再来,还我土地。"成群呼噪,不知所起。

编 秋九月,召温州府知府何文渊为刑部右侍郎。

---

① 提学:掌管学政及主持考试的官员。

编 戊午,三年(1438),秋七月,建文帝复往粤西。

编 己未,四年(1439),春三月,加苏州府知府况钟秩正三品,仍知府事。

纪 钟考满当代,军民诣阙留者数万人。诏升钟俸,令复任。杨士奇赠以
　　诗云:"十年不愧赵清献①,七邑重逢张益州②。"

编 庚申,五年(1440),春三月,建文帝同寓僧诣思恩知州岑瑛③,自称建
　　文帝,僧及建文帝被执赴京师。

纪 建文帝好文章,能为诗歌。至是,出亡盖三十九年矣。会有同寓僧
　　者,窃帝诗,自谓建文帝,诣思恩知州岑瑛,大言曰:"吾建文皇帝也。"
　　瑛大骇,闻之藩司,因系僧,并及建文帝,飞章以闻。诏械入京师,程
　　济从。

编 命侍讲学士马愉④、侍讲曹鼐(nài)并直内阁机务。

纪 先是王振语杨士奇曰:"朝廷事赖三位老先生⑤,然三公亦年高倦勤
　　矣,后当何如?"士奇曰:"老臣当尽瘁报国,死而后已。"杨荣曰:"先
　　生安得为此言? 吾辈老,无能效力,当以人事君耳。"振喜,越日即荐
　　曹鼐、苗衷、陈循、高谷等,遂次第擢用。士奇因尤荣,荣曰:"彼厌吾
　　辈,吾辈纵自立,彼容能已乎? 一旦内中出片纸,命某某入阁,则吾辈
　　束手矣。今四人竟是我辈人,何伤也?"士奇是其言。

---

① 赵清献:宋人赵抃,仁宗朝知成都府,以一琴一鹤自随。
② 张益州:宋人张咏,两次知益州,蜀民敬而爱之。
③ 思恩:府名,治今广西南宁市武鸣区。
④ 侍讲学士:隶翰林院,掌制诰、史册、文翰。
⑤ 三位老先生:指杨士奇、杨荣、杨溥。

编 秋七月,少师、大学士杨荣卒。

编 九月,僧及建文帝至京师。

纪 命御史廷鞫之,僧称:"年九十余,且死,思葬祖父陵旁耳。"御史言:"建文君生洪武十年,距正统五年当六十四岁,何得九十岁?"廉其状,僧实杨应祥,钧州白沙里人①。奏上,僧论死,下锦衣狱。建文帝白其实,御史密以闻。阉吴亮老矣,逮事建文帝,乃令探之。建文帝见亮,辄曰:"汝非吴亮耶?"亮曰:"非也。"建文帝曰:"吾昔御便殿,汝尚食,食子鹅,弃片肉于地,汝手执壶,据地狗餂(tiǎn)之②,乃云非是耶?"亮伏地哭。建文帝左趾有黑子,摩视之,持其踵复哭③,不能仰视,退而自经。于是迎建文帝入西内。程济闻之,叹曰:"今日方终臣职矣!"往云南焚庵,散其徒。建文帝既入宫,宫中人皆呼为老佛,以寿终,葬西山,不封不树。

编 辛酉,六年(1441),夏四月,太监王振矫诏以工部郎中王佑为工部右侍郎。

纪 振既弄权,佑以谄媚超擢,与兵部侍郎徐晞(xī)极意逢迎之。佑貌美而无须,善伺候振颜色。一日,振问曰:"王侍郎何无须?"对曰:"老爷所无,儿安敢有。"闻者鄙之。

编 秋八月,召山东提学佥事薛瑄为大理寺左少卿。

纪 初,王振问杨士奇曰:"吾乡人谁可大用者?"士奇荐瑄,乃有是召。瑄

---

① 钧州:治今河南禹州市。
② 餂:同"舔"。
③ 踵:脚后跟。

至京朝见，不谒振。振至阁下，问："何不见薛少卿？"二杨为谢①。振知李贤素与瑄厚，召至阁下，令致己意。贤至朝房与瑄言，瑄曰："厚德亦为是言乎②？拜爵公朝，谢恩私室，吾不为也。"久之，振知其意，亦不复问。一日，会议东阁，公卿见振皆拜，一人独立。振知其为瑄也，先揖之，且告罪，然自是益深衔之。

编 冬十月，作奉天、谨身、华盖三殿成。

纪 三殿工成，宴百官。故事，宦者虽宠，不得预外庭宴。是日，上使人视王先生何为，振方大怒，曰："周公辅成王，我独不可一坐乎？"使以闻，上为蹙(cù)然③，乃命开东华中门，听振出入。振至问故，曰："诏命也。"至门外，百官皆望风拜，振悦。

编 十一月，右副都御史吴讷乞致仕，许之。

编 壬戌，七年(1442)，夏六月，少保、工部尚书吴中卒。

纪 中以国子生累官至尚书。性贪鄙，其妻甚严正。一日迎诰④，其妻呼子宣之，问曰："此诰词是主上自言耶？是翰林代草耶？"曰："亦翰林代草耳。"叹曰："翰林先生果不虚妄，吴中一篇诰文，止说他平生为人，何尝有'清廉'二字？"中闻之虽恚(huì)⑤，强笑容而已。

编 以礼部侍郎王直为吏部尚书。

---

① 二杨：杨士奇、杨溥。
② 厚德：李贤字。
③ 蹙然：忧愁不悦貌。
④ 诰：帝王任命或封赠的文书。
⑤ 恚：愤怒，怨恨。

编 冬十月，太皇太后张氏崩。

纪 初，宣宗崩，上冲年践阼①，事皆白太后然后行。委用三杨，政归台阁。每数日，太后必遣中官入阁，问施行何事，具以闻。或王振自断不付阁议者，必立召振责之。太后既崩，振益无所惮矣。

编 十二月，太监王振矫诏以徐晞为兵部尚书。

编 癸亥，八年（1443），夏四月，雷震奉天殿鸱（chī）吻②，诏求直言。下侍讲刘球狱，杀之。

纪 球素为王振所憾。锦衣指挥彭德清，球乡人也，往来振门用事。公卿率趋谒，球独不为礼，德清衔之。至是，球应诏上言十事，德清乃激振曰："公知之乎？刘侍讲疏之三章，盖诋公也。"振怒，欲置之死。会编修董璘自陈愿为太常，而球疏有"太常不可用道士，宜易儒臣"语，乃逮璘及球俱下狱。振即令其党锦衣卫指挥马顺以计杀球。一夕五更，顺独携一校，推狱门入，球与璘同卧，小校前持球，球知不免，大呼曰："死诉太祖、太宗！"校持刀断球颈，流血被体，屹立不动。

编 下大理寺少卿薛瑄狱，寻除名放归田里③。

纪 瑄素不为王振屈，振衔之。会有武吏病死，其妾有色，振侄山欲夺之，妻持不可，妾因诬告妻毒其夫。都御史王文究问，已诬服。瑄辨其冤，屡驳还之。文谄事振，潜之，嗾（sǒu）御史劾瑄受贿④，故出人罪。

---

① 冲年：幼年。践阼：皇帝登位。
② 鸱吻：宫殿屋脊正脊两端的构件。
③ 除名：除去官员名籍，罢官。
④ 嗾：教唆。

廷鞫,竟坐以死,下狱。瑄怡然曰:"辨冤获罪,死何愧焉。"在狱读
《易》以自娱。初,瑄既论死,子淳等三人请一人代死,二人戍,赎父
罪,不许。将决,振老仆泣于爨下,振问之,曰:"薛少卿不免,是以
泣。"曰:"何以知之?"曰:"乡人也。"因述其平生,振少解。会侍郎王
伟申救之,得免死,除名放归田里。

〔瓦剌也先嗣立〕

编 瓦剌太师顺宁王脱欢卒,子也先嗣。

纪 自脱欢并吞诸部,势浸强盛,至也先益横,屡犯塞北,边境自此多事。

编 秋八月,王振枷祭酒李时勉于国子监门①,寻释之。

纪 振尝诣监,衔时勉无加礼,令人廉其事,无所得。彝伦堂有古树,故许
衡所植也②。时勉嫌其阴翳(yì)③,妨诸生班列,稍命伐其旁枝。振遂
诬以伐官木私家用,矫旨令荷校④,肆诸成均⑤。监生石大用乞以身
代,号哭奔走阙下,上疏求解者数千人。会昌伯孙继宗言于孙太后,
太后为上言之,始知振所为也,命立释之。

编 立妃钱氏为皇后。

编 甲子,九年(1444),春正月,新建太学成。帝临视,祗谒先圣,行释

---

① 祭酒:国子监长官。
② 许衡:号鲁斋,元世祖朝官至集贤大学士,兼国子祭酒。
③ 阴翳:枝叶繁茂。
④ 荷校:以枷加颈。
⑤ 成均:代指国子监。

奠礼。

纪先是,太学犹因元陋,吏部主事李贤上言:"国家建都北京以来,所废弛者,莫甚于太学;所创新者,莫多于佛寺。举措如是,可谓舛(chuǎn)矣。若重修太学,虽极壮丽,不过一佛寺之费。请及时修举,以致养贤及民之效。"从之,至是成。

编三月,少师、兵部尚书兼华盖殿大学士杨士奇卒。

编夏四月,以翰林院学士陈循直文渊阁,与机务。

编乙丑,十年(1445),秋七月,下霸州知州张需狱。

纪需善字民,顺天府丞王铎尝旌异之。有牧马官扰民,需置于法。牧马官以谮王振,遂被逮,棰楚几死,谪戍边。并坐铎私举,下于理。

编丙寅,十一年(1446),春三月,贬巡抚山西、河南兵部侍郎于谦为大理寺少卿,寻复命巡抚。

纪谦抚梁、晋十余年,惧盈满,举参政孙原贞、王来自代。时王振方用事,谦每入京,未尝持一物交当路。又御史有姓名类谦者尝忤振,振意以为谦,嗾言官劾之,罢为大理少卿。二省民倍道赴阙乞留,亲藩亦以"不可无谦"请,乃复命巡抚。

编秋七月,少师、礼部尚书兼武英殿大学士杨溥卒。

编丁卯,十二年(1447),春正月,巡抚宣大金都御史罗亨信①,奏请增置城卫以备边,不报。

---

① 宣大:宣府、大同二镇的合称。大同镇,治今山西大同市。

纪 亨信上言:"瓦剌也先专候衅端图入寇,宜预于直北要害,增置城卫土城备之,不然恐贻大患。"奏闻,兵部尚书邝埜畏王振,不敢主议,遂寝不行。

编 以于谦为兵部侍郎。

编 以都督金事石亨为左参将,守万全①。

编 戊辰,十三年(1448),春二月,修大兴隆寺。

纪 寺初名庆寿,在禁城西,金章宗建。王振言其敝,命役军民修之,费巨万,壮丽甲于京都,上临幸焉。

编 己巳,十四年(1449),春二月,瓦剌也先遣使进马。

纪 也先遣使二千余人进马,诈称三千人。王振怒其诈,减去马价,使回报,遂失和好。
先是,也先遣人入贡,通事辈利其贿,告以中国虚实。也先求结婚,通事私许之②,朝廷不知也。至是贡马,曰:"此聘礼也。"答诏无许姻意,也先益愧忿③,谋寇大同。

编 夏六月,谨身、奉先、华盖三殿复灾。

纪 丙辰(初八日)夜,雷电大震,风雨骤作。谨身殿火起,延奉天、华盖二殿,奉天诸门皆毁。自王振擅权,灾异叠见,振略不警畏,很恣愈甚,且讳言天变。时浙江绍兴山移于平地,官不敢闻。又地动,白毛遍生,奏

① 万全:万全都司,为防卫京师重地。
② 通事:通译外国和少数民族语言文字的人员。
③ 愧忿:恼羞成怒。

入不省。陕西二处山崩,山移有声,三日不绝,移三里,不敢详奏。黄河改往东流于海,淹没人家千余户。又振宅新起,未逾时,一火而尽。南京宫殿火,是夜大雨,殿基生荆棘高二尺。始下诏赦天下。

〔也先大举入寇〕

编　秋七月,瓦剌也先大举入寇,帝下诏亲征。

纪　也先图犯边,其势甚张。侍讲徐珵语其友刘溥曰:"祸不远矣!"亟命妻子南归,皆重迁,有难色。珵怒曰:"尔不急去,不欲作中国妇耶!"乃行。八日,也先大举入寇,兵锋锐甚。大同兵失利,塞外城堡,所至陷没。边报日至,乃遣驸马都尉井源等四将,各率兵万人出御之。源等既行,王振劝上亲征,从之。

编　车驾发京师,命弟郕王祁钰居守。

纪　亲征命下,二日即行,事出仓卒,举朝震骇。命太师、英国公张辅,太师①、成国公朱勇率师以从,户部尚书王佐、兵部尚书邝埜、学士曹鼐、张益等扈户征。吏部尚书王直及大小群臣,伏阙恳留,不允。命太监金英辅郕王居守。遂偕王振并官军五十余万人,出居庸关,过怀来,至宣府。未至大同,兵士已乏粮,僵尸满路。寇亦佯避,诱师深入。

编　八月,车驾至大同,下诏班师。

纪　师至大同,王振又欲进兵北行。钦天监正彭德清斥振曰②:"象纬示警③,

---

① 太师:据《明英宗实录》应作"太保"。
② 钦天监正:钦天监长官,掌察天文、定历数等事。
③ 象纬:星象经纬,谓日月五星。

不可复前。若有疏虞,陷乘舆于草莽①,谁执其咎?"曹鼐曰:"臣子固不足惜,主上系天下安危,岂可轻进!"振怒曰:"倘有此,亦天命也!"于是井源等报败踵至。会暮,复有黑云如伞罩营,雷雨大作,振恶之。会前军西宁侯朱瑛、武进伯朱冕全军覆没,镇守大同中官郭敬密言于振:"势决不可行。"振始有还意。明日,班师。

## 〔土木之变,英宗被俘〕

编 车驾至土木②,大军与瓦剌兵战,败绩,帝被拥以去。

纪 大同总兵郭登告曹鼐等:"车驾入,宜从紫荆关③,庶保无虞。"王振不听。振,蔚州人④,因欲邀驾幸其第,既又恐损其禾稼,行四十里,复转而东,还至狼山,追骑且及。庚申(十三日),遣朱勇等率三万骑御之。勇进军鹞儿岭,敌于山两翼邀阻夹攻,杀掠殆尽。

是日,驾至土木,日尚未晡,去怀来二十里。众欲入保怀来,以王振辎重千余两未至⑤,留待之。邝埜再上章请车驾疾驱入关,而严兵为殿,不报。又诣行殿力请,振怒曰:"腐儒安知兵事!"遂驻土木,旁无水泉,又当敌冲。辛酉(十四日),欲行,敌已逼,不敢动。人马不饮水已二日,饥渴之甚,掘井深二丈不得水。

也先分道自土木傍麻谷口入,守口都指挥郭懋拒战终夜,敌益增。壬戌(十五日),敌遣使持书来,以和为言。上遂召曹鼐草敕与和,遣二

---

① 乘舆:代指皇帝。
② 土木:即土木堡,在今河北怀来县。
③ 紫荆关:在今河北易县西北紫荆岭上。
④ 蔚州:治今河北蔚县。
⑤ 两:同"辆"。

通事与北使偕去。振急传令移营,南行未三四里,敌复四面攻围,兵士争先奔逸,势不能止。敌奋长刀以砍大军,大呼"解甲投戈者不杀"。众裸袒相蹈藉死,蔽野塞川,宦侍、虎贲矢被体如猬。上与亲兵乘马突围,不得出,被拥以去。张辅、邝埜、王佐、曹鼐、张益而下数百人皆死。

初,师既败,上乃下马盘膝面南坐。有一敌将索衣甲,不与,欲加害,其兄来曰:"此非凡人,举动自别。"拥出雷家站,见也先之弟赛刊王①。上问曰:"子其也先乎?其伯颜帖木儿乎?赛刊王乎?大同王乎?"赛刊王闻语大惊,驰见也先,曰:"部下获一人甚异,得非大明天子乎?"也先乃召使中国二人问是否,二人见大惊,曰:"是也。"也先喜曰:"我常告天,求大元一统天下,今果有此胜!"问众何以为计,其中一人名乃公,大言曰:"天以仇赐我,不如杀之。"伯颜帖木儿大怒,呼也先为那颜,那颜者,华言大人也。"安用此人在旁?"摧其面曰:"去!"因力言:"两军交战,人马必中刀箭,或践伤压死。今大明皇帝独不践压中刀箭,而问那颜,问我等,无惊恐怨怒。我等久受大明皇帝厚恩赏,虽天有怒,推而弃之地下,而未尝死之,我等何反天?那颜若遣使告中国,迎返天子,那颜不有万世好男子名乎?"众皆曰"者",犹华言"然"也。于是也先以上送伯颜帖木儿营,令护之。报至京师,皇太后遣使赍重宝文绮②,载以八骑,皇后钱氏尽括宫中物佐之,诣也先营请还车驾,不报。

编 皇太后诏立皇长子见深为皇太子,命郕王为辅,代总国政。

---

① 赛刊王:又译赛罕王,瓦剌贵族首领。
② 文绮:华美的丝织品。

〔樊忠诛王振〕

编籍王振家,族诛之。

纪帝之北狩也,护卫将军樊忠从帝旁,以所持棰捶死振,曰:"吾为天下诛此贼!"遂突围,杀数十人,死之。至是廷臣请族诛振,振所亲马顺及王、毛二侍,一时被击死。都御史陈镒(yì)奉郕王令旨籍其家,并振从子山脔(luán)于市①,族属无少长皆斩。振家当京城内外凡数处,重堂邃阁,拟于宸居②,器服绮丽,尚方不逮,玉盘百面,珊瑚高六七尺者二十余株,金银六十余库,币帛珠宝无算。

评土木之变:

　　土木堡之战的失败,与蒙古瓦剌部的崛起和宦官王振专权密不可分。由于太宗、仁宗和宣宗三朝相继撤除了北边防御的藩王、都司和卫所,防线收缩,为北方蒙古诸部的恢复和发展提供了条件。西部的瓦剌迅速崛起,英宗则对王振言听计从,始终未予防范。面对瓦剌军来袭,英宗仓促出征,最终兵败被俘。土木之变将明王朝推向生死存亡的边缘,是明朝政治史上重要的转折点。于谦集结二十余万大军最终取得北京保卫战的胜利,使明朝转危为安。鉴于京军三大营在土木之变暴露出的问题,于谦对京营编制做出重大改革,设立团营制,组成了一支有战斗力的京军。

编皇太后以于谦为兵部尚书。

①从子:侄子。脔:碎割。
②宸居:帝王的居处。

编 也先拥帝至大同,寻复拥帝去。

纪 也先拥帝至大同城下,索金币,约赂至即归帝。都督郭登闭门不纳,帝传旨曰:"朕与登有姻连,何外朕若此?"登遣人传奏曰:"臣奉命守城,不敢擅启闭。"随侍校尉袁彬以头触门大呼。于是,广宁伯刘安等括公私金银共万余两出迎驾。既献,复不应。

初,也先来索贿,郭登曰:"此绐我耳。莫若以计伐其谋,劫营夺驾入城,此为上策。"乃谋以壮士七十余人,饷之食,令奋前执其弓刀,因拥帝还。会有沮者,既淹久,寇觉,惊扰而去。

也先拥帝道宣府,总兵杨洪闭城门不出。事闻,逮洪系诏狱。

帝出塞,过猫儿庄、九十海子,历苏武庙、李陵碑。至黑松林,也先营在焉。帝始入也先营,也先屡欲谋害,会夜大雷雨,震死也先所乘马,谋乃止,且加礼焉。袁彬侍左右,颇知书,性警敏。又有哈铭者,先随使臣吴良羁留在北,至是亦与彬同侍。又有卫沙狐狸者,亦随上至漠北,供薪水,劳苦备至。

编 皇太后命郕王即帝位,群臣奉表劝进。

纪 太后遣太监金英传旨:"皇太子幼冲,郕王宜早正大位,以安国家。"时议者以时方多故,人心危疑,思得长君以弭祸乱①。于是文武群臣交章劝进,王再辞让。众请遵太后命,允之,遂择日行礼。

编 九月,也先遣使来。

纪 使言欲送帝还京师。使还,以金百两、银二百两、彩币二百匹赐也先。

---

① 弭:平息,停止。

[郕王即位]

编 郕王即皇帝位,遥尊帝为太上皇,诏赦天下,改明年为景泰元年。

编 也先复遣使致书。

纪 也先书辞悖慢,兵部尚书于谦见上泣言曰:"寇贼不道,势将长驱深入,不可不预为计。迩者各营精锐尽遣随征,宜急遣官分设召募。京师九门,宜用都督统领。通州霸上仓粮①,不可捐弃以资寇,令在官者悉诣关支,准为月粮之数,庶几两得。"上嘉纳之。

编 以陈循为户部尚书,高谷为工部尚书。

编 出杨洪、石亨于诏狱,命洪仍守宣府,亨总京师兵马。

纪 亨有威望,方面巨躯,须垂至膝。初协守万全,坐不救乘舆,械系诏狱。至是,以于谦言赦出之,使总京营兵马赎罪。

编 冬十月,也先挟上皇,与可汗脱脱不花寇紫荆关,京师戒严。

[于谦主持北京保卫战,化解明朝危机]

纪 先是,太监喜宁,故鞑靼也。土木之败,降于也先,尽以中国虚实告之,为彼向道②,奉上皇入寇。七日,至大同城下,守臣郭登曰:"赖天地祖宗之灵,国有君矣。"也先知有备,不攻去。九日,至广昌③,破紫

① 霸上:据《于忠肃集》应作"坝上"。
② 道:同"导"。
③ 广昌:县名,今河北涞源县。

荆关。朝野汹汹，人无固志。侍讲徐珵（chéng）方有时名，亦锐意功业，太监金英召珵问计，珵曰："验之星象、历数①，天命已去，请幸南京。"英叱之，令人扶出。明日，于谦上疏抗言："京师天下根本，宗庙、社稷、陵寝、百官、万姓、帑藏②、仓储咸在，若一动则大势尽去，宋南渡之事可鉴也。珵妄言，当斩！"金英宣言于众曰："死则君臣同死，有以迁都为言者，上命必诛之。"乃出榜告谕，固守之议始决。

谦闻寇迫关，思各处刍粟数万计，恐为敌资，急遣使焚之，然后奏闻。或请姑待报，谦曰："寇在目前，若少缓，彼将据之，适以赍盗粮耳。独不见宋牟驼冈事乎③？"众皆是之。

编 也先军围京师，石亨等击却之，也先北遁。

纪 也先长驱至京城西北关外。命石亨等军于城北，于谦督其军，都督孙镗（tāng）军于城西，刑部侍郎江渊参其军，皆背城而阵。以交址旧将王通为都督，与御史杨善守城。谦率先士卒，躬擐甲胄，出营德胜门④，以示必死。泣以忠义谕三军，人人感奋，勇气百倍。喜宁嗾也先遣使来议和，索大臣出迎驾。众莫敢出，乃以通政参议王复为礼部侍郎⑤，中书舍人赵荣为鸿胪寺卿⑥，出朝上皇于土城庙。也先、伯颜帖木儿擐甲持弓矢侍上皇。复等见上皇，进书敕。也先曰："尔皆小官，急令王直、胡濙、于谦、石亨来。"上皇谕复、荣曰："彼无善意，汝等宜

① 历数：天道。也指朝代更替的次序。
② 帑藏：国库。
③ 宋钦宗靖康元年，金斡离不军抵开封，据牟驼冈，积粟尽为所得。
④ 德胜门：明代北京内城北门。
⑤ 通政参议：隶通政使司，佐通政使，受理内外章疏。
⑥ 鸿胪寺卿：鸿胪寺长官，掌朝会、宾客、仪礼之事。

急去。"二人辞归。

寇益四出剽掠,攻城益急。既而宣府杨洪援兵至,军声大振。时诸军二十二万列城下,寇见大军盛而严,不敢轻犯。

石亨出安定门①,与其从子彪持巨斧突入敌中坚,所向披靡,敌却而西。亨追战城西,复却而南。彪率精兵千人诱寇至彰义门②,寇见彪兵少,逼之,亨率众乘之,寇败走。神机营都督范广以飞枪火箭杀伤甚众。于是也先气稍沮。于谦使谍谍知上皇移驾远,命石亨等夜举火,大炮击其营,死者万人。也先以上皇北遁,脱脱不花闻之,遂不敢入关,亦遁。

〔编〕十一月,京师解严。杨洪等班师还京,封洪昌平侯,石亨武清侯。加于谦少保,总督军务。谦固辞,不许。

〔编〕伯颜帖木儿妻令侍女迎上皇驾。寻值圣节,也先上寿。

〔纪〕上皇北至小黄河苏武庙,伯颜帖木儿妻阿挞剌阿哈剌令侍女设帐迎驾,宰羊递杯进膳。寻值圣节,也先上寿,进蟒衣、貂裘,筵宴。哈铭、袁彬常宿御寝傍,天寒甚,每夜上皇令彬以两胁温足。一日晨起,谓铭曰:"汝夜手压我胸,我俟汝醒乃下手。"因言光武与子陵共卧事,铭顿首。上皇夜出帐房,仰观天象,指示二人曰:"天意有在,我终当归也。"上皇使哈铭致意伯颜妻,令劝伯颜送还朝。妻曰:"我妇人,何能为?然官人洗濯,我侍巾帨(shuì)③,亦当进一言。"铭时时设喻慰上

———————

① 安定门:明代北京内城北门。
② 彰义门:即西直门。明代北京城西北门,初名彰义门,后称西直门。
③ 帨:佩巾。

皇,勿忧或成疾。

编 十二月,尊皇太后孙氏曰上圣皇太后,生母吴氏曰皇太后,立妃汪氏
为皇后。

## 景皇帝

编 庚午,景皇帝景泰元年(1450),春正月,上皇书至,索大臣来迎。

纪 上命公卿集议,廷臣因奏请遣官使北贺节,进冬衣。上谓必能识太上
皇帝者始可行。群臣惧,谢罪,事遂寝。

编 瓦剌兵入朔州,大同总兵郭登击走之。

纪 登以八百骑破寇数千,追奔四十里,夺回人口、牛马、军器以万计。捷
闻,进封登定襄伯。

编 二月,叛臣喜宁伏诛。

纪 宁教也先扰边,且不欲送上皇还,上皇深恶之。宁又忌袁彬,诱彬出
营,将杀之,上皇急救之,乃免。彬与上皇谋,遣宁传命入京,令军士
高磐与俱,密书系磐髀(bì)间①,令至宣府,与总兵等官计擒之。既至
宣府,参将杨俊出,与宁饮城下,磐抱宁大呼,俊纵兵遂缚宁,送京诛
之。也先闻宁诛,与赛刊王等分道入寇。

编 大同参将许贵请遣使与瓦剌修好,不许。

纪 贵请遣使腆(tiǎn)币②,以款寇兵,而徐为讨伐计。于谦曰:"前者固非

---

① 髀:大腿。
② 腆:丰厚。

不遣使。都指挥季铎、指挥岳谦遣,而寇骑已至关口。通政王复、少卿赵荣遣,而不获征太上一信。其狡焉侮我而齕(hé)我①,何似而可言和?况也先不共戴天仇也,理固不可和。万一和而彼遂肆无厌之求,从之则坐弊,不从则生变,势亦不可和。贵介胄之臣,而委靡退怯,法当诛。"是时上任谦方专,疏既入,于是边将人人言战守。也先不得挟重相恫喝②,抱空名不义之质,始谋归太上矣。

编 秋七月,也先遣其参政完者脱欢等赍书来请和,诏遣礼部右侍郎李实等赍敕报之。

纪 也先以和议不成,命其知枢密院阿剌为书,遣完者脱欢等五人至京师请和。礼部会议,尚书胡濙等奏奉迎上皇,上不允。次日,上御文华殿,召文武群臣谕曰:"朝廷因通和坏事,欲与寇绝,而卿等屡以为言,何也?"吏部尚书王直对曰:"上皇蒙尘,理宜迎复。乞必遣使,勿使有他日之悔。"上不怿曰:"我非贪此位,而卿等强树焉,今复作纷纭何?"众不知所对。于谦从容曰:"大位已定,孰敢他议?答使者,冀以舒边患,得为备耳。"上意始释曰:"从汝,从汝。"言已即退。

群臣出文华门,太监兴安传呼曰:"孰堪使者?有文天祥、富弼乎③?"众未答,王直面赤,厉声曰:"是何言!臣等惟皇上使,谁敢勿行者?"安语塞,入复。时李实任礼科都给事中,上命安传旨欲遣之,对曰:"实不才,然朝廷多事,安敢辞。"安入复命,遂以李实为礼部右侍郎,充正使,罗绮为大理寺少卿,充副使,马显授指挥使,为通事,赍玺书

① 齕:咬。
② 恫喝:虚声恐吓。
③ 宋恭帝朝,文天祥出使元军;宋仁宗朝,富弼出使辽,皆以不辱使命见称。

以行。时阁臣及府部诸臣承上意,止言息兵讲和,不及迎复上皇意。实等遂偕完者脱欢北行。

编 李实等辞归。

纪 实等至也先营,地名失八秃儿。既见,也先读玺书毕,乃引见上皇。

上皇居伯颜帖木儿营,所居毡毳(cuì)帐服①,食饮皆膻酪,牛车一乘,为移营之具,左右惟校尉袁彬暨哈铭侍。实见上皇泣,上皇亦泣。上皇曰:"朕非为游畋(tián)而出②,所以陷此者王振也。"因问太后、皇上、皇后俱无恙,又问二三大臣。上皇曰:"也先欲归我,卿归报朝廷,善图之。"实等因问上皇:"居此亦思旧所享锦衣玉食否?"又问:"何以宠王振至此,致亡国?"上皇曰:"朕不能烛奸③,然振未败时,群臣无肯言者,今日皆归罪于我。"日暮,实等归宿也先营,酌酒相待。也先曰:"南朝我之世仇④。今天使皇帝入我国,我不敢慢。南朝若获我,肯留至今日乎?"又言:"皇帝在此,吾辈无所用之。每遣使南朝令来迎,竟不至,何也?"实等反复譬(pì)晓⑤,欲奉迎上皇意。也先曰:"南朝遣汝通问,非奉迎也。若归,亟遣大臣来。"实等遂辞归。

编 脱脱不花遣其平章皮儿马黑麻来请和,诏遣右都御史杨善等报之。

纪 李实未至京,会脱脱不花亦遣皮儿马黑麻来请和。右都御史杨善慨然请行,中书舍人赵荣亦请往,乃遣善、荣等同皮儿马黑麻往。道遇

---

① 毡毳:用鸟兽毛加工制成的毛织品。
② 畋:打猎。
③ 烛:洞悉。
④ 南朝:指明朝。
⑤ 譬:晓谕,劝导。

实,实告以故。善曰:"得之矣,即敕书所无,可权以集事也。"实既还朝,具述也先情,及上皇起居状,奏请遣使奉迎。文武大臣上书恳请遣使,皆不许。上问实也先讲和之意虚实,对曰:"论其和意,似有实情。"上曰:"待杨善归再议。"

〔英宗还京师〕

编　八月,上皇还京师,帝送上皇居南宫①。

纪　杨善等至也先营,也先见善等甚喜。善因请上皇还京,历述累朝恩遇之厚,不可忘,反复辨论数千百言。也先问:"上皇还,更临御否②?"善言:"天位已定,不得再易。"也先问:"古尧、舜事如何?"善言:"尧让位于舜,今日兄让位于弟。"也先悦服。平章昂克问善:"欲迎复,来何操?"善言:"若操贿来迎,后人以尔贪贿归上皇。今无所操而归,书之史册,后世皆称述。"也先然其言。伯颜帖木儿请留使臣,遣使欲南朝更请上皇临御。也先曰:"曩令遣大臣来迎,大臣至矣,不可无信。"乃引善见上皇。明日,也先设宴饯上皇于其营,善侍,也先与妻妾以次起为寿。也先令善坐,上皇曰:"从太师言,坐。"善曰:"虽草野,不敢失君臣礼。"也先顾羡曰:"中国有礼。"罢酒,送上皇出。明日,宴使臣。又明日,伯颜帖木儿设宴饯上皇。又明日,亦宴使臣。又明日,上皇驾行,也先率众头目罗拜而别。伯颜送至野狐岭,恸哭良久始别去,乃命其部将率五百骑护送至京。既入塞,礼部议迎复仪注未定。上皇先遣使,诏谕避位,免群臣迎。

① 南宫:在北京紫禁城东南方向,为明代洪庆宫,俗称小南城。
② 临御:君临天下。

丙戌，百官迎上皇于安定门。上皇自东安门入①，上迎拜，上皇答拜，各述授受意，逊让良久。乃送上皇至南宫，群臣就见而退，大赦天下。

编 冬十二月，礼部尚书胡濙请明年正旦，百官朝上皇于延安门，不许。

编 命靖远伯王骥守备南宫。

编 辛未，二年（1451），春正月，上皇在南宫。

编 二月，命右佥都御史王竑(hóng)巡抚江淮诸郡。

纪 时淮、徐大饥，死者相枕藉②，山东、河南流民踵至。竑不待奏报，大发仓储赈之。近者日饲以粥，远者给米，被鬻者赎归其家。择医四十人，空庾(yǔ)六十区③，处流民之病者。死则给以棺，为丛冢葬之。穷昼夜，竭精虑，事事穷理，有所委任，出于至诚，人人为尽力。共用米一百六十余万石，全活数百万人。人述其行事，为《救荒录》，世传焉。先是，上闻徐、淮大饥，惊曰："奈何？"后得竑奏，大喜曰："好御史，不然饥死我百姓矣。"

编 秋七月，诏择颜子、孟子后裔一人，并授翰林院世袭五经博士。

编 冬十月，以李贤为兵部右侍郎。

编 壬申，三年（1452），春正月，上皇在南宫。

编 夏五月，废皇太子见深为沂(yí)王，立皇子见济为皇太子。

---

① 东安门：明代北京皇城东门。
② 枕藉：纵横相枕而卧。
③ 庾：谷仓。

纪先是，上欲易储，语太监金英曰："七月初二日，东宫生日也。"英顿首对曰："东宫生日是十一月初二日。"上默然。至是，上意既定，恐文武大臣不从，乃分赐内阁诸学士金五十两，银倍之，陈循、王文等遂以太子为可易。时有广西浔州守备都指挥黄竑（hóng）者①，思明土知府珊（gāng）庶兄也②。珊老，子钧袭知府。竑欲谋夺之，与其子矫军门令征兵思明，率骁悍数千人，夜驰入珊家，支解珊父子，纳瓮中，瘗后圃。总兵武毅知之，疏闻于朝。竑惧，乃遣千户袁洪走京师，上疏请易太子，上大喜曰："万里外有此忠臣。"亟下廷臣集议，且令释竑罪，予官都督。尚书胡濙、侍郎薛琦、邹幹会廷议，王直、于谦相顾错愕久之。司礼太监兴安厉声曰："此事不可已，即以为不可者，勿署名。"群臣皆唯唯署议。于是胡濙等上言："陛下膺明命，中兴邦家，统绪之传宜归圣子，黄竑奏是。"诏从之。

编废皇后汪氏，立妃杭氏为皇后。

纪后，太子生母也。

编冬十月，命太子太保、左都御史王文入阁，参预机务。

编癸酉，四年（1453），春正月，上皇在南宫。

编吏部尚书何文渊罢。

纪时言官劾文渊贪纵，下狱。文渊自言："易储有功，诏书所云'天佑下

---

① 浔州：府名，治今广西桂平市。
② 思明：府名，治今广西宁明县境内。土知府：明代土官名号之一，为土府长官，世袭其职。

民作之君,父有天下传之子',己所属对也。"乃令致仕。

编 冬十月,以左谕德徐有贞为右金都御史①。

纪 有贞初名珵,以倡南迁之议,为太监金英所叱,遂怀怅惘。陈循教之更

　　名,无使内臣习知,庶朝廷忘其议,而荐可行也。遂更名,乃有是命。

编 十一月,皇太子见济卒。

编 甲戌,五年(1454),春正月,上皇在南宫。

编 积雪恒阴,诏求直言。

编 夏四月,南京大理寺少卿廖庄应诏上书②,不报。

纪 庄言:"上皇被留北庭,陛下屡降诏书,以銮舆未复为意③。今幸上皇

　　临归,伏望笃亲亲之恩,时时朝见于南宫,或讲明家法,或论权治道。

　　仍令群臣亦得朝见,以慰上皇之心。如此则孝弟刑于国家,恩义通于

　　神明,灾可弭而祥可召矣。然所系之重,又不特此。太子者,天下之

　　本。臣以为上皇诸子,陛下之犹子也④,宜令亲近儒臣,诵读经书,以

　　待皇嗣之生,使天下臣民晓然知陛下有公天下之心。盖天下者太祖、

　　太宗之天下,仁宗、宣宗之继体守成者,此天下也。上皇之北征,亦为

　　此天下也。今陛下抚而有之,必能念祖宗创业之艰难,思所以系属天

　　下之人心矣。"不报。

---

① 左谕德:左春坊属官,隶詹事府,掌侍从赞谕。
② 南京大理寺少卿:南京大理寺副长官,无实际职掌。
③ 銮舆:皇帝的车驾,亦指天子。
④ 犹子:侄子。

编御史钟同上疏请复储。

纪先是，同尝因待漏与仪制郎中章纶论易储事①，继之以泣，至是遂上疏言："宗社之本在储位，宜复不宜缓。"闻者韪之。

编五月，下礼部仪制郎中章纶、御史钟同于狱。

纪纶上修德弭灾十四事，又曰："太上皇帝君临天下十四年，陛下尝亲受册封为臣子，是天下之父也。陛下宜率群臣每月朔望及岁时节旦，朝见于延安门，以极尊崇之道。而又复皇后于中宫，以正天下之母仪。复皇储于东宫，以定天下之大本。"疏奏，下锦衣狱鞫讯，体无完肤。钟同先亦有言，故并逮之。

编以进士杨集为六安州知州②。

纪集上书于谦曰："奸人黄玹进易储之说，以迎合上意，本逃死之计耳。公等国家柱石，乃恋官僚之赏，而不思所以善后乎？脱章纶、钟同死狱下，而公坐享崇高，如清议何？"谦以示王文，文曰："书生不知朝廷法度，然有胆，当进一级处之。"进士选知州始此。

编谪给事中徐正戍铁岭卫③。

纪正密请召见便殿，屏左右言："今日臣民有望上皇复位者，有望废太子沂王嗣位者，陛下不可不虑。宜出沂王于沂州④，增高南城数尺，伐

① 待漏：百官清晨入朝等待入宫。仪制郎中：礼部仪制司长官，分掌礼文、宗封、贡举、学校之事。
② 六安州：治今安徽六安市。
③ 铁岭卫：治今辽宁铁岭市。
④ 沂州：治今山东临沂市。

去城边高树,宫门之锁亦宜灌铁,以备非常。"上怒,谪戍。御史高平亦言:"城南多树,事叵测。"遂尽伐之。时盛暑,上皇常倚树憩息。及树伐,得其故,大惧。

编 乙亥,六年(1455),春正月,上皇在南宫。

编 秋八月,杖大理寺少卿廖庄、礼部郎中章纶、御史钟同于阙。

纪 同死杖下,纶仍诏狱,谪庄定羌驿丞①。先是,庄上疏忤旨。至是,赴京陛见,上念及,命杖之。

编 丙子,七年(1456),春正月,上皇在南宫。

编 夏五月,帝遣太监兴安、舒良视少保于谦疾。

纪 谦以疾在告,上遣安、良视之。见谦自奉俭,相与叹息,因以闻。上为计所资用,一切上方给之,至辍尚膳醯(xī)酱②、蔬菜以赐。驾幸万岁山,伐竹为沥,为和药丸,尤异数也。言官有言谦柄用过重者,兴安言:"只说日夜与国家分忧,不要钱,不爱官爵,不问家计。朝廷正要用此等人,可寻一个来换于谦。"众皆默然。

## 英宗睿皇帝

[英宗南宫复辟]

编 丁丑,英宗皇帝天顺元年(1457),春正月,武清侯石亨、副都御史徐有

---

① 驿丞:各州县驿站所设官,掌驿站邮传、车马等事。
② 醯:醋。

贞等迎上皇复位。

纪先是，景帝不豫，以储位未定，中外忧惧。兵部尚书于谦日与廷臣疏请立东宫，盖谓复宪宗也。中外籍籍，谓大学士王文与太监王诚谋白太后，迎取襄王世子①。都御史萧维桢同百官问安于左顺门外，太监兴安自内出，曰："若皆朝廷大臣，不能为社稷计，徒问安耶?"维桢集御史议曰："今日兴安之言，若皆达其意否?"众曰："皇储一立，无他虑矣。"众谓："上皇子宜复立。"惟王文意他有所属，陈循知文意，独不言。李贤以问学士萧镃(zī)，镃曰："既退不可再。"文遂对众言曰："今只请立东宫，安知朝廷之意在谁?"维桢因举笔曰："我更一字。"乃更"早建元良"为"早择"，疏进。

时石亨知景帝疾必不起，念请复立东宫，不如请太上皇复位，可得功赏。遂与都督张軏(yuè)、太监曹吉祥以南城复辟谋，叩太常卿许彬，彬曰："此社稷功也。彬老矣，无能为矣，盍图之徐元玉②。"元玉，徐有贞字也。亨、軏遂往来有贞家，有贞亦时时诣亨，人莫知也。是月十四日，夜会有贞宅，有贞曰："如公所谋，南城亦知之乎?"亨、軏曰："一日前已密达之。"有贞曰："俟得审报乃可。"亨、軏去。至十六日，既暮，复会有贞，曰："得报矣，计将安出?"有贞乃升屋，步览乾象③，亟下，曰："事在今夕，不可失。"遂相与密语。会有边吏报警，有贞曰："宜乘此以备非常为名，纳兵入大内，谁不可者!"亨、軏然之。计定，仓皇出。有贞焚香祝天，与家人诀，曰："事成社稷之利，不成门户之

① 襄王：朱瞻墡，宣宗之弟。
② 盍：何不，表示反问。
③ 乾象：天象。旧以为天象变化与人事有关。

祸。归人,不归鬼矣。"遂与亨、轵往会吉祥及王骥、杨善、户部侍郎陈
汝言,收诸门钥。夜四鼓,开长天门,纳兵千人,宿卫士惊愕不知所
为。时天色晦冥,亨惶惑,叩有贞曰:"事当济否?"有贞大言曰:"时
至矣,勿退!"率众薄南宫,毁垣坏门而入。亨、轵等入见,上皇烛下独
出,呼亨、轵曰:"尔等何为?"众俯伏,合声:"请陛下登位。"遂共掖上
皇登舆以行。忽天色明霁,星月皎然,上皇顾问有贞等为谁,各自陈
官职姓名。入大内,门者呵止之,上皇曰:"吾太上皇也。"门者不敢
禁。遂升奉天殿,登御坐,鸣钟鼓,启诸门。是日,百官入候景帝视
朝。有贞号于众曰:"上皇复辟矣。"趣入贺,百官震骇,乃就班贺。景
帝闻钟鼓声,大惊,问知为上皇,连声曰"好,好"。明日,上皇临朝,诏
改景泰八年为天顺元年。

编 诏逮少保于谦、王文,学士陈循、萧镃、商辂,尚书俞士悦、江渊,都督
范广,太监王诚、舒良、王勤、张玉下狱。命副都御史徐有贞以本官兼
翰林院学士,直内阁,典机务,寻晋兵部尚书,兼职如故。

编 出前礼部郎中章纶于狱,擢为礼部侍郎。

纪 上以纶建议复储,出之狱,嗟叹良久,遂有是擢。

〔杀于谦〕

编 杀少保、兵部尚书于谦。

纪 先是,城下之役,石亨功不如谦而得侯爵,心愧之,乃推谦功,诏予一
子千户。谦固辞,且曰:"纵臣欲为子求官,自当乞恩于君父,何必假
手于石亨?"亨闻恚甚。亨从子彪贪暴,谦奏出之大同,亨益衔之。徐

有贞尝因谦求祭酒,景帝召谦,辟左右谕之曰①:"有贞虽有才,然奸邪。"谦顿首退。有贞不知,亦恨谦。及上之复辟也,有贞嗾言官以迎立外藩议,劾王文,且诬谦。下狱,所司勘之无验。有贞曰:"虽无显迹,意有之。"法司萧维桢等阿亨辈,乃以"意欲"二字成狱。奏上,上犹豫未忍,曰:"于谦曾有功。"有贞直前曰:"不杀于谦,今日之事无名。"上意乃决。遂与王文及太监舒良、王诚、张永、王勤斩东市,妻子戍边。谦有再造功,上北狩②,廷臣或主和,谦辄曰:"社稷为重,君为轻。"以故也先抱空质,上得还,然谦祸机亦萌此矣。谦死之日,阴霾翳天③,行路嗟叹。都督范广勇而知义,为谦所任,亨恶之,并斩广。

编 论迎复功,封武清侯石亨为忠国公,都督张軏为太平侯,张輗(ní)为文安侯,都御史杨善为兴济伯,并世袭。

编 论随驾功,擢哈铭、袁彬并为锦衣卫指挥佥事。

编 召廖庄于定羌驿,赐还官。赠故御史钟同大理寺左丞,荫其子入太学。

## 〔废景帝仍为郕王〕

编 二月,皇太后诏废景泰帝仍为郕王,寻薨。

纪 太后谕郕王归西内,废皇后汪氏仍为郕王妃。钦天监奏革除景泰年号,上曰:"朕心有所不忍,可仍旧书之。"郕王薨,祭葬礼悉如亲王,谥

---

① 辟:同"避"。
② 北狩:指明英宗被瓦剌俘虏。
③ 阴霾:天气阴晦、昏暗。翳:遮蔽。

曰戾。

编 出左都御史萧维桢于南京。召南京副都御史轩輗为刑部尚书①,巡抚陕西。副都御史耿九畴为右都御史,掌院事。

编 三月,封直内阁兵部尚书徐有贞为武功伯,兼华盖殿大学士,掌文渊阁事。

编 夏四月,复立元子见深为皇太子。

编 襄王瞻墡(shàn)来朝。

纪 先是,土木之变,王两上疏慰安皇太后,乞命皇太子居摄天位。急发府库,募勇敢之士,务图迎复。仍乞训谕郕王,尽心辅政。疏上,景帝已立八日矣。至是,得疏宫中,上览之感叹,手敕趣王入朝,礼待甚隆。王辞归,上送至午门,王伏地不起,上曰:"叔父欲何言?"王顿首曰:"万方望治如饥渴,愿陛下省刑薄敛。"上拱手谢曰:"敬受教。"

编 六月,逮徐有贞下狱。

纪 曹吉祥、石亨憾有贞,嗾诸阉巧诋,数为巧语触上,上殊不为动。锦衣官门达复劾其阿比②,排陷石亨。诏执鞫之,降广东参政。既有以飞章谤国是者③,其语复多侵亨、吉祥,于是复诉上,谓有贞实主使。逮归置狱,穷治锻炼无所得④,摘其诰词"缵(zuǎn)禹神功"语⑤,为所自

---

① 南京副都御史:南京都察院副长官。
② 阿比:亲附。
③ 飞章:匿名诬告文书。
④ 锻炼:拷打折磨。
⑤ 缵:继承。

草,大不敬,无人臣礼,当死。以雷震奉天门,宥为黔首①,谪戍云南金齿。有贞去,而曹、石益专横矣。

编 以户部侍郎陈汝言为兵部尚书。

纪 汝言附石亨、曹吉祥谋夺门,故亨荐用之。及理部事,益阿比,表里为奸。

编 秋七月,谪内阁赞善岳正为广东钦州同知。

纪 初,正入直文渊阁,上尝召问曰:"卿何以辅朕?"正曰:"今内臣、武臣权过重。"上颔之。正退语曹钦、石彪,令谢兵归第。钦、彪走告曹吉祥,吉祥诣上,垂泣免冠请死②,具道所由。上曰:"无之。"乃召正,责其漏言。正曰:"固也。臣观二家必有背叛之灭,即今无可按之诛。臣欲全君臣共难情,故令早自为计。"上不悦。会承天门灾,上命正草诏罪己,历陈奸邪蒙蔽状。石亨见之怒,遂指为谤讪(bàng shàn)③,因有是谪。陈汝言故恨正,复中以私事,戍肃州卫④。

编 九月,敕左顺阍(hūn)者⑤,今后非有宣召,总兵官不得辄入⑥。

纪 上颇知石亨等骄恣,然念其功。间屏人语大学士李贤,贤对曰:"权不可下移,惟独断乃可。"既又与贤语及夺门功,贤曰:"迎驾则可,'夺门'二字岂可传示后世?陛下顺天应人,以复大位,门何必夺?且内

---

① 黔首:庶民,平民。
② 免冠:脱帽,表示谢罪。
③ 谤讪:诽谤。
④ 肃州卫:治今甘肃酒泉市。
⑤ 阍:守门者。
⑥ 总兵官:指石亨。

府门宁当夺耶！当时亦有以此事邀臣者，臣辞不与。"上惊问故，对曰："景帝不起，群臣自当表请陛下复位。此名正言顺，无可疑者，何至夺门？假事泄，此辈固不足惜，不审置陛下于何地？此辈藉陛下图富贵耳，岂有为社稷之心哉？"上大悟，寖疏之。

编 冬十一月，逮陈汝言下锦衣狱，籍其家。

纪 给事中高明等交章劾汝言怙势乱法，赃私藉甚，故逮之。上命所司陈籍汝言物于大内庑下，召大臣入视，且曰："景泰间，任于谦久，籍没无余物。汝言未期，得赂多若是耶！"时上怒甚，色变，石亨等皆俯首。自是上渐悟谦冤，而恶亨等矣。

于　月 评注

万　明　彭　勇　邓闳旸 审定

# 明鉴易知录卷六

　　卷首语:本卷起明英宗天顺二年(1458),止明孝宗弘治七年(1494),记载了英宗、宪宗、孝宗三朝三十七年的史事。明英宗复辟后,处死谋反的石亨、曹吉祥,释放被长期监禁的建文帝幼子,废除后宫殉葬陋习。宪宗在位期间,宠信万贵妃,任用汪直,偏好方术,信任僧继晓、李孜省。后听取谏言,罢斥汪直,为于谦平反,恢复景帝帝号。孝宗即位后,广开言路,革新朝政,任用刘大夏治理黄河。

# 明　纪

### 英宗睿皇帝

编 戊寅，二年（天顺二年，1458），春正月，皇太子出阁读书。

编 遣建庶人出居凤阳。

〔建文帝之子不识牛羊〕

纪 庶人，建文幼子也。入禁大内时方二岁，至是年五十六。上意欲宽之，谓李贤曰："亲亲之义，实所不忍。"贤对曰："陛下此一念，天地鬼神实临之，太祖在天之灵实临之，尧、舜之心不过如此。"左右或以为不可，上曰："有天命在，任自为之。"遂遣居凤阳，听其婚娶，出入自在。庶人出禁，见牛、羊亦不识。未几，庶人卒。懿文太子、建文君遂无后。

编 己卯，三年（1459），秋八月，定远侯石彪有罪①，下狱。

纪 彪性阴狡凶暴，出镇大同，素侮总兵官。总兵官因彪尝奏城威宁海子②，遂为流言，称彪有异志。上固疑彪，屡有功，屡召还。彪乃阴使大同千户杨斌等五十人诣阙③，乞留为镇守。上知其诈，下彪狱。词

---

① 石彪：石亨侄。
② 威宁海子：在今内蒙古察哈尔右翼前旗境内。海子，蒙古语，湖泊。
③ 阴使：暗中指使。

连石亨,上犹念亨功,宥之,惟罢其兵权,令以本籍归第。

〔石亨、曹吉祥等谋反伏诛〕

编 庚辰,四年(1460),春正月,石亨谋反,伏诛。

纪 初,亨见上稍疏斥,怀怨望。尝往来大同,顾紫荆关谓左右曰:"若塞此关守之,据大同,京师何由得至?"一日,退朝归私第,语锦衣指挥使卢旺、彦敬曰:"吾所居官,皆尔等所欲者。"旺、敬不知所谓,对曰:"旺、敬以公得至此,他何敢言。"亨曰:"陈桥之变①,史不称其篡。尔能助吾,吾官非尔官乎?"旺、敬股栗,莫敢对。会瞽(gǔ)人童先出妖书②,曰:"惟有石人不动。"劝亨举事。亨谓其党曰:"大同士马甲天下,吾抚之素厚,今石彪在彼,可恃也。异日以彪代李文,佩镇朔将军印,专制大同。北塞紫荆关,东据临清,决高邮之堤,以绝饷道,京师可不战而困矣。"遂请以卢旺守里河。会孛来寇延绥③,上命亨往御之。先又力劝亨,亨曰:"为此不难,但天下都司除代未周④,待周,为之未晚也。"先曰:"时者,难得而易失。"亨不听。先私谓所亲曰:"此岂可与成大事者!"会彪败,上犹念亨功,置不问,罢其兵。而亨之谋渐急,事益露。其家人上变,告亨谋反。逮治之,死狱中。斩彪于市,其党童先等俱坐死。

编 二月,诏令冒报迎驾功升官者⑤,许自首改正。

---

① 陈桥之变:960年赵匡胤在陈桥驿黄袍加身,废后周建宋。
② 瞽人:盲人。
③ 孛来:蒙古部落首领,屡率兵侵掠边地。延绥:九镇之一,治今陕西榆林市。
④ 除代:人事任免。周:全、遍。
⑤ 冒报:假冒报功。迎驾功:参与"夺门之变"拥护明英宗复辟的功劳。

纪 时法司奏："石亨等冒功升官者,俱合查究。"上召问李贤,曰："此事恐惊动人心。"贤对曰："不若令其自首免罪。"上曰："然。"遂行之。于是,冒功升职者四千余人,皆自首改正。

编 辛巳,五年(1461),秋七月,太监曹吉祥及昭武伯曹钦反①,杀恭顺伯吴瑾、都御史寇深。怀宁伯孙镗、兵部尚书马昂率兵讨平之。吉祥、钦俱伏诛。

纪 方石亨之败也,上命由亨冒功以进者,许自首革②。吉祥念与亨同功,亨败,己且不得独完,因日犒诸降丁金帛③,倚为腹心。诸降丁亦念由吉祥冒功进,一旦不测,身且随后,相与为死党。吉祥之客有冯益者,钦一日问曰："自古有宦官子弟为天子者耶?"益曰："君家魏武,盖中官腾之后④。"钦大喜,由是阴蓄异志。锦衣百户曹福来曾役钦家,钦虑其泄,棰楚濒死⑤。上闻,谕钦曰："速改过,不悛(quān)⑥,罪无赦!"先是,石彪得罪,上亦先谕之,钦以故大惧。又锦衣指挥逯杲(lù gǎo)伺钦甚急⑦。会孛来寇甘、凉⑧,上使孙镗统京军往征之,马昂监其军,择庚子昧爽出师⑨。于是,钦与诸昆季、其党都督伯颜也先数十

① 曹钦:曹吉祥养子。
② 革:免罪。
③ 诸降丁:指蒙古降兵。
④ 魏武:指曹操。中官:宦官。
⑤ 濒死:濒临死亡。
⑥ 悛:改过。
⑦ 伺:侦察、监视。
⑧ 甘、凉:甘州卫,治今甘肃张掖市。凉州卫,治今甘肃武威市。
⑨ 昧爽:拂晓,黎明。

人谋曰:"县官持我急①,不发,我为石彪续矣。"遂分勒死士蕃、汉军五百人,约以是日昧爽朝门开,则拥杀镗、昂,夺门入。此时吉祥素所部禁兵,且可为内应。

谋定,以其夕饮诸降丁酒。酒半,夜可二鼓。镗与吴瑾、广义伯琮(cóng)方待漏朝房②。都指挥完者秃亮从钦席上亡走,见瑾、琮告变。瑾、琮趋告镗,相与去匿他所,手作奏,投门鏬(xià)闻上③。上止开门,缒入吉祥,锁系之。钦不知也,与弟铉、镟(xuán)、铎率蕃将伯颜也先至东长安门,门闭。钦知事泄,即召死士至逯杲门,杲出,杀之,恨杲为上伺己也。寇深素善钦,既乃与言官疏劾之。钦亦以此为恨,与铎驰入西朝房,索深,杀之。大学士李贤待朝东朝房,钦复驰索之,贤惊出,被执。钦持杲头示贤曰:"今日直为此激变,非得已也,可为我草疏进上。"又执尚书王翱。贤乃就翱所,索纸为草疏,同翱投入长安左门隙。门坚不启,钦火之。钦往来啸呼,拟贤刃者数,舍之驰去。又索马昂,不得,时已昧爽矣。既而征西军稍集至二千人,孙镗曰:"不见长安门火耶? 曹钦谋反,兵少,击杀者予金。"皆曰:"诺。"工部尚书赵荣被甲跃马,奋呼市中曰:"能杀贼者从我!"从者亦数百人。镗之东安门逐贼,军锐甚,贼众披靡④。吴瑾将五骑出觇(chān)贼⑤,猝与遇,力战死。镗子轭(yuè)遇钦于道,奋砍中其脯,轭亦死。钦惧,

---

① 县官:指代天子。
② 琮:吴瑾堂弟。
③ 门鏬:门缝。
④ 披靡:败退。
⑤ 觇:侦察、窥探。

夜窜归。镗督兵与战,马昂以精兵殿①,会昌侯孙继宗兵又集,鏖战,军士奋呼而入。钦迫,投井死。遂屠其家,亲党同谋,一时尽死。下吉祥都察院狱,明日,磔(zhé)于市。

编 壬午,六年(1462),秋九月,皇太后孙氏崩。

编 太傅、吏部尚书致仕王直卒。

编 癸未,七年(1463),春正月,以姚夔为礼部尚书。

编 追谥宣德废后胡氏为恭让皇后。

纪 孙太后崩,钱皇后屡为上言:"胡后贤而无罪。其死也,人畏太后,敛葬皆不如礼。"劝上复其位号,上从之。钱皇后素性孝谨,绝无妒忌。上北狩,每夜哀吁拜天,倦则卧地,因损一肢;哭泣太多,复损一目。上在南城②,每不快,后曲为慰解。复辟之后,待景皇后,尤尽礼焉。

编 秋八月,少师、礼部尚书致仕胡濙卒。

编 下锦衣卫指挥佥事袁彬狱,寻释之,调南京锦衣卫。

纪 时都指挥门达有宠,自计得进言于御前者③,惟李贤与彬二人而已,谋排去之,乃使逻卒摭(zhí)彬阴私数十事上之。上欲法行,不以彬沮④,谕之曰:"从汝逮问,只要一个活袁彬还我。"彬遂下狱。有彩漆

---

① 殿:断后。
② 南城:即南宫,明英宗放回后的幽居之地。
③ 自计:自思。
④ 沮:阻、坏。

军匠杨暄者①，愤然不平，上疏论救，言："昔者驾留北庭，独彬以一校尉保护圣躬，备尝艰苦。今猝然付狱，乞御前审录，则死无憾。"并陈达不法二十余事，击登闻鼓以进。上令达逮问。达逼暄，令供李贤主使。暄惧拷死于狱，乃佯诺曰："此实李阁老教我，但我言于此，无人证见，不若请多官廷鞫，我对众言之，彼乃无辞。"达信之，以闻。命中官会法司讯于午门。暄大言曰："死则我死，何敢妄指他人！鬼神昭鉴，此实门指挥教我扳指也②。"达失色，计沮。彬得从轻调南京。

编 甲申，八年(1464)，春正月，帝崩。

〔明英宗废除后宫殉葬陋习〕

纪 上不豫，既而大渐。乃处分后事，命太监牛玉执笔，口占③，使书之："一曰东宫即位百日成婚，二曰定后妃名分，三曰勿以嫔御殉葬，四曰殡敛器服从旧。"书毕，命玉持付阁臣润色。李贤与学士陈文、彭时捧读，惊怆叹曰："所言皆关大体，而止殉葬一事，尤为盛德。"是月，上崩。

编 太子见深即位。

编 尊皇后曰慈懿皇太后，生母贵妃周氏曰皇太后。

纪 时周贵妃传旨："钱后无子，不得称太后，宣德自有例。"彭时曰："胡后上表让位，退居别宫，故正统初不加尊号。今日名分固在。若推大

---

① 杨暄：据《明史》应作"杨埙"。下同。
② 扳指：攀连指控。
③ 口占：口授其辞。此处指口授遗言。

孝之心,宜两宫同尊。"得允所请。李贤复议曰:"正宫宜加二字,不然

无分别。"因定尊号,称皇后钱氏为慈懿皇太后,贵妃周氏为皇太后。

编 葬裕陵①。

编 锦衣都指挥门达有罪下狱,谪戍南丹卫②。召袁彬还。

纪 言官劾达欺罔,始系狱。彬自南京召还,复职。适达遣戍南丹,彬钱

　送出城如礼,人以为难。

编 三月,加李贤少保兼华盖殿大学士,陈文吏部左侍郎,彭时吏部右

　侍郎。

编 夏五月,以马昂为户部尚书,王竑为兵部尚书。

编 六月,礼部左侍郎兼翰林院学士致仕薛瑄卒。

编 冬十月,立妃王氏为皇后。

　　宪宗纯皇帝

编 乙酉,宪宗皇帝成化元年(1465),春正月,诏释戍边陈循、江渊、俞士

　悦等,及王文子宗彝、于谦子冕、谦婿朱骥,各回原籍,给还家产。

纪 冕讼父冤,上追复谦官,遣行人往祭其墓③。复冕世袭千户。

编 夏四月,荆、襄流民刘千斤反。

---

① 裕陵:明英宗陵墓。
② 南丹卫:治今广西南丹县。
③ 行人:官名,掌传旨、册封等事。

编 秋八月，以彭时为兵部尚书，仍兼翰林院学士。

编 丙戌，二年（1466），春二月，重修阙里庙成，帝制文纪之。

编 起复大学士李贤，贤固辞，不许。

纪 贤以父丧去位，诏夺情起复①。贤固乞终制②，不许，命内侍林兴护送贤还乡视葬。

编 夏五月，李贤还京，命入阁视事。

纪 贤还京，复上疏乞终丧，不允，命入阁视事。修撰罗伦上疏劾贤，谓："宋仁宗起复富弼，孝宗起复刘珙，二人皆不从。纲常伦理，所关甚大。"上恶伦狂妄，谪福建市舶司副提举。编修尹直引文彦博待唐介故事③，请贤留伦，贤曰："潞公市恩④，归怨朝廷，吾则不敢。"

编 襄阳贼刘千斤僭号于南漳。命抚宁伯朱永、尚书白圭督兵讨平之。

编 冬十二月，少保、吏部尚书、大学士李贤卒。

编 丁亥，三年（1467），春三月，召商辂（lù）至京，复为兵部侍郎，兼翰林院学士，入内阁办事。

编 召罗伦还，复为翰林院修撰。

编 下刑部郎中彭韶狱，既而释之。

①夺情起复：官员为父母服丧期未满被起用。
②终制：服满礼制规定的丧期。
③文彦博不计前嫌，劝谏召回曾弹劾自己的唐介。
④潞公：指文彦博。市：买。

紀周太后弟长宁伯彧(yù)与真定武强县民争田,命韶往勘之。韶至田所,环视之,归奏曰:"田本民有,虽其间地有多余,然岁有旱潦、地有高下,安有空闲可以别给?且民者国之本,食者民之天,食足民始安,民安则国安。岂可以民田给贵戚,重伤国本耶?"疏上,下韶锦衣卫狱①。言官交章救之②,得释。先是,韶之论都御史张岐幸进事下狱,寻宥复职。至是复下狱,直声震一时。

編秋七月,追封汉儒董仲舒为广川伯,宋儒胡安国为建宁伯,蔡沉为崇安伯,真德秀为浦城伯。

編以李秉为吏部尚书。

編戊子,四年(1468),春二月,固原土官满四据石城反。官军讨之,失利。

編夏六月,慈懿皇太后钱氏崩。

紀钱太后崩,命大臣议葬所,众相见,莫敢先发。大学士彭时曰:"此一定之礼,无可议者。梓宫当合葬裕陵,神主当祔庙。"礼部尚书姚夔曰:"此正礼也。"太监夏时曰:"慈懿无子,且有疾,宜别葬。"彭时曰:"太后母仪天下近三十年,臣子岂忍议别葬?"已而上御文华殿,召内阁诸大臣面议。彭时曰:"合依礼而行,庶全圣孝。"上曰:"朕岂不知?但与太后有碍。"学士刘定之曰:"孝子从义不从令,虽圣母有言,亦不可从也。"上默然,良久曰:"合葬固是孝,若因此失圣母心,亦岂

---

① 锦衣卫狱:明代锦衣卫所属监狱,又称诏狱,奉皇帝诏令拘禁犯人。
② 交章:官员不断上奏章。

得为孝乎?"彭时曰:"天下大孝,当以先帝之心为心,先帝待慈懿太后始终如一。今若安葬于左,而虚其右以待后来①,则两全其美矣。"上感悟。明日,传谕:"卿等如前议行。"

编秋八月,命都督同知刘玉充总兵官,右副都御史项忠提督军务,太监刘祥监军,帅京营兵四万,讨满四。

编冬十月,以商辂为兵部尚书,仍兼学士。

编十一月,刘玉、项忠等讨满四,擒之。余党悉平。

编己丑,五年(1469),春正月,吏部尚书李秉罢。

纪秉素刚介,给事中萧彦庄受属诬劾之,遂致仕。

编三月,命礼部左侍郎万安兼翰林院学士,入内阁参预机务。

编夏六月,以姚夔为吏部尚书。

编庚寅,六年(1470),秋七月,皇子祐樘(chēng)生。

纪纪妃所生也。初,妃有娠,万贵妃知而恚(huì)之②,百方谋害,胎竟不堕。至是生,妃乳少,太监张敏使女侍以粉饵哺之弥月。西内废后吴氏保抱惟谨③,不使贵妃知之。

编辛卯,七年(1471),春正月,定漕米长运法④。

————————

① 后来:指周太后。
② 万贵妃:明宪宗宠妃。恚:怨恨。
③ 废后吴氏:明宪宗的废后。保抱:抚养。
④ 漕米长运法:漕运改革,改支运、兑运为长运,以军运代民运。

编 冬十月，立皇子祐极为皇太子。

编 壬辰，八年（1472），秋七月，陇州大风、雨雹①。

纪 雹有大如牛者五，长七八尺，六日方消。陇州北山吼三日，裂成沟，长半里。

编 癸巳，九年（1473），春二月，吏部尚书姚夔卒。

编 以尹旻为吏部尚书。

编 命中官至兵部查西洋水程②。

纪 时上好宝玩，有言："宣德间，尝遣王三保出使西洋③，所获奇珍异货无算。"上乃命中官至兵部，查三保至西洋水程。时项忠为兵部尚书，刘大夏为车驾司郎中。忠遣都吏往库中检旧案，大夏先入检得之，藏置他处。都吏检之不得，大夏亦秘不言。会言官交章谏，其事遂寝。后忠呼都吏，诘之曰："库中案卷，焉得失去？"大夏在旁微笑曰："三保太监下西洋，费钱粮数十万，军民死者亦万计。此一时弊事，旧案虽在，亦当毁之，以拔其根，尚何追究其有无哉？"忠耸然降位，揖而谢之曰："公阴德不细，此位不久当属公矣。"

编 夏五月，以商辂为户部尚书，万安为礼部尚书，仍兼旧职。

编 冬十一月，帝谕大学士彭时编纂《宋元纲目》。

---

① 陇州：治今陕西陇县。
② 西洋水程：记录郑和等人下西洋的航海档案。
③ 王三保指璊弘，曾与郑和同为下西洋正使。

[恢复景泰帝号]

编 甲午,十年(1474),冬十一月,复郕(chéng)王帝号。

纪 上谕群臣曰:"曩者,朕叔郕王践阼,戡难保邦①,奠安宗社,亦既有年。属寝疾弥留之际,奸臣贪功生事,妄兴谗构,请去帝号。先帝寻知诬枉,深怀悔恨,以次抵奸于法,不幸上宾②,未及举复。朕嗣承大统,一纪于兹,敦念亲亲,用承先志。郕王宜复帝号,其上尊谥曰恭仁康定景皇帝。"

编 乙未,十一年(1475),春三月,少保、文渊阁大学士彭时卒。

编 命吏部侍郎刘珝(xǔ)兼翰林院学士,入内阁典机务。

编 皇太子祐极薨。

纪 皇太子薨。内官渐传西宫有一皇子六岁矣,万贵妃惊曰:"何独不令我知?"遂具服进贺。召皇子入昭德宫,徙纪氏于永寿宫。

编 夏六月,皇妃纪氏薨。

纪 妃薨日,天色皆赤,人疑为万贵妃所鸩云。

编 冬十一月,立皇子祐樘为皇太子。

编 丙申,十二年(1476),秋七月,命宋儒朱熹十世孙燉(dūn)为翰林院五经博士,奉祠祀。

---

① 戡:平定。
② 上宾:帝王驾崩的委婉说法。

编命增孔子庙笾(biān)豆、佾(yì)舞之数①。

纪国子监祭酒周洪谟言:"臣比言孔子封号、冕服、笾豆、佾舞等事②,礼部尚书邹幹以谥号器数之加否,不足为孔子重轻,请仍旧为宜。臣窃以孔子自唐开元封文宣王,被之衮冕,乐用宫县③。当时衮冕虽通乎上下,而宫县者,天子之乐也。乐既用天子之宫县,服必用天子之衮冕,是唐之奉孔子,已用天子礼乐矣。宋承五代衰弊之制,至徽宗,始加冕为十二旒④。元时,孔子庙貌遍天下⑤,而被天子衮冕。圣朝因之。则孔子服冕已用天子之礼,佾舞止用诸侯之乐。以礼论乐,则乐不备;以乐论礼,则礼为僭。乞敕廷臣议,增笾豆为十二,佾数为八。则佾数与冕服相称,礼明乐备,补前代缺略之典,备圣明尊崇之制。"上曰:"尊崇孔子,乃朝廷盛典,宜从所言。其笾豆、佾舞,俱如数增用。仍通行天下,悉遵此制。"

〔设立西厂〕

编丁酉,十三年(1477),春正月,置西厂,命太监汪直诇(xiòng)刺外事⑥。

纪直年少黠谲(xiá jué)⑦,上宠之。先是,妖人李子龙以左道惑众,内使

① 笾豆:祭祀时盛祭品的器具。佾舞:古代乐舞的行列称为佾。

② 比:近来。

③ 县:同"悬"。

④ 十二旒:天子冕冠前后各悬垂的十二条玉串。

⑤ 庙貌:孔庙和孔子塑像。

⑥ 诇刺:刺探。

⑦ 黠谲:狡诈。

鲍石、郑忠敬信之，夤(yín)缘入内府①。时引至万岁山观望，谋不轨。锦衣官校发其事，伏诛。自是上锐意欲知外事，乃选锦衣官校善刺事者百余人，别置厂于灵济宫前②，号西厂。永乐中，尽戮建文诸臣，怀疑不自安，始设东厂，主刺奸。至是名西厂，以别东厂也。纵直出入，分命诸校，广刺督责，大政小事、方言巷语，悉探以闻。

编 夏五月，罢西厂。

纪 汪直罗织人罪，数起大狱，任用锦衣百户韦瑛纵肆贪暴，臣民悚怵③。大学士商辂疏言："近日伺察太繁、政令太急、刑网太密，人情疑畏，汹汹不安。盖缘陛下委听断于汪直，而直又寄耳目于群小也。中外骚然，安保其无意外不测之变？往者曹钦之反，皆逯杲有以激之。一旦祸兴，卒难消弭④。望陛下断自宸衷，革去西厂，罢汪直以全其身，诛韦瑛以正其罪。"疏入，上命去西厂。遣太监怀恩数直罪责之，谪韦瑛戍宣府。

编 六月，复西厂，命汪直仍刺事。

纪 御史戴缙言："近年灾变荐臻⑤，未闻大臣进何贤，退何不肖。惟太监汪直厘奸剔弊⑥，允合公论。而止以官校韦瑛张皇行事，遂革西厂。伏望推诚任人，命两京大臣自陈去留，断自圣衷。"上悦。时缙九年不

---

① 夤缘：攀附、钻营。
② 灵济宫：道观，在今北京灵境胡同。
③ 悚怵：恐惧。
④ 卒：通"猝"。
⑤ 荐臻：接连发生。
⑥ 厘：整治。

迁,以觊(jì)进①,故颂直。其自陈一事,尤直所喜,盖直常恶商辂、左都御史李宾难于施行也。御史王億言:"汪直所行,不独可为今日法,且可为万世法。"天下闻而唾之。上以二人言,复西厂,直仍刺事。

编 大学士商辂,尚书薛远、董方,左都御史李宾并致仕。以王越为兵部尚书兼左都御史,掌院事。

纪 时越附汪直,嗾御史冯瓘排诸大臣。辂既致仕,远等相继自陈去。

编 秋七月,以余子俊为兵部尚书,加太子少保。

编 冬十一月,以冯瓘为大理寺丞,戴缙为尚宝司少卿。缙寻擢佥都御史,王億为湖广按察副使。

编 戊戌,十四年(1478),春二月,命皇太子出阁讲学。

纪 时东宫内官覃吉温雅诚笃,知大体,通书史,议论方正,虽儒生不能过。辅东宫,悉道以正。暇则开说五府②、六部及天下民情、农桑、军务,以至宦者专权蠹(dù)国情弊③,悉直言之。曰:"吾老矣,安望富贵,但得天下有贤主足矣。"上尝赐东宫五庄④,吉曰:"天下山河皆主所有,何以庄为?徒劳民伤财,为左右之利。"竟辞之。太子常呼吉为"老伴"。一日,太子念《蒿里经》而吉适至,骇曰:"老伴来矣。"即以《孝经》自携。吉跪曰:"主得无念经乎?"曰:"否,读《孝经》耳。"其见畏如此。太子出讲,必使左右迎请讲官,讲毕,则语讲官云:"先生

_____

① 觊:希图。
② 五府:中、左、右、前、后五军都督府,管理京师及各地卫所。
③ 蠹:害。
④ 庄:皇庄。

吃茶。"左右不以为然,吉曰:"尊师重傅,礼当如此。"

编 夏六月,命太监汪直往辽东处置边务。

编 己亥,十五年(1479),春正月,加吏部尚书尹旻太子太保。

编 夏六月,逮整饬辽东边务、兵部右侍郎马文升下锦衣狱。

纪 初,陈钺(yuè)巡抚辽东,行事乖方①,文升更置之,约束不得动。汪直
　至辽东,钺戎服伏道左,文升独与直抗礼②。左右多誉钺毁文升,钺
　又潜之。会给事中张良劾钺激变属部,逮至京。钺赂直,言:"海西皆
　以文升禁农器,不与交易,故屡寇边。"直遂奏文升"妄启边衅,擅禁农
　器"。乃遣直同刑部尚书林聪往讯。直缪致恭敬③,深自结纳于聪,
　聪上报竟如直言。遂逮文升下狱,谪戍重庆。

编 秋七月,命汪直行边。

编 冬十月,辽东巡抚陈钺请讨海西,以抚宁侯朱永为总兵,陈钺提督军
　务,汪直监之。

纪 直既至辽东,有头目郎秀等四十人入贡,遇直于广宁④,直诬以窥伺,
　掩杀之。出塞,掩不备,焚其庐帐而还,以大捷闻。论功,加汪直岁
　禄,监督十二团营⑤,朱永进保国公,陈钺户部尚书。已而海西诸部
　以复仇为辞,深入云阳、青河等堡,杀掠男妇,皆支解以徇。边将敛兵

---

① 乖方:邪伪不正。
② 抗礼:行对等之礼。
③ 缪:假装。
④ 广宁:广宁城,治今辽宁北镇市。
⑤ 团营:京营中合营操练的精锐。

不出,钺隐匿不以闻。以太仆少卿王宗彝为佥都御史,巡抚辽东。宗
彝,故大学士文子也。以郎中督饷辽东,阿汪直,得骤进。

编 十二月,以陈钺为户部尚书,掌部事。

编 庚子,十六年(1480),春三月,命太监汪直、保国公朱永、尚书王越率
兵出塞,袭敌于威宁,破之。

编 夏五月,以周洪谟为礼部尚书。

编 秋七月,逮巡抚陕西右副都御史秦纮下锦衣狱,既而释之。

纪 时秦府旗校肆横,民苦之,纮擒治不少贷①。秦王奏纮欺灭亲藩,上
怒,逮纮下狱。命籍其家,止得黄绢一匹,敝衣数件。上亲阅,嘉叹良
久,诏释纮系,且赐钞万锭,以旌其廉。调纮巡抚河南。汪直亦以事
至,纮与抗礼,不为屈。直以上知其廉,亦加敬焉。

编 以陈钺为兵部尚书。

编 冬十月,以国子监祭酒丘濬为礼部侍郎,仍掌监事。

编 辛丑,十七年(1481),夏四月,命汪直监督威宁伯王越军务,赴宣府,
相度击贼事宜。

编 冬十二月,命王越佩征西前将军印,镇守大同,仍与汪直提督各路
军马。

编 壬寅,十八年(1482),春三月,复罢西厂。

_____

① 贷:宽恕。

**纪**　先是,有盗越皇城入西内,东厂校尉缉获,太监尚铭以闻,上喜甚,厚赐赉。汪直闻,怒曰:"铭,吾所用,乃背吾独擅功。"思有以倾之①。铭惧,潜以直构祸事达于上。上自直行后,李孜省用事②,万安结昭德宫③,颇揽权,恶直浸淫④。上亦渐疏之。于是,科道交章奏:"西厂苛察,非国体。"万安亦谓宜罢,刘珝不可。上竟罢西厂,中外欣然,珝有惭色。

**编**　冬十二月,进吏部尚书万安太子太傅、华盖殿大学士,户部尚书刘珝太子太保、谨身殿大学士,礼部尚书刘吉太子太保、武英殿大学士。

**编**　癸卯,十九年(1483),夏六月,调汪直南京御马监。

**纪**　直与总兵许宁不协,巡抚郭镗以闻,故有是命。

**编**　秋八月,汪直有罪罢。

**纪**　御史徐镛(yōng)上疏,劾汪直欺罔罪,曰:"汪直与王越、陈钺结为腹心,自相表里。肆罗织之文,振威福之势。兵连西北,民困东南。天下之人但知有西厂,而不知有朝廷;但知畏汪直,而不知畏陛下。渐成羽翼,可为寒心。乞陛下明正典刑,以为奸臣结党怙(hù)势之戒。"上深纳其言,遂罢直。削越威宁伯,追夺诰券,编管安陆州⑤。钺及戴缙革职为民。召还马文升,以为左副都御史,巡抚辽东。

---

① 倾:倾轧,排挤。
② 用事:受宠擅权。
③ 昭德宫:指万贵妃。
④ 浸淫:浸染。
⑤ 编管:官吏得罪后送往指定之地,受地方官约束。安陆州:治今湖北钟祥市。

## 〔阿丑讽谏汪直专权〕

初,汪直用事久,势倾中外,天下凛凛。有中官阿丑,善诙谐,恒于上前作院本①,颇有讽谏风②。一日,丑作醉者酗酒状,前遣人佯曰:"某官至。"酗骂如故。又曰:"驾至。"酗亦如故。曰:"汪太监来。"醉者惊迫帖然。旁一人曰:"驾至不惧,而惧汪太监,何也?"曰:"吾知有汪太监,不知有天子。"又一日,忽效直衣冠,持双斧,趋跄而行。或问故,答曰:"吾将兵,惟仗此两钺耳③。"问钺何名,曰:"王越、陈钺也。"上微哂(shěn)④。自是而直宠衰矣。及其罢斥,中外莫不快之。寻尚铭亦有罪黜,籍其家。韦瑛谪万全卫⑤,寻伏诛。

编 冬十月,以僧录司继晓为左善世⑥,惠昇为右善世。

编 甲辰,二十年(1484),春正月,京师地震。

编 三月,命太监陈准提督东厂。

纪 准为人平恕清俭,莅事之初,下令军校曰:"大逆者告我,非此,则有司之事也。"由是中外安之。

编 冬十月,建永昌寺。下刑部员外郎林俊、后府经历张黻(fú)狱。

纪 僧继晓始以淫贪欺诳楚府事败,走匿京师,夤缘梁芳等引入禁中。其

---

① 院本:金、元时流行之剧本,明代称杂剧。
② 讽谏:委婉规谏。
③ 钺:古兵器,状如大斧,可安装长柄。
④ 哂:笑。
⑤ 万全卫:治今河北张家口市万全区。
⑥ 僧录司:掌管僧侣相关事务的机构。

术得售①,尊为善世,赐美珠十余,金宝不可胜纪。乃言于上,发内库银数十万两,于西华门外拆毁民居②,创建永昌寺。大臣、谏官皆不言。于是,林俊上疏言:"今岁以来,灾异屡见,京师地震,陵寝动摇。鉴戒之昭,莫此为甚。陕西、山西、河南连年饥馑,人民流离,可为流涕。而僧继晓欺罔圣德,发内库银,建永昌寺。以有用之财,供无益之费,工役不息,人怨日兴。臣谓不斩继晓,异日之祸未可言也。然纵之者,梁芳也。芳倾覆阴很,引用奸邪,排斥忠良。数年之间,假进贡买办为名,盗祖宗百余年之府库殆尽。家赀山积,尚铭不足多;所在风扰,汪直莫能过。饥民之死,莫不欲食梁芳、继晓之肉。而不敢以此言进者,所惜者官,所畏者死耳。臣何忍畏死不言,以为陛下仁圣之累?"上览疏,大怒,下俊锦衣卫狱,贬云南姚州③。

判官张黻上言:"今三边未靖,四方灾旱,军民愁苦万状。凡有世道之忧者,惟恐陛下不得尽闻。今林俊上言而反得罪,则远近相传,以言为讳,岂朝廷之福哉?伏乞察俊忠直,恕其僭越,使士气益张,谠论无隐④。"上以黻回护林俊,贬云南师宗州知州⑤。

南京兵部尚书王恕上疏曰:"迩闻刑部员外郎林俊陈言过直,干冒天威。后府经历张黻,为林俊陈情,亦蒙逮问。臣当以二人为戒,而复敢进言者,实为天下国家虑也。今都城内外佛寺,不知有几千百区。

---

① 售:得逞。
② 西华门:紫禁城西门。
③ 姚州:治今云南姚安县。
④ 谠论:正直的言论。
⑤ 师宗州:治今云南师宗县。

兹又欲营建,迁移军民数千百家,计费帑银数十万两。人皆知此事之非而不言,独林俊言之;人皆知林俊之是而不言,独张黻言之。今悉置之于法,人皆以言为讳。设再有奸邪误国,陛下何由知之?乞复林俊等以慰天下,停建寺以理兵荒。庶宗社可巩固,天命可永保矣。"疏入,留中。

编 乙巳,二十一年(1485),春正月,星陨有声。诏求直言。

〔方士李孜省受宠〕

纪 工部主事张吉、中书舍人丁玑、进士敖毓(yù)元俱上疏,斥李孜省、僧继晓等罪恶。疏入,俱留中,寻皆以他事谪之。孜省,江西人。尝为吏,坐赃,巡按御史杨守随逮问充军。孜省逃至京师,夤缘入禁中,以符水得幸,授太常寺丞。守随寻还朝,即劾孜省罪恶,不宜典郊庙百神之祀。命改上林苑监。未几,擢礼部侍郎,掌通政司事。受密命访察百官贤否,书小帖,以所赐图书封进①。其宠眷如此。

编 复林俊、张黻原职。

〔忠义太监怀恩〕

纪 初,林俊之劾继晓下狱也,事且不测,独太监怀恩叩头诤曰:"自古未闻有杀谏官者,臣不敢奉诏。"上大怒,曰:"汝与林俊合谋讪我②。"举所用御砚掷之。恩免冠号哭不起,曰:"臣不能复事陛下。"上命左右

---

① 图书:印章俗称。
② 讪:诽谤。

扶出。恩至东华门,使人谓镇抚司曰①:"若等谄梁芳②,合谋倾林俊。俊死,若等不得独生。"俊狱得解。

时星变,黜传奉官③。御马监太监王敏请于上,凡马房传奉不复动。恩怒曰:"星象示变,专为我辈内臣坏朝廷之法。外官何能为?今甫欲正法,汝等又来坏之。他日天雷击汝矣!"敏郁郁而死。章瑾以进奉宝石授镇抚司,命怀恩传旨,恩曰:"镇抚掌天下刑狱,奈何以小人得之?"不肯传。上曰:"汝违我。"恩曰:"非敢违命,恐违法也。"上命覃昌传之。恩曰:"倘外廷有谏者,吾言尚可行也。"时尚书余子俊在兵部,恩语之曰:"第执奏④,吾从中赞之。"子俊谢不敢,恩叹曰:"吾固知外廷之无人也。"时尚书王恕屡上疏切直,恩曰:"天下忠义,斯人而已。"

编 三月,泰山屡震。

纪 泰山凡大震者七次。时椒寝渐繁⑤,上颇有易储意,而未宣露。钦天监奏言:"泰山震动,应在东宫。"上大惊,意遂已。

编 秋九月,大学士刘珝致仕。

编 冬十月,以詹事彭华为吏部左侍郎兼翰林院学士,入内阁参预机务。

编 丙午,二十二年(1486),春三月,罢南京兵部尚书王恕。

―――――――――

① 镇抚司:锦衣卫下设机构,分南、北二司。
② 若等:你们。
③ 传奉官:不经选拔、廷推和部议,由中贵直接传奉圣旨而任命的官员。
④ 第:但,尽管。
⑤ 椒寝:代指后宫嫔妃所生的皇子。

纪 先是,因星变,传奉官多革罢,既而夤缘复进用。恕上言:"政令必信,不宜数改。"语多激切,忤上意,遂令恕致仕。

编 秋七月,致仕大学士商辂卒。

纪 辂字弘载,淳安人。乡、会、殿试皆第一。奉敕纂修《续资治通鉴纲目》。卒年七十三,谥文毅。

编 以马寅为山东布政使。

纪 寅在郎署三十年,为副使十六年,未尝以淹抑降志①。尝语坐客曰:"君子有三惜:此生不学,一可惜;此日闲过,二可惜;此身一败,三可惜。"客叹为名言。

编 冬十月,加大学士万安少师,刘吉少傅,彭华为礼部尚书,尹直为兵部尚书,并加太子少保。

编 丁未,二十三年(1487),秋八月,帝崩。

纪 上不豫,命皇太子视朝于文华殿。己丑,上崩,年四十岁。

编 九月,太子祐樘即位。尊皇太后曰太皇太后,皇后曰皇太后。

编 立妃张氏为皇后。

编 李孜省伏诛,僧继晓发原籍为民。

纪 太常卿道士赵玉芝、邓常恩谪戍边,番僧国师领占竹等悉革职,斥佞竖梁芳、陈喜等往孝陵司香。先朝妖佞之臣放斥殆尽。继晓寻伏诛。

---

① 淹抑:久居下位不得晋升。降志:贬抑、降低志气。

编 冬十月，召王恕为吏部尚书。

纪 初，太监怀恩以直道屏居凤阳，上素知之，至是召还。恩言大学士万安谀佞①，王恕刚方②，请上去安而召恕，遂有是命。

编 十一月，谥生母淑妃纪氏为孝穆皇太后。

纪 上念吴后保抱之恩，命宫中进膳如太后礼。

编 大学士万安罢。

纪 先是，安结万贵妃兄弟，进妖僧继晓以固其宠，与李孜省结纳，表里奸弊。上在东宫，稔闻其恶③。至是，于内中得一箧，皆房中术也，悉署曰："臣安进。"上遣怀恩持至阁下，曰："是大臣所为乎？"安惭汗，不能出一语。已而科道交章论之，遂命罢去。安在道，犹夜望三台星④，冀复进用。寻卒。

编 礼部右侍郎丘濬进所著《大学衍义补》，擢礼部尚书。

纪 先是，濬以真西山《大学衍义》有资治道⑤，而治国平天下之事缺焉，乃采经传子史有关治国平天下者，分类汇集，附以己意，名曰《大学衍义补》。至是书成，进之。上览之，甚喜，批答曰："卿所纂书，考据精详，论述该博，有辅政治，朕甚嘉之。"赐金币，遂进尚书，仍命礼部刊行。

---

① 谀佞：阿谀献媚。
② 刚方：刚直方正。
③ 稔闻：素闻。
④ 三台星：属太微垣，分上台、中台、下台，共六颗，两两排列。传说能主三公地位。
⑤ 真西山：宋代名儒真德秀，号西山。

编 葬茂陵①。

## 孝宗敬皇帝

编 戊申,孝宗皇帝弘治元年(1488),春正月,召南京兵部尚书马文升为左都御史。

纪 文升陛见,赐大红织金衣一袭,盖上在东宫时,素知其名故也。文升感殊遇,自奋励,知无不言。

编 闰正月,诏天下举异才。

编 二月,帝耕藉田。

纪 上耕藉田毕,宴群臣。教坊以杂伎承应,或出亵语,马文升厉色曰:"新天子当知稼穑(sè)艰难,岂宜以此渎乱宸聪?"即斥去。

编 以刘健为礼部右侍郎兼翰林院学士,直文渊阁。

编 三月,帝视学,释奠先师。

编 起用谪降主事张吉、王纯,中书舍人丁玑,进士敖毓元、李文祥。

纪 先是,五人并以言事远谪。南京吏部主事储瓘上言:"五人者,既以直言徇国,必不变节辱身。今皆弃之岭海之间,毒雾瘴气,与死为伍,情实可悯。乞取而置之风纪论思之地,则言论风采必有可观。与其旋求敢谏之士,不若先用已试之人。"上命吏部起用之。

---

① 茂陵:明宪宗陵墓。

编 加赠前少保于谦特进、光禄大夫、柱国、太傅,谥肃愍。

编 初开经筵。

纪 少詹事杨守陈上《开讲勤政疏》,上嘉之,诏开经筵。讲毕,赐讲官程
　　敏政等茶及宴,上皆呼先生而不名。

编 冬十月,以耿裕为礼部尚书。

编 己酉,二年(1489),春二月,以马文升为兵部尚书。

编 下御史汤鼐(nài)、寿州知州刘槩狱①。

纪 先是,万安、刘吉、尹直在政府,尝语鼐:"朝廷不欲开言路。"鼐即以其
　　言劾之。已而安、直皆免官,鼐与李文祥等以为小人退则君子进,虽
　　刘吉在,不足虑也。吉使客徐鹏唉御史魏璋以殊擢②,使伺鼐。鼐家
　　寿州,知州刘槩与书,言:"梦一人牵牛,陷泽中,鼐手提牛角引之而
　　上。人牵牛,象国姓③。此国势滨危,赖鼐复安之兆也。"鼐大喜,出
　　书示客。璋以劾之,谓其妖言诽谤,下锦衣狱。辞连庶吉士邹智,智
　　身亲三木④,仅余残喘,神色自若。议者欲处以死,刑部侍郎彭韶辞
　　疾,不为判案。获免,左迁石城吏目⑤。大理寺评事夏鍭(hóu)上言:
　　"主事李文祥、庶吉士邹智、御史汤鼐等皆以言获罪,实大学士刘吉误
　　陛下,岂知刘吉之罪,不减万安、尹直乎?"疏奏,留中。鍭谢病归。

————————

① 寿州:治今安徽寿县。
② 唉:以利诱说。殊擢:破格提拔。
③ 国姓:指朱姓,人、牛二字合为朱。
④ 三木:颈、手、足上带枷杻。
⑤ 石城:县名,今广东廉江市。

编 夏五月,以彭韶为吏部左侍郎。

纪 王恕为尚书,得韶为贰,皆不避权贵,请谒路绝。

编 庚戌,三年(1490),夏四月,定预备仓①。

编 冬十一月,有星孛于天津。诏大臣极言时政得失。

纪 吏部侍郎彭韶言:"正近侍,慎官爵,厚根本,减役钱。"上嘉纳之。礼
　部尚书耿裕率群臣条时政七事,上谓有防微杜渐之意。左侍郎倪岳
　上言:"当今民日贫,财日匮,宜节俭,以为天下先。"又言:"减斋醮
　(jiào)②,罢供应,省营缮。"上采纳之。

编 辛亥,四年(1491),春正月,刑部尚书何乔新致仕。

纪 乔新执法不回③,每重王恕,不平刘吉。吉衔之④,嗾御史邹鲁诬奏乔
　新受馈遗。下狱,鞫讯无验,遂致仕归。

编 以彭韶为刑部尚书。

编 秋八月,吏部尚书王恕上疏乞致仕,不许。

纪 恕时有建白⑤,众议谓业已行矣,恕言:"天下事苟未得其当,虽十易
　之不为害;若谓已行不及改,则古之纳谏如流,岂皆未行乎?"恕遇事
　敢言,有不合,即引疾求退,上每温诏留之⑥。

---

① 预备仓:应对灾害、储藏赈济粮食的仓库。
② 斋醮:道教供斋醮神,求福免灾的活动。
③ 不回:不避权势、坚定执行。
④ 衔:恨。
⑤ 建白:建议。
⑥ 温诏:温言好语。

编 九月,大学士刘吉罢。

纪 时上欲封张皇后弟伯爵,吉言必尽封周、王二太后家乃可。上恶之,使中官至其家,勒令致仕去。初,吉屡被弹章①,仍进秩,人呼为"刘棉花",谓其愈弹愈起也。

编 冬十月,命礼部尚书丘濬兼文渊阁大学士,典机务。

编 壬子,五年(1492),春二月,立皇子厚照为皇太子。

编 右谕德王华上疏②,请帝恒御经筵。

纪 略曰:"每岁经筵不过三四御,而日讲或间旬日始一行③,则缉熙之功毋乃或间④。虽圣德天健,自能乾乾不息⑤,而宋儒程颐所谓'涵养本源,薰陶德性'者,必接贤士大夫之时多,宦官宫妾之时少,始可免于一暴十寒之患⑥。"上嘉纳之。

编 夏四月,大学士丘濬上疏言时政之弊。

纪 大略言:"陛下端身以立本,清心以应务。谨好尚勿流于异端,节财费勿至于耗国。公任用勿失于偏听,禁私谒以肃内政。明义理以绝奸佞,慎俭德以怀永图,勤政务以弘至治。度可以回天灾、消异物,帝王之治可几也。"因拟二十二条,以为朝廷抑遏奸言、杜塞希求,节财用、

---

① 弹章:弹劾奏章。

② 右谕德:太子东宫官属。

③ 旬日:十日。

④ 缉熙:光明。

⑤ 乾乾:努力不懈。

⑥ 暴:同"曝"。

重名器之助,凡万余言。上览奏甚悦,以为切中时弊。

编 冬十一月,诏停生员、吏典开纳事例①。

纪 王恕言:"永乐、宣德、正统间,天下亦有灾伤,各边亦有军马,当时未有开纳事例,粮不闻不足,军民不闻困弊。近年以来,遂以此例为长策。既以财进身,岂能以廉律己? 欲他日不贪财害民,何由而得乎?"上从之。

编 癸丑,六年(1493),春三月,刑部尚书彭韶罢。

编 吏部尚书王恕致仕。

编 改礼部尚书耿裕为吏部尚书,加太子太保。以礼部左侍郎倪岳为礼部尚书。

〔刘大夏治理黄河〕

编 甲寅,七年(1494),春二月,河决张秋,命太监李兴、平江伯陈锐协同都御史刘大夏往治之。下山东按察副使杨茂仁狱。

纪 大夏既受命,循河上下千余里,周览形势,上言:"河性湍悍,张秋乃下流襟喉,势难猝治。当于上流分导南下,再筑长堤以御横波,且防大名、山东之患。俟其循轨,而后决可塞也。"杨茂仁上疏言:"官多则民扰,治河既委刘大夏,又差李兴、陈锐,事权分而财力匮。乞将兴、锐取回,专委大夏。水,阴也,其应为内官、为外寇。宜戒饬后戚,防御边患。"疏入,兴等奏茂仁为妖言,逮系锦衣卫狱。科道交章论救,乃

_____

① 生员:府州县学的学生。开纳:捐纳。

谪长沙府同知。

编秋八月,加徐溥少傅、吏部尚书、谨身殿大学士,丘濬少保、户部尚书,
　　刘健太子太保,并兼武英殿大学士。

编冬十月,西域进狮子。

纪倪岳言:"狮者,外域之兽,真伪不可知。纵真,非中国宜畜;非真,无
　　为外域所笑。"诏还之。

　　　　　　　　　　　　　　　　　　　毛海明 评注
　　　　　　　　　　　　万　明　彭　勇　邓闳旸 审定

# 明鉴易知录卷七

卷首语:本卷起明孝宗弘治八年(1495),止明武宗正德十六年(1521),记载了孝宗、武宗两朝二十七年的史事。明孝宗重开经筵,纂修《大明会典》,勤于政事,虚心讷谏,形成"弘治中兴"的局面。武宗在位期间,宠任刘瑾、江彬,淫乐无度,骚扰民间,相继发生安化王、宁王叛乱,杨一清、王守仁分别率军平定反叛。武宗暴死,藩王朱厚熜继立,开启大礼议之争。

# 明　纪

### 孝宗敬皇帝

编 乙卯,八年(弘治八年,1495),春二月,少保、大学士丘濬卒。

编 命礼部侍郎兼侍读学士李东阳、詹事兼侍讲学士谢迁参与机务。

编 张秋堤成,召刘大夏为户部右侍郎。

编 秋八月,设江西巡抚于南赣①。

纪 时汀、漳多盗②,岭南奸民附之,故添设宪府于要地,以节制焉。

编 丙辰,九年(1496),春闰三月,谕德王华日讲文华殿。

纪 华讲唐李辅国与张后表里用事。时内侍李广方贵幸,招权纳贿,华以
　　讽上③。上乐闻之,特命赐食。

编 夏四月,以吏部左侍郎周经为户部尚书,礼部左侍郎徐琼为礼部
　　尚书。

编 秋八月,大学士徐溥、刘健、李东阳、谢迁上书谏烧炼、斋醮之事④。

纪 溥等以内官李广、杨鹏引用刘良辅,左道惑乱,乃上疏曰:"我祖宗自

---

① 南赣:驻赣州府,治今江西赣州市。
② 汀:汀州府,治今福建长汀县。漳:漳州府,治今福建漳州市。
③ 讽:委婉劝说。
④ 烧炼:道教烧炉炼丹的活动。

洪武至天顺间,皆召儒士谘议政事,今朝参外,不得一睹天颜。夫人君之心,必有所系,不系于此则必系于彼,正士既疏,则邪说乘间而入。近有以斋醮、烧炼进者,此乃异端惑世之术,圣王之所必禁也。宋徽宗崇信道流,卒使乘舆播迁①,社稷倾覆。至若烧炼金石之药,性多酷烈,唐宪宗药发致疾,其祸甚惨。矧荧惑失度②,太阳无光,天鸣地震,草妖木异,四方奏报,殆无虚日。伏望严早朝之节,复奏事之规,远邪佞之人,斥诬罔之说,太平之业可保矣。”上嘉纳之。

编 丁巳,十年(1497),春三月,命内阁及翰林院官纂修《大明会典》。

编 帝罢游后苑。

纪 上屡游后苑,侍讲王鏊侍经筵,讲文王不敢盘于游田③。上悟,纳之。召李广等戒之曰:“今日讲官所指,盖为若辈,好为之。”竟罢游。

编 夏五月,京师风霾,各省地震。诏求直言。

纪 祠祭郎中王云凤上言“纳忠言④,罢左道斋醮、采办、传奉”诸事,上嘉纳之。

编 戊午,十一年(1498),春二月,进内阁大学士徐溥少师兼太子太师,刘健少傅,李东阳、谢迁并太子少保。进兵部尚书马文升少傅兼太子太傅,刑部尚书白昂太子太保,户部尚书周经、礼部尚书徐琼、工部尚书徐贯、左都御史闵珪并太子少傅。

---

① 播迁:流离迁徙。此指宋徽宗被金人掳掠北上事。
② 矧:况且。
③ 盘:逗留、迷恋。
④ 祠祭郎中:祠祭清吏司郎中简称,礼部祠祭清吏司之主官。

编皇太子出阁讲学。

编夏六月,有熊入京城。乾清宫灾①。

纪京师西直门有熊入城②,马文升谓:"野兽入城,宜严武备,以防不虞。"兵部郎中何孟春谓同列曰:"熊之为兆宜慎火。"未几,礼部毁,禁中亦火,乾清宫灾。或问孟春:"此占出自何书?"孟春曰:"予不晓占书,曾见《宋纪》绍兴中,永嘉灾前数日③,有熊至城下,州守高世则谓其倅赵允绍曰:'熊于字'能、火',郡中宜慎火。'果延烧官民舍十之七八。予忆此事,不料其亦验也。"

编冬十月,少师、华盖殿大学士徐溥致仕。

编太监李广有罪,自杀。

纪广以左道见宠任,权倾中外。会幼公主痘殇④,太皇太后归罪于广,广惧,饮鸩死。上命搜广家,得纳贿簿籍,中言:"某送黄米几百石,某送白米几千石。"上曰:"广食几何?而多若是。"左右曰:"黄米,金也;白米,银也。"上怒,籍没之。

编己未,十二年(1499),春正月,给事中杨廉上疏请讲《大学衍义》,从之。

编冬十一月,宁王觐锡卒,上高王宸濠嗣⑤。

———————

① 乾清宫:皇帝寝宫。
② 西直门:明北京城内城西面北城门。
③ 永嘉:指浙江温州府。
④ 痘殇:因出痘而夭亡。
⑤ 上高:县名,今江西上高县。

纪宸濠,宁康王觐锡庶子,初封上高王,至是觐锡卒,宸濠嗣为宁王。

编庚申,十三年(1500),夏五月,吏部尚书屠滽(yōng)、户部尚书周经、礼部尚书徐琼、刑部尚书白昂、工部尚书徐贯罢。

编以右都御史侣(sì)钟为户部尚书、掌詹事府,礼部左侍郎傅瀚为礼部尚书,左都御史闵珪为刑部尚书,工部左侍郎曾鉴为工部尚书。

编夏六月,召南京兵部尚书倪岳为吏部尚书,南京刑部尚书戴珊为左都御史。加兵部尚书马文升少傅。

编辛酉,十四年(1501),春正月,陕西地震。

纪马文升上言:"祇畏变异①,痛加修省。"劝上:"积金帛以备缓急,罢斋醮以省浪费。止传奉之官,禁奏计之地②。将陕西织造绒褐内臣早取回京③,以苏军民之困。"上嘉纳之。

编秋九月,太子太保、吏部尚书倪岳卒。

编冬十月,以马文升为吏部尚书,刘大夏为兵部尚书。

编壬戌,十五年(1502),春二月,侣钟罢,以南京兵部尚书韩文为户部尚书。

编夏四月,命御史王哲巡按江西。

---

① 祇畏:恭敬畏惧。
② 据《明史纪事本末》"奏计"应作"奏讨"。
③ 绒褐:一种羊绒毛布。

紀 哲所至,恤民隐,作士风①,表先贤祠墓。时天旱,种不入土,哲乃亲录
系囚,出其所当原者数百人②,翌日雨,是岁有秋③。民有女奴自逃,
其仇指为故杀④,讼于官。狱既成,哲复讯,见其有冤色,使人密访女
奴所在,得之,民得不坐。又有大家被盗,因诬其所怨者,赂镇守,欲
置于法。哲察其诬,出之。镇守怒,众亦以为疑。久之,真盗得,始皆
愧服。民为之谣曰:"江西有一哲,六月飞霜雪⑤;天下有十哲,太平
无休歇。"

編 癸亥,十六年(1503),春二月,进刘健少师,兼太子太师、吏部尚书、华
盖殿大学士,李东阳户部尚书、谨身殿大学士,谢迁礼部尚书、武英殿
大学士,并加太子太保,吴宽礼部尚书兼翰林院学士,掌詹事府。

編 夏五月,京师大旱。

紀 刘大夏因言:"兵政之弊,未能悉革。"乞退,不允,令开陈所言弊端。
大夏条上十事,上览奏,嘉纳之。上尝问大夏:"天下何时太平?朕如
何得如古帝王?"对曰:"求治不宜太急。凡用人、行政,即召内阁并执
政大臣面议,行之但求顺理,以致太平。"时刑部尚书闵珪持法忤旨,
上与大夏语及之而怒,大夏曰:"人臣执法,不过效忠朝廷,珪所为无
足异。"上曰:"古亦有之乎?"对曰:"舜为天子,皋陶为士,执之而
已。"上默然,徐曰:"珪第执之过耳,老成人,何可轻弃?"竟允珪请。

----

① 作:振作。
② 原:免。
③ 有秋:秋粮丰收。
④ 故杀:有意杀人。
⑤ 六月飞霜雪:炎夏下霜下雪,比喻难得。

编甲子,十七年(1504),春三月,太皇太后周氏崩。

编秋七月,掌詹事府礼部尚书吴宽卒。

编乙丑,十八年(1505),夏五月,帝崩。

纪上不豫,召大学士刘健等受顾命。健等入,叩头榻下,上曰:“朕蒙皇
　考厚恩,选张氏为皇后。生东宫,今十五岁矣,尚未选婚。社稷事重,
　可即令礼部举行。”皆应曰:“诺。”上曰:“东宫聪明,但年幼,好逸乐,
　诸先生须辅之以正道,俾为令主。”健等皆叩头曰:“臣等敢不尽力。”
　诸臣出。翼日,上崩。

编太子厚照即位。尊皇太后曰太皇太后,皇后曰皇太后。

编秋九月,恒星昼见。

编葬泰陵①。

##    武宗毅皇帝

编丙寅,武宗皇帝正德元年(1506),春正月,天鸣,地震。

编命都御史杨一清总制陕西三边军务。

〔刘瑾用事〕

编以神机营中军二司内官太监刘瑾管五千营②。

----

① 泰陵:明孝宗陵墓。
② 神机营:京军三大营之一,负责训练使用火器。

|纪| 瑾,陕西兴平人①。故姓淡②,景泰中,自宫,为刘太监名下,因其姓。成化时,领教坊,见幸。弘治初,摈茂陵司香③。其后得侍东宫,以俳弄为上所悦。上即位,瑾朝夕与其党八人为狗马、鹰犬、歌舞、角抵以娱上④,上狎焉。八人者,马永成、高凤、罗祥、魏彬、丘聚、谷大用、张永,其一瑾。瑾尤狯(kuài)给⑤,颇通古今,常慕王振之为人。至是渐用事。

|编| 夏四月,少师、吏部尚书马文升罢,以焦芳为吏部尚书。召南京兵部尚书张敷华为左都御史。

|编| 六月,雷震郊坛禁门、太庙脊兽、奉天殿鸱吻。

|纪| 大学士刘健、谢迁、李东阳闻上与八人戏亡度,连疏请诛,略曰:"政在于民生国计,则若罔闻知;事涉于近幸贵戚,则牢不可破⑥。臣等叨居重地⑦,徒拥虚衔。或旨从中出,略不与闻;或众所拟议,竟行改易。若以臣言为是,则宜传赐施行;臣等言非,亦宜明加斥责。而往往留中不发,视之若无。臣等因循玩愒(kài)⑧,窃禄苟容,既负先帝,又负陛下。"语甚切直,不报。

---

① 兴平:县名,今陕西兴平市。
② 故姓:原姓。
③ 摈:排斥、抛弃。
④ 角抵:角力之戏,如今之之摔跤。
⑤ 狯:狡猾。给:机敏伶俐。
⑥ 牢不可破:坚持不改。
⑦ 叨:忝,愧,表示非分承受的谦词。
⑧ 玩愒:贪图安逸,虚度岁月。

编秋七月,彗星见参、井,扫太微垣①。

编太白经天。

编八月,立妃夏氏为皇后。

编九月,兵部尚书刘大夏致仕。

编以总督宣大军务都御史刘宇为兵部尚书。

编冬十月,命刘瑾入掌司礼监,兼提督团营。瑾矫诏罢大学士刘健、谢迁,杀内司礼监太监王岳、范亨等,下刑科给事中吕翀、山西道御史刘玉狱。

纪户部尚书韩文具疏,合九卿诸大臣上言:"伏睹近岁以来,太监马永成、谷大用、张永、罗祥、魏彬、刘瑾、丘聚、高凤等置造巧伪,淫荡上心。或击球走马,或放鹰逐兔,或俳优杂剧错陈于前,或导万乘之尊与人交易,狎昵媟(xiè)亵②,无复礼体。日游不足,夜以继之,劳耗精神,亏损圣德。遂使天道失序,地气靡宁,雷异星变,桃李秋花。考厥占候,咸非吉祥。先帝临崩顾命之语,陛下所闻也。奈何姑息群小,置之左右,为长夜之游,恣无厌之欲,以累圣德乎?伏望陛下将永成等缚送法司,以消祸萌。"疏入,上惊泣不食。诸阉大惧,自求安置南京,而阁议持不从。

时内司礼监太监王岳,亦东宫旧臣,素刚直,颇恶其侪(chái)所为③,与

① 参、井:皆属二十八星宿。
② 媟:轻慢、不恭敬。
③ 侪:同辈、同类。

司礼太监范亨、徐智等亦助韩文等密奏上。上允之,待明旦发旨捕瑾等下狱。而吏部尚书焦芳者,故与瑾善,遂以所谋泄之瑾。瑾等亦廉知岳等密奏事①。八人者遂夜趋上前,环跪哭曰:"微陛下恩,瑾等碟喂狗矣。"上色动。瑾辄进曰:"害瑾等者,王岳也。夫狗、马、鹰、犬,岳买献否?而独咎瑾等。"上怒曰:"吾收岳矣。"瑾曰:"狗、马、鹰、兔,何损万几?今左班官敢哗无忌者,司礼监无人也,有则惟陛下所欲为,谁敢言者?"上怒,是夜,立命瑾入掌司礼监,兼提督团营,丘聚提督东厂,谷大用提督西厂,张永等并司营务,分据要地。瑾夜传命,榜岳、亨、智②,逐之南京。而外廷未知也,晨伏阙③,则旨下。

刘健等知事不可为,各上疏求去。瑾矫诏勒健、迁致仕,惟李东阳独留。盖前阁议时,健尝推案哭,迁亦訾(zǐ)瑾等不休④,惟东阳稍缄默,故得独留。健、迁滨行⑤,东阳祖道欷歔(xī xū)⑥,健正色曰:"何用今日哭为?使当日出一语,则与我辈同去耳。"东阳无以应。瑾寻矫诏,杀岳、亨于途。击折徐智臂,得免。

初,举朝必欲诛瑾,兵部尚书许进曰:"此属得疏斥足矣,若峻其事,恐有'甘露之变'。"既而果如进言。吕翀、刘玉俱上疏,论刘瑾"佞幸,弃逐顾命大臣",乞留刘健、谢迁,而以瑾正典刑。上怒,下狱,斥为民。

瑾既得志,于是内揣合上意,外日以深文诛求微罪⑦,使自救不暇,而

① 廉知:察知。
② 榜:鞭打。
③ 伏阙:指上书言事。
④ 訾:诋毁。
⑤ 滨行:临行。
⑥ 祖道:饯行。欷歔:悲泣气咽而抽息。
⑦ 深文:苛细的条文。诛求:责求。

莫敢进言。上喜,益谓瑾可委任矣。

编以吏部尚书焦芳兼文渊阁大学士,入阁办事。

纪芳潜通刘瑾党,瑾遂引芳入阁,表里为奸。凡变紊成宪,桎梏臣工①,
杜塞言路,酷虐军民,皆芳导之。

编逮南京给事中戴铣(xiǎn)、御史薄彦徽等下锦衣卫狱。

纪初,刘健等致仕,给事中吕翀、刘菠上疏留之,南京兵部尚书林瀚闻而
叹息。于是,南京六科给事中戴铣等、十三道御史薄彦徽等上疏,请
“斥权阉,正国法,留保辅,托大臣,以安社稷”。刘瑾矫旨遣缇骑逮系
锦衣卫狱。寻菠、翀及铣、彦徽等二十人各廷杖,除名为民。

编罢户部尚书韩文。

纪刘瑾恨文,令人日伺其过。会有进纳内府折银者,内有假伪,瑾矫旨
文不能防奸,落职闲住。滨归,瑾阴遣逻卒伺于途,文乘一骡宿野店
而去。文子高唐州知州士聪、刑部主事士奇②,皆削籍③。

编十二月,罢左都御史张敷华。

编进李东阳少师,兼太子太师、吏部尚书、华盖殿大学士,焦芳太子太
保、武英殿大学士,王鏊户部尚书、文渊阁大学士。以许进为吏部尚
书,起屠滽为左都御史。

---

① 桎梏:束缚、压迫。
② 高唐州:治今山东高唐县。
③ 削籍:从官籍中除名。

编谪兵部主事王守仁贵州龙场驿丞①。

纪守仁上疏言："戴铣等职居司谏，以言为责。其言而善，自宜嘉纳；如
其未善，亦宜包容，以开忠谠之路。乃今赫然下命，遽事拘囚。下民
无知，妄生疑惧。在廷之臣，莫不以此举为非。然莫敢为陛下讼言
者，恐复以罪铣等者罪之，则无补国事，而徒增陛下之过举耳。臣恐
自兹以往，虽有上关宗社危疑之事，陛下孰从而闻之？苟念及此，宁
不寒心？况今天时冻冱(hù)②，万一遣去官校督束过严，铣等在道，或
遂失所、填沟壑，使陛下有杀谏臣之名。然后追咎左右莫有言者，则
既晚矣。伏愿追收前旨，使铣等仍供旧职。"疏入，刘瑾怒，矫诏杖五
十，毙而复苏，谪贵州龙场驿丞。既谪后，瑾使人伺之途，将置之死。
守仁至钱塘③，虑不免，乃乘夜佯为投江④，而浮冠履水上。遗诗有
"百年臣子悲何极，夜夜江涛泣子胥"之句。浙江藩臬(niè)及郡守杨
孟瑛皆信之⑤，祭之江上，家人亦成服⑥。守仁遂隐姓名，入武夷山
中。已而虑及其父华，卒赴驿。华时为南京吏部尚书，瑾勒令致仕。

编帝悉以天下章奏付刘瑾。

纪瑾时杂构戏玩娱上，候上娱，则多上章奏请省决，上曰："吾安用尔为？
而一烦朕。"瑾由是自决政。

①龙场驿：在今贵州修文县。
②冱：冻结。
③钱塘：县名，今浙江杭州市。
④江：指钱塘江。
⑤藩臬：藩，承宣布政使的别称。臬，提刑按察使的别称。
⑥成服：穿上丧服，谓举行丧礼。

[刘瑾设奸党榜]

编丁卯,二年(1507),春三月,刘瑾矫诏榜奸党于朝堂,颁示天下。

纪略曰:"朕以幼冲嗣位,惟赖廷臣辅弼其不逮。岂意去岁奸臣王岳、范亨、徐智窃弄威福,颠倒是非,私与大学士刘健、谢迁,尚书韩文、杨守随、林瀚,都御史张敷华、戴珊,郎中李梦阳,主事王守仁、王纶、孙槃①、黄昭,检讨刘瑞,给事中汤礼敬、陈霆、徐昂、陶谐、刘蒨、艾洪、吕翀、任惠、李光翰、戴铣、徐蕃、牧相、徐暹、张良弼、葛嵩、赵任贤,御史陈琳、贡安甫、史良佐、曹兰②、王弘、任诺、李熙、王蕃、葛浩、陆昆、张鸣凤、萧乾元、姚学礼、黄昭道、蒋钦、薄彦徽、潘镗、王良臣、赵祐、何天衢、徐珏、杨璋、熊倬③、朱廷声、刘玉,翰林倪宗正,递相交通④,反侧不安,因自陈休致⑤。其敕内有名者,吏部查令致仕。毋俟恶稔⑥,追悔难及。"是日朝罢,令廷臣跪金水桥南听诏。

编秋八月,进焦芳少傅兼太子太傅、谨身殿大学士,王鏊少傅兼太子太傅、武英殿大学士。

编总制三边都御史杨一清罢。

编以杨廷和为户部尚书兼文渊阁大学士,参与机务。

---

① 据《明武宗实录》,"槃"应作"磐"。
② 据《明武宗实录》,"兰"应作"闵"。
③ 据《明武宗实录》,"倬"应作"卓"。
④ 交通:勾结。
⑤ 休致:退休。
⑥ 稔:成熟。

编 戊辰,三年(1508),春三月,逮前总制三边都御史杨一清下狱。

纪 先是,一清巡边,上疏陈战守之策,请开屯田数百里,省内运,奏上,报可。一清遂兴筑边墙,克期完工①。而刘瑾憾一清②,罢之,工亦止。至是,又恶其筑边糜费,下诏狱。王鏊言于瑾曰:"一清有高才重望,为国修边,可以为罪乎?"李东阳亦力救,乃得释。

编 夏四月,致仕吏部尚书王恕卒。

编 六月,执朝官三百余人下诏狱。

纪 时早朝有遗书丹墀(chí)者③,上命拾以进,则告刘瑾不法状也。瑾大怒,矫旨跪百官奉天门下,诸监立门东监之。时暑甚,僵偃十数人④,命曳出。至暮,尽送下诏狱。明日,李东阳疏救,瑾微闻出内寺⑤,乃得释。

编 逮前户部尚书韩文下锦衣卫狱。

编 秋八月,逮前兵部尚书刘大夏、南京刑部尚书潘蕃下狱,谪戍。

编 刘瑾矫诏,以刘宇为吏部尚书,曹元为兵部尚书。

编 己巳,四年(1509),春二月,勒原任大学士刘健、谢迁为民。

---

① 克期:约定日期。
② 憾:怨恨。
③ 丹墀:宫殿前的台阶。
④ 偃:倒。
⑤ 内寺:宫内太监。

纪 先是,诏举怀才抱德之士,以余姚周礼、徐子元、许龙,上虞徐文彪应诏①。刘瑾以四人皆迁乡人,而草诏由健,欲因而害之,矫旨下礼等镇抚司鞫之。吏部尚书刘宇阿瑾意,劾有司访举失实。镇抚词连健、迁,瑾持至内阁,欲籍其家。李东阳力为劝解,得少释。焦芳抗声曰②:"从轻处,亦当除名。"既而旨下,健、迁除名,礼等戍边,令余姚人从此毋选京朝官。

编 三月,以钱玑为户部尚书。

编 夏四月,大学士王鏊致仕。

编 五月,大学士焦芳以老病致仕。

编 六月,进吏部尚书刘宇少傅兼太子太傅、文渊阁大学士,入阁办事。以吏部左侍郎张綵为吏部尚书。

编 冬十二月,追夺大学士刘健、谢迁,尚书马文升、刘大夏、韩文、许进等六百七十五人诰敕,为民,充军。

编 庚午,五年(1510),春二月,以曹元为吏部尚书兼文渊阁大学士,入阁办事。

编 夏四月,安化王寘鐇(zhì fán)反,起都御史杨一清,命太监张永提督讨之。

---

① 余姚:县名,今浙江余姚市。上虞:县名,今浙江绍兴市上虞区。
② 抗声:大声。

〔刘瑾倒台〕

纪 一清与永西行,一日,叹息泣谓永曰:"藩宗乱易除,国家内乱不可测,奈何?"永曰:"何谓?"一清曰:"公岂一日忘情?顾无能为公画策者。"遂促席,手书"瑾"字。永曰:"瑾日夜在上傍,上一日不见瑾则不乐。今其羽翼已成,耳目广矣,且奈何?"一清曰:"公亦天子幸臣,今讨逆不付他人,付公,上意可知。公试班师入京,诡言请上间语宁夏事,上必就公问,公于此时上寘鐇伪檄,并述渠乱政凶狡①,谋不轨,海内愁怨,天下乱将起。上英武,必悟,且大怒诛瑾。瑾诛,柄用公,公益矫瑾行事,吕强、张承业暨公②,千载三人耳。"永曰:"即不济③,奈何?"一清曰:"他人言,济不济,未可知,言出公,必济。顾公言时,须有端绪,且委曲④。脱上不信⑤,公顿首请死:'愿死上前。'即退,瑾必见杀。又涕泣顿首。得请,即行事,毋缓顷刻,漏事机,祸不旋踵。"永攘臂起曰⑥:"我亦何惜余生报主乎!"

编 刘宇罢。

纪 宇附刘瑾,排斥正人,知瑾将败,先乞身免。

编 秋八月,刘瑾伏诛。

---

① 渠:他。
② 吕强、张承业:分别为东汉末、唐末贤德忠良的宦官。
③ 即:如果。济:成功。
④ 委曲:详尽。
⑤ 脱:如果。
⑥ 攘臂:捋衣出臂,表示振奋。

**纪**真镭就擒。是月望日，张永至自宁夏，献俘，上迎之东华门，赐宴。比夜，瑾先退。夜半，永出疏怀中，谓瑾"激变宁夏，心不自安，阴谋不轨"状。永党张雄、张锐亦助之。上曰："罢矣，且饮酒。"永曰："离此一步，臣不复见陛下也。"上曰："瑾且何为？"永曰："取天下。"上曰："天下任彼取之。"永曰："置陛下何地？"上悟，允其奏，当夜即命禁兵逮瑾。永等劝上亲至瑾第观变。时漏下三鼓，瑾方熟寝，禁兵排闼入①，瑾披衣起，趋出户，被执，就内狱。明日，降为奉御，闲住之凤阳，命廷臣议其罪。

初，上尚未有意诛瑾，瑾闻凤阳之命，曰："犹不失富太监也。"及籍其家，得金二十四万锭又五万七千八百两、元宝五百万锭又一百五十八万三千六百两、宝石二斗、金甲二、金钩三千、玉带四千一百六十二束、蟒衣四百七十袭、衮袍八爪金龙四、盔甲三千、弓弩五百。上大怒曰："瑾果反！"乃付狱。吏部尚书张綵送都察院狱。于是，六科十三道共劾瑾罪三十余条，上是之，命法司、锦衣卫执瑾午门廷讯之。瑾大言曰："满朝公卿，皆出我门，谁敢问我者？"皆稍稍却。驸马都尉蔡震曰："我，国戚也，不出汝门，得问汝。"使人批瑾颊②："公卿，朝廷所用，何由汝？抑汝何藏甲也？"曰："以卫上。"震曰："何藏之私室？"瑾语塞。既上狱，上命："毋覆奏，陵迟之，三日枭其首③。"诸被害人争买其肉啖之。瑾亲属皆论斩，张綵死狱中。大学士刘宇、曹元，前大学士焦芳、宇子编修刘仁、芳子侍读焦黄中、户部尚书刘玑、兵部侍

①闼：门。
②批：以手背击打。
③枭：杀人而悬挂其头于木上。

郎陈震,并削籍为民。

编 封张永兄张富为泰安伯,弟张容为安定伯,魏彬弟魏英为镇安伯,马
永成弟马山为平凉伯,谷大用弟谷大坤为永清伯①,封义子朱德为永
寿伯,给诰券世袭。

纪 李东阳奏:"旬月之间,二难交作,悉底平定,皆永等之功。"故加恩典。

编 命太监魏彬掌司礼监事。

纪 四川巡抚都御史林俊上疏,请上"还内宫,择宗室之贤者养于别宫。
收召老臣刘健、谢迁、林瀚、王鏊、韩文等以修旧政"。又言:"刘瑾虽
死,而权柄犹在宦竖,安知后无复有如瑾者?"词旨剀(kǎi)切②,大忤
左右,不报。御史张芹劾大学士李东阳:"刘瑾专权乱政之时,阿谀承
顺,不能力争。及陛下任用得人,潜消内变,又攘以为功③,冒膺恩
荫④。乞赐罢斥。"不听。时魏彬、马永成等擅执朝政,两河南北、楚、
蜀盗遂起。

编 召杨一清为户部尚书,加太子太保。进杨廷和少傅、谨身殿大学士,
刘忠少傅,梁储少保,并武英殿大学士。

编 辛未,六年(1511),夏四月,大学士刘忠致仕。

编 五月,致仕兵部尚书刘大夏卒。

---

① 坤:《明史纪事本末》作"玘",《明武宗实录》作"亮"。
② 剀切:恳切、切实。
③ 攘:窃取、侵夺。
④ 膺:领受。

编 江西、四川盗起。

纪 攻破州县,到处劫掠官民。流贼刘六、刘七、齐彦名等横行畿甸,京师
　戒严。

编 秋八月,命惠安伯张伟等统京营兵讨流贼。

编 流贼刘六、赵风子等分寇河南、山东州县。

纪 张伟、都御史马中锡讨贼无功,逮下狱。伟革爵,中锡死狱中。

编 冬十月,命太监谷大用总督军务,调宣府、大同边兵讨贼。流贼攻徐
　州,掠淮西。

编 十二月,赵风子破裕州①,同知郁采死之。

编 进礼部尚书费宏文渊阁大学士,以礼部左侍郎傅珪为礼部尚书。

编 壬申,七年(1512),春正月,黄河清。

编 致仕少师、吏部尚书马文升卒。

编 夏五月,赵风子被获,诛之。

纪 刘六等乘舟往来至通州狼山,遇飓风,舟覆,贼尽死。

〔江彬、钱宁得宠〕

编 冬十月,召大同游击江彬等入京师。

纪 彬,宣府人,骁勇狡险。时从宣府副总兵张俊征流贼于山东,惟杀掠良

---

① 裕州:治今河南方城县。

民以邀赏。班师入京，赂钱宁引入豹房①，得见上。彬机警，善迎人意，上喜，留侍左右，升左都督，冒国姓，为义儿。时时在上前讲说兵事，因请尽调辽东、宣府、大同、延绥四镇精兵入京操练。时许泰、刘晖等皆有宠于上，号"外四家"，而彬尤甚。边卒纵横骄悍，都人苦之。上尝于西内练兵，令彬等率兵入，习营阵，校骑射。上戎服临之，铳炮之声不绝禁中。千户周麒常叱之，彬竟陷麒死，于是左右皆畏彬。

编 十一月，少师、大学士李东阳乞致仕，从之。

编 癸酉，八年（1513），夏四月，宁王宸濠建阳春书院，僭号离宫。

纪 宸濠怀不轨，术士李自然妄称天命，谓宸濠当为天子。又招术士李日芳等，谓城东南隅有天子气，遂建书院当之。

编 六月，以王琼为兵部尚书。

编 冬十月，以钱宁掌锦衣卫事，赐姓朱。

纪 宁，镇安人②。太监钱能镇守云南，宁幼鬻能家。能死，事刘瑾，因得见上。上甚悦之，尝醉枕宁卧，百官候朝至晡，莫得帝起居，但伺宁。宁内侍帝，外招权纳贿，诸大臣造谒恐后③，小拂意即中害④。时内臣张锐掌东厂，威势与宁埒（liè）⑤，中外号曰厂卫。

编 甲戌，九年（1514），春二月，命掌詹事府礼部尚书靳贵为文渊阁大

---

① 豹房：明武宗寻欢作乐的场所，在西华门内。
② 镇安：县名，今陕西镇安县。
③ 造谒：拜访。
④ 拂：违背。
⑤ 埒：相等。

学士。

编帝始微行①。

纪上微行黄花镇等处。近幸朱宁、张锐、张雄等日导上游畋、微行,不可谏止。

编三月,宁王宸濠自称国主。

纪妄传护卫为侍卫,改令旨为圣旨。宸濠欲令抚臣以下朝服见,抚臣俞谏不可,又尝去其左右为恶者,濠深衔之。

编乙亥,十年(1515),春三月,大学士杨廷和罢。

编夏四月,命少傅、吏部尚书杨一清兼武英殿大学士。以陆完为吏部尚书,王琼为兵部尚书,彭泽掌都察院事。

编秋八月,以毛纪为礼部尚书。

编冬十月,江西按察司副使胡世宁劾奏宁王宸濠罪,诏下兵部移文宁府,令钤(qián)束其下②。

纪时宸濠反迹已著,人莫敢言,世宁发愤上疏,略曰:"宁王自复护卫以来,骚扰闾阎③,钤束官吏,礼乐政令,渐不出自朝廷。臣恐江西之患,不止群盗也。伏乞圣明广集群议,简命才节威望大臣④,兼任提督、巡抚之职,假之以大权,销隙寝邪于无形。敕王自王其国,仰遵祖

———————

① 微行:便服出宫。
② 钤束:约束,管教。
③ 闾阎:泛指民间。
④ 简命:选拔任命。

训,勿挠有司,以防未然。"疏上,宸濠颇惧,委过近属以自解。未几,宸濠奏胡世宁"离间亲亲,妖言诽谤",贿营内旨,逮系诏狱,寻谪戍。

编以河南左布政孙燧为都察院右副都御史,巡抚江西。

编十一月,江西豕生象。

编丙子,十一年(1516),秋七月,致仕大学士李东阳卒。

编八月,大学士杨一清致仕,以掌詹事府蒋冕兼文渊阁大学士。

编冬十月,以王守仁为都察院右佥都御史,巡抚南、赣、汀、漳等处。

编丁丑,十二年(1517),夏四月,命礼部尚书毛纪兼东阁大学士,以毛澄为礼部尚书。

编秋七月,召大学士杨廷和还京师。南赣巡抚王守仁请提督军务,许之。

编八月,帝出关游猎。

纪先是,江彬等屡导上出宫游戏近郊,因数言宣府乐。至是,遂出居庸关至宣府,临塞下。巡关御史张钦上疏谏,不报。彬为上营镇国府第于宣府,辇豹房珍玩女御其中,时时入民家益索妇女以进,上乐之忘归。

编九月,帝幸大同,猎阳和诸城①。

---

① 阳和:卫所,治今山西阳高县。

纪 上时独乘一马,卤簿、侍从皆不及①。二十七日,方猎,天雨冰雹,军士有死者。是夜,又有星陨之异。明日,驾赴大同。北寇数万骑犯阳和,掠应州②,上命诸将击之,引去。

编 冬十月,帝还京师。

纪 南京吏科给事中孙懋(mào)上疏言:"都督江彬自进用以来,专事从谀导非,或游猎驰驱,或声色货利,凡可以蛊惑圣心者,无所不至。今又导陛下出居庸关,既临宣府,又过大同,以致寇骑深入应州。使当日各镇之兵未集,强寇之众沓来,几何不蹈土木之辙哉!是彬在一日,国之安危未可知也。"不报。上还京,封江彬平卤伯③,许泰安边伯,冒应州功也。

编 戊寅,十三年(1518),春正月,太皇太后王氏崩。

纪 上郊祀毕,复出关游幸,太皇太后崩,乃还京。

编 夏六月,帝复议北征。

纪 宁夏塞有警,上议北征,自称"威武大将军、太师、镇国公朱寿"巡边,以江彬为威武副将军扈行,令内阁草敕。大学士杨廷和、梁储、蒋冕、毛纪上疏力谏,不听。上御左顺门,召梁储,面趣令草制④,储对曰:"他可将顺⑤,此制断不可草。"上大怒,挺剑起曰:"不草制,齿此剑。"

---

① 卤簿:天子仪卫。
② 应州:治今山西应县。
③ 据《明武宗实录》,"卤"作"虏",清人忌讳改字。
④ 面趣:当面催促。
⑤ 将顺:随顺,顺势助成。

储免冠伏地,泣谏曰:"臣逆命有罪,愿就死。草制则以臣名君,臣死不敢奉命。"良久,上掷剑去,乃自称之,不复草制。彬亦罢副将军命。

编 七月,帝北巡。

纪 先是,上既还京,辄思宣府乐,称曰"家里"。至是,复历宣府,至大同。大同巡抚都御史胡瓒乞回銮,不听。

编 冬十月,帝幸榆林。

纪 上自偏头关渡河①,幸榆林。江彬索金璧裘马数十万。南京礼部右侍郎杨廉、兵部尚书乔宇上疏谏止,不报。

编 己卯,十四年(1519),春二月,帝自榆林还京师。

编 三月,帝自称"总督军务、威武大将军、太师、镇国公朱寿",制下南巡。

纪 上欲登岱宗,历徐、扬,至南京,临苏、浙,浮江、汉,祠武当,遍历中原。时宁王宸濠久蓄异谋,制下,人情汹汹。翰林修撰舒芬等约群臣上疏乞留,俱会阙下,吏部尚书陆完迎谓曰:"主上闻直谏,辄引刀为刿状。"完意盖以阻言者也。于是,舒芬疏先入,郎中黄巩、倪宗正,员外陆震联疏入,吏部郎中夏良胜、礼部郎中万潮、太常博士陈九川疏继入,医士徐鏊以医谏,吏部郎中张衍庆、礼部郎中姜龙、兵部郎中孙凤、陆俸等率部僚合疏入,工部郎中林大辂等、大理寺正周叙等、行人司副余廷瓒等亦合疏先后入。上大怒,召江彬示之,以彬言,下黄巩、陆震、夏良胜、万潮、陈九川、徐鏊锦衣狱,命舒芬、张衍庆、姜龙、孙凤、陆俸等百有七人跪午门外五日,林大辂、周叙、余廷瓒等二十余人

---

① 偏头关:在今山西偏关县。

俱下狱。明日,黄巩等六人亦跪五日。于是京师连日阴霾昼晦,禁中水自溢,高桥四尺许,桥下七铁柱齐折如斩。金吾卫指挥张英者,肉袒挟两囊土数升,当跸道哭谏①,不允,即拔刀自刎,血流满地。侍卫人缚送诏狱,问英囊土何为,曰:"恐污帝廷,洒土掩血耳。"殒命狱中。是日,内旨舒芬等百有七人俱廷杖三十,疏首谪外任;黄巩等七人俱廷杖五十,徐鳌戍边;巩、震、良胜、潮俱削籍;林大辂、周叙、余廷瓒廷杖五十,降级外补。死杖下者,员外陆震,主事刘校、何遵,评事林公黼(fǔ),行人司副余廷瓒,行人詹轼、刘槩、孟阳、李绍贤、李惠、王翰、刘平甫、李翰臣,刑部照磨刘珏十余人。车驾竟不出,彬等亦知朝廷有人,稍畏惮之。

## 〔宁王反叛〕

**编** 夏六月,宁王宸濠反,都御史孙燧、按察司副使许逵死之。

**纪** 先是,朝廷遣太监赖义、驸马都尉崔元、都御史颜颐寿戒饬宸濠,元等方行,而京师竞传以为且擒治。宁王宸濠侦卒林华者,即兼程逃归,以六月十三日至江西。值宸濠生日,宴镇巡三司等官②,闻报大惊。罢宴,遂密召奸党刘养正、刘吉等谋之,养正曰:"事急矣! 明早镇巡三司官入谢宴,可就擒之,杀其不附己者,因而举事。"乃夜集鄱阳贼首吴十三、凌十一、闵廿四等饬兵器以候。

待旦,急召致仕侍郎李士实入,以谋反告之,士实唯唯而已。寻各官

---

① 跸道:皇帝车驾经过的御道。跸,帝王车驾。
② 镇:指镇守江西太监。巡:包括江西巡抚和江西巡按监察御史。三司,承宣布政使司、提刑按察使司、都指挥使司。

入谢,拜毕,左右带甲露刃侍卫者数百人,宸濠出立露台①,大言曰:"太后有密旨,令我起兵入朝监国,汝等知之乎?"都御史孙燧毅然曰:"密旨安在?"宸濠曰:"不必多言,我今往南京,汝保驾否?"燧张目直视宸濠,厉声曰:"天无二日,臣安有二君? 太祖法制在,谁则敢违?"宸濠大怒,命缚燧。众骇愕,相顾失色。按察司副使许逵大呼曰:"孙都御史,朝廷大臣,汝反贼,敢擅杀耶?"顾燧语曰:"我欲先发,不听,今制于人,尚何言?"宸濠并缚之。讯逵且何言,逵曰:"惟有赤心耳,岂从汝反!"且缚且骂。宸濠喝校尉火信等拽燧、逵出惠民门外杀之。遂执御史王金,主事马思聪、金山,右布政胡濂,参政陈杲、刘斐,参议许效廉、黄宏,佥事顾凤,都指挥许清、白昂,并太监王宏,俱械锁下狱。思聪、黄宏不食死。

刘养正常言帝星明江、汉间,故属意宸濠。至是,与李士实谋,令参政季敩(xiào),佥事潘鹏、师夔持檄谕降诸郡县。左布政梁宸、廉使杨璋、副使唐锦为所胁,移咨府部,传檄远近,革正德年号,指斥乘舆。以李士实、刘养正为左、右丞相,参政王纶为兵部尚书、总督军务大元帅。分遣逆党娄伯、王春等四出收兵。闵廿四、吴十三等夺船顺流攻南康②,知府陈霖等遁走。进攻九江,兵备副使曹雷、知府汪颖等亦遁,城俱陷。

〔王守仁平定叛乱〕

编提督南赣军务都御史王守仁起兵讨宸濠。

----

① 露台:高台。
② 南康:府名,治今江西庐山市。

纪先是,福州三卫军人进贵等作乱,兵部尚书王琼知宸濠且反,谓主事应典曰:"进贵乱,小事,不足烦王守仁。但假此便宜,敕书在彼手中,以待他变可也。"乃具题降敕,令守仁查处福州乱军。故宸濠之叛,江西守臣俱遇害被执,惟守仁以往勘福建出。

六月初九日,自赣起行。十五日,守仁至丰城①,知县顾佖(bì)告宸濠反,守仁易服潜至临江②。知府戴德孺闻守仁至,喜迎入城调度,守仁曰:"临江居大江之滨,与省会近,且当道路之冲,莫若抵吉安为宜③。"遂行。庚辰,守仁飞报宸濠反,王琼宣言曰:"有王伯安在,何患?不久当有捷报耳。"

丁亥,守仁集兵粮,传檄四方诸郡县。知府伍文定等皆至。议所向,守仁曰:"兵家之道,急冲其锋,攻其有备,皆非计之得。我故示以自守不出之形,彼必他出,然后尾而图之。先复省城,以捣其巢穴,俟彼还兵来援,然后邀而击之,此全胜之策也。"宸濠果使人探,守仁不出。

编秋七月,宸濠率兵出江西,攻安庆。知府张文锦、都指挥杨锐、指挥崔文悉力御之。

纪宸濠留其党宜春郡王拱樤(tiáo)同内官万锐等守南昌,自与拱栟(bīng)、李士实、刘养正、闵廿四等六万人,号十万,以刘吉为监军,王纶为参赞,指挥葛江为都督,载其妃媵、世子从,总一百四十余队,出鄱阳,舳舻蔽江而下,声言直取南京。戊戌,宸濠趋安庆,张文锦、杨锐、崔文令军士鼓噪登城大骂之,宸濠遂留攻安庆。时九江、南康既

_____

① 丰城:县名,今江西丰城市。
② 临江:府名,治今江西樟树市。
③ 吉安:府名,治今江西吉安市。

陷,远近震骇,三人凭孤城,以忠义激士,誓众死守。金事潘鹏,安庆人也,宸濠令鹏遣家属持书入城谕降,崔文手斩之,磔其尸投城下。宸濠令鹏至城下说之,文引弓欲射鹏,鹏走免,文锦即鹏家尽诛之。宸濠尽攻击之术,不能克。时朝廷闻宸濠反,乃收交通宸濠太监萧敬、秦用、卢明,都督钱宁、优人臧贤、尚书陆完等俱下狱,籍其家。后萧敬罚二万金得免,秦用、陆完谪戍边,余死狱中。

编 提督南赣军务都御史王守仁率知府伍文定等攻南昌,克之。宸濠解安庆围,还兵援江西。文定等率兵迎击,大败之,遂擒宸濠,江西平。

纪 守仁率文定等起兵,会于临江樟树镇。于是,知府戴德孺引兵自临江,徐琏引兵自袁州①,邢珣引兵自赣州,通判胡尧元、童琦引兵自瑞州②,通判谈储,推官王暐(wěi)、徐文英,新淦知县李美、太和知县李楫、宁都知县王天与、万安知县王冕,各以其兵至③。

己酉,至丰城。众议所往,或谓:"宁王经画旬余始出,留备南昌必严,攻之恐难猝拔。今宁王攻安庆,久不克,兵疲意沮。若以大兵逼之江中,与安庆夹攻之,必败。宁王败,南昌不攻自破矣。"守仁曰:"不然。我师越南昌下,与宁王持江上,安庆之众仅能自保,必不能援我于中流。而南昌兵议其后,绝我粮道,南康、九江又合势乘之,腹背受敌,非利也。不若先攻南昌。宁王久不克安庆,精锐皆出,守御必单弱,我兵新集气锐,南昌可克也。宁王闻我攻南昌,必解安庆围,还兵自救。暨来,我师已克南昌,彼闻之自夺气,首尾牵制,此成擒矣。"乃令

---

① 袁州:府名,治今江西宜春市。
② 瑞州:府名,治今江西高安市。
③ 新淦县:今江西新干县。

文定等各攻一门。十九日发兵,以二十日昧爽各至汛地①。守仁下令曰:"一鼓附城,再鼓登,三鼓不登,诛,四鼓不登,斩其队将。"又先期为榜,入谕城中居民,令各闭户自守,勿助乱,勿恐畏逃匿。遂昪攻具至城下②,梯絙而登③。城上虽设守御,闻风倒戈,城门有不闭者,兵遂入。守仁乃入城抚定之。擒拱橑及万锐等十余人,散遣胁从,城中始安。

时宸濠愤安庆不下,方自督兵填壕堑④,期在必克,闻守仁率兵攻南昌,大恐。李士实等劝宸濠勿还兵,舍安庆,径取南京,既即大位,江西自服。宸濠不从,解安庆围,移兵泊阮子江。先遣兵二万还援江西,宸濠自率大军继之。

二十二日,谍报至江西,守仁乃集众议,或谓:"宁王兵盛,凭其愤怒,悉众而来,我援兵未集,势不能支,不若坚壁自守,以待四方之援。彼久顿坚城之下,兵孤援绝,将自溃矣。"守仁曰:"宁王兵力虽强,然所至徒恃焚掠,劫众以威。今进取不能,巢穴又覆,沮丧退归,众心已离。我以锐卒乘胜击之,彼将不战自溃矣。"是日,抚州知府陈槐亦率兵至。

二十三日,谍报宸濠先锋已至樵舍,守仁乃遣诸将率兵迎击之,令伍文定以正兵当其前,余恩继文定后,邢珣率兵绕出贼背,徐琏、戴德孺张两翼分击之,诸将各受命出。

二十四日,贼兵乘风鼓噪而前,逼黄家渡,气骄甚。文定、恩佯北致

① 汛地:军队防守之地。
② 昪:抬。
③ 絙:粗大绳索。
④ 壕堑:护城河。

之,贼争进趋利,前后不相及。珣兵从后急击,横贯其阵,贼败走。文定、恩还兵乘之,琏、德孺兵合势夹击,贼不知所为,遂大溃。追奔十余里,擒斩二千余级,溺水死者万计。贼气大沮,退保八字脑。是日,建昌知府曾玙(yú)等率兵至①。

守仁谓:"九江、南康不复,则道终梗,且湖广援兵不能达。"乃别遣陈槐率兵四百,合知府林椷(jiān)兵攻九江;曾玙率兵四百,合知府陈朝佐兵攻南康。宸濠大赏将士,当先者千金,被伤者百金,使人尽发南康、九江兵至。明日,并力合战,官兵败死者数百人。文定急斩先却者以徇,身立炮铳间,火焚其须鬓不移足,士殊死战。兵复振,炮及宸濠舟,贼遂大败,擒斩二千余级,溺水死者甚众。

贼复退保樵舍,联舟为方阵,尽出其金帛赏士。文定等乃为火攻之具,珣击其左,琏、德孺击其右,恩等分兵四伏,期火发兵合。

明日,宸濠朝群臣,执其不尽力者将斩之,争论未决,官兵四集,奋击之,火及宸濠副舟,贼复大溃。宸濠与诸妃嫔泣别,妃嫔皆赴水死。将士执宸濠及其世子、郡王,并伪丞相、元帅等官李士实、刘养正、徐吉等数百余人,擒斩贼党三千余级,溺水死者约三万。曾玙、陈槐亦攻复九江、南康二郡。

将士执宸濠入江西,军民聚观,欢呼之声震动天地。宸濠见守仁,呼曰:"王先生,我欲尽削护卫,请降为庶民,可乎?"守仁曰:"有国法在。"遂顿首不言②。

初,宸濠谋反,妃娄氏泣谏不听,及被擒,于槛(jiàn)车中泣语人曰:

---

① 建昌:府名,治今江西南城县。
② 据《明史纪事本末》,"顿"应作"頫"。頫,同"俯"。

"昔纣用妇人言而亡天下,我以不用妇人言而亡其国,今悔恨何及!"守仁为求娄妃尸葬之。

编 八月,帝下诏亲征。

纪 时王守仁擒宸濠捷书未至,诸将各献擒宸濠之策,上亦欲假亲征南游。太监张永等见钱宁、臧贤事败,又欲因此邀功。于是,上自称"奉天征讨威武大将军、镇国公",边将江彬、许泰、刘晖,张永、张忠等俱称将军,所下玺书,改称"军门檄"。上方出师,驻跸良乡①,而守仁捷书至,且虑有沿途窃发,欲自献俘阙下。奏入,上屡檄止之,令以俘候车驾至。大学士梁储、蒋冕屡请回銮,不听。

编 九月,帝至南京。

纪 王守仁发南昌,将献俘阙下。张忠、江彬等谓:"当纵之鄱湖②,俟上亲与遇战,而后奏凯论功。"屡遣人至广信止之③。守仁不得已,乘夜过玉山,械系宸濠等,取道由浙河以进。张永已候于杭州。守仁至杭,谓永曰:"江西之民,既经大乱,继以旱灾,又供京、边军饷,困苦既极,必逃聚山谷为乱。昔助宸濠为胁从,今将成土崩之势,然后兴兵定乱,不亦难乎?"永深然之,乃徐曰:"吾之此出,为群小在君侧,调护左右,以默辅圣躬,非为掩功来也。但皇上意将顺而行,犹可挽回万一,若逆其意,徒激群小之怒,无救于天下大计矣。"于是守仁信其无他,以宸濠付之,乘夜渡浙江,过越④,还江西。

---

① 良乡:县名,今北京房山区良乡。
② 鄱湖:指鄱阳湖。
③ 广信:府名,治今江西上饶市。
④ 越:绍兴府,治今浙江绍兴市。

编 命王守仁巡抚江西,擢吉安知府伍文定为江西按察司①,赣州知府邢
　珣为江西布政司右参政。

纪 初,江彬、张忠等谋欲夺功,诬守仁初附宸濠,及知其势败,然后擒宸
　濠攘功。太监张永知其谋,语家人曰:"王都御史忠臣为国,今欲以此
　害之,他日朝廷有事,何以教臣子之忠?"至是永复命,先见上,备言守
　仁之忠,并江彬等欲害之之意。彬等毁遂不入。张忠又言:"守仁在
　杭,竟不至南京,陛下试召之,必不来,无君可知。"上召之,守仁即奔
　命,至龙江。将进见,忠殊失意,又从中阻之。守仁乃纶巾野服,入九
　华山②。永闻之,又力言于上曰:"王守仁忠臣,今闻众欲争功,欲弃
　其官入山为道士。"由是上益信之,乃有是命。

编 冬十二月,宸濠至南京。

纪 上欲自以为功,乃与诸近侍戎服,整军容,出城数十里,列俘于前,为
　凯旋状。既入,囚禁之。

编 庚辰,十五年(1520),冬十月,帝自南京班师还京。

纪 先是,上以大将军钧帖③,令巡抚江西都御史王守仁重上捷书。守仁
　节略前奏,入江彬、张忠等姓名于内上之。疏入,始议北旋。

评王守仁:

　　王守仁,号阳明先生。明代著名思想家,被誉为立德、立言、立功

---

① 据《明武宗实录》,"司"应作"使"。
② 九华山:在今安徽青阳县境内。
③ 钧:敬词。

"三不朽"之人。他平定南赣、两广与宸濠之乱,事功卓著。自龙场悟道,强调"心外无物,心即理",倡导"致良知""知行合一",主张躬行实践,重视人的主观能动性,使思想界气象一新。他兴办书院,授徒讲学,声名远播。王门各派后学,均以阐发"致良知"说为重点,在全国各地建立书院,颇具社会影响力。"阳明心学"成为明代中后期的学术主流,也对清至近代的学术思想演进有着深刻影响。

编　十二月,宸濠伏诛。

纪　上至通州,赐宸濠死,燔其尸①。余党至京师磔诛之。独抑王守仁功未叙。

编　辛巳,十六年(1521),春正月,帝至京师。

纪　江彬益骄横,其所部边卒桀骜不可制。

编　加蒋冕少傅、谨身殿大学士,毛纪少保、武英殿大学士,以石珤(bǎo)为礼部尚书兼翰林院学士,掌詹事府。

编　三月,帝崩。皇太后与大学士杨廷和等定议,奉遗诏,迎立兴献王世子厚熜(cōng)。

纪　上寝疾豹房,既而大渐。丙寅(十四日),上崩。皇太后与杨廷和等定议,遵祖训"兄终弟及"之文,乃为遗诏,遣太监谷大用、韦霖、张锦,寿宁侯张鹤龄、定国公徐光祚、驸马都尉崔元、大学士梁储、礼部尚书毛澄,赍金符往安陆藩府,迎兴献王世子厚熜,入继大统。

---

① 燔:烧。

〔江彬伏诛〕

编 江彬伏诛。

纪 初,上崩,彬偶不在左右。皇太后召杨廷和等议,恐彬为乱,秘不发
丧,以上命召彬入。彬不知上崩,并其子入,俱收之。皇太后下制暴
彬罪恶,论磔于市。籍其家,金七十柜,银二千二百柜,金银珠玉珍宝
首饰不可胜计,隐匿奏疏百余本。

编 夏四月,兴献王世子厚熜至京师,即位。

纪 诏以明年为嘉靖元年。

〔嘉靖以外藩继统,开启大礼议之争〕

编 命礼部会议崇祀兴献王典礼。

纪 礼部尚书毛澄请于大学士杨廷和,廷和出汉定陶王、宋濮王事授之
曰①:"此篇为据,异议者即奸谀,当诛。"澄会公卿台谏等官六十余人
上议:"汉成帝立定陶王为嗣,以楚孝王孙景为定陶王,奉共王祀。今
上入继大统,宜以益王子崇仁主后兴国。其崇号,则袭宋英宗故事,
以孝宗为考,兴献王及妃为皇叔父母,祭告上笺,称侄署名。而令崇
仁主考兴献王,叔益王。"上览曰:"父母可互易若是耶? 其再议。"

编 五月,葬康陵②。

---

① 汉定陶王、宋濮王:定陶共王,汉哀帝生父。濮安懿王,宋英宗生父。
② 康陵:明武宗陵墓。

编太保兼武英殿大学士梁储致仕。以袁宗皋为礼部尚书兼文渊阁大学士。遣中官迎帝母兴献妃。以彭泽为兵部尚书。

编召王守仁为南京兵部尚书，封新建伯。

编秋七月，观政进士张璁（cōng）上《大礼疏》。

纪璁疏曰："朝议谓陛下入嗣大宗，宜称孝宗皇帝为皇考，改称兴献王为皇叔父，王妃为皇叔母者，不过拘执汉定陶王、宋濮王故事耳。夫汉哀、宋英皆预立为皇嗣，而养之于宫中，是明为人后者也，故师丹、司马光之论，施于彼一时犹可。今武宗皇帝已嗣孝宗十有六年，比于崩殂，而廷臣遵祖训、奉遗诏，迎取陛下入继大统。遗诏直曰：'兴献王长子伦序当立。'初未尝明著为孝宗后，比之预立为嗣、养之宫中者，较然不同①。夫兴献王往矣，称之以皇叔父，鬼神固不能无疑也。今圣母之迎也，称皇叔母，则当以君臣礼见，恐子无臣母之义。《礼》：长子不得为人后。况兴献王惟生陛下一人，利天下而为人后，恐子无自绝父母之义。故陛下为继统武宗，而得尊崇其亲则可；谓嗣孝宗，以自绝其亲则不可。臣窃谓今日之礼，宜别为兴献王立庙京师，使得隆尊亲之孝。且使母以子贵，尊与父同，则兴献王不失其为父，圣母不失其为母矣。"疏入，上遣司礼监官送至内阁，谕曰："此议实遵祖训，据古礼，尔曹何得误朕？"杨廷和曰："书生焉知国体？"复持入。上熟览之，喜曰："此论一出，吾父子必终可完也。"

编九月，兴献王妃至通州。

―――――――――

① 较然：明显。

纪 帝母至通州,闻朝廷欲考孝宗,恚曰:"安得以我子为人之子?"谓从官曰:"尔曹已极荣宠,献王尊称,胡犹未定?"因留通州不入。上闻之,涕泗不止,启慈圣皇太后,愿避位奉母归,群臣惶惧。

编 冬十月,兴献后至自通州。

纪 先是,杨廷和见追崇兴献之礼势不得已,乃草敕下礼部曰:"圣母慈寿皇太后懿旨,以朕缵承大统,本生父兴献王宜称兴献帝,母宜称兴献后,宪庙贵妃邵氏称皇太后。仰承慈命,不敢固违。"帝从之。廷和意假母后,示非廷议意也。至是,兴献后自通州至京师,由大明中门入,上迎于阙内。廷和以追崇礼成,拟上慈寿皇太后及武宗皇后尊号,帝因遣司礼监谕廷和曰:"邵太后,兴献帝、后亦各拟上尊号。"廷和等上言:"不可。宜俟明年大婚礼成,庆宫闱,加之可也。"

编 十二月,除张璁南京刑部主事。

纪 先是,帝下大礼,或问于礼部,时杨一清家居,遗书吏部尚书乔宇曰:"张生此论,圣人不易,恐终当从之。"宇不听。至是,杨廷和衔璁,授意吏部除为南京主事。石珤语璁曰:"慎之!《大礼说》终当行也。"璁怏怏而去。

编 起林俊为工部尚书。

纪 都御史林俊致仕家居,杨廷和寓书于俊,以定国是①。俊上疏曰:"孔子谓'观过知仁',陛下大礼未协,过于孝故耳。司马光有言:'秦、汉而下,入继大统,或尊崇其所生,皆取讥当时,贻笑后世。'陛下纯德,

_____

① 国是:国家大计。

何忍袭之?"疏入,留中。廷和遂奏起林俊为工部尚书。

编 帝下御札,谕加兴献帝、后以"皇"字。大学士杨廷和等乞罢归,不报。

纪 廷和等上言:"汉宣帝继孝昭后,追谥史皇孙、王夫人曰悼考、悼后而已;光武上继元帝,巨鹿、南顿君以上,立庙章陵而已,皆未尝追尊。今日兴献帝、后之加,较之前代,尊称已极。若加'皇'字,与慈寿、孝庙并,是忘所后而重本生,任私恩而弃大义,臣等不得辞其责。"吏部尚书乔宇等奏曰:"皇者,正统大义。若加'皇'字于本生之亲,则与正统溷(hùn)而无别①。揆之天理则不合②,验之人心则不安,非所以重宗庙、正名分也。"上曰:"慈寿皇太后懿旨有谕:'今皇帝婚礼将行,其兴献帝宜加与皇号,母兴献皇太后。'朕不敢辞,尔群臣其承后命。"廷和等见不可争,乃俱求罢归,不报。

毛海明 评注

万 明 彭 勇 邓闳旸 审定

---

① 溷:混乱。
② 揆:度量。

# 明鉴易知录卷八

卷首语：本卷起明世宗嘉靖元年（1522），止嘉靖四十一年（1562），记载了嘉靖朝四十一年的史事。围绕着"大礼议"继统继嗣等问题，世宗与群臣之间发生激烈冲突，酿成"左顺门"事件。世宗廷杖、罢黜持反对意见的官僚，"大礼议"实现了追崇其父的全部目标。世宗迷信道术，追求长生，尊宠方士陶仲文，重用严嵩。严嵩成为内阁首辅，剪除政治对手，打压异己，弹劾者沈炼、杨继盛被迫害致死。

# 明　纪

## 世宗肃皇帝

编 壬午,世宗皇帝嘉靖元年(1522),春正月,郊祀甫毕,清宁宫小房灾。

纪 杨廷和、蒋冕、毛纪、费宏上言:"火起风烈,此殆天意。况迫清宁后殿,岂兴献帝、后之加称,祖宗神灵容有未悦乎?"上乃议称孝宗为皇考,慈寿皇太后为圣母,兴献帝、后为本生父母,而"皇"字不复加矣。

编 三月,上孝宗太后尊号曰昭圣慈寿皇太后,武宗皇后曰庄肃皇后,圣祖母邵氏曰寿安皇太后,本生父曰兴献帝,母曰兴国太后。

编 秋九月,立妃陈氏为皇后。

编 冬十一月,寿安皇太后邵氏崩。

编 癸未,二年(1523),春正月,五星聚于营室。

编 南京刑部主事桂萼上《正大礼疏》。

纪 萼大略言:"陛下入继大统,非为人后,当考兴献帝,母兴国太后。"并录巡抚湖广都御史席书、吏部员外郎方献夫二疏以闻。下群臣集议。

编 秋九月,刑部尚书林俊致仕。冬十一月,少师、吏部尚书、华盖殿大学士杨廷和致仕。

编 甲申,三年(1524),春三月,诏奉兴献帝为本生皇考恭穆献皇帝,兴国太后为本生母章圣皇太后。

编 夏五月,前户部尚书、武英殿大学士王鏊卒。

编 六月,以张璁、桂萼、方献夫为翰林院学士。少傅蒋冕致仕。以石珤为文渊阁大学士。

〔左顺门事件〕

编 秋七月,逮学士丰熙等百三十有四人下狱,吏部右侍郎何孟春等八十有六人令待罪。

纪 先是,上命内阁拟撰《本生圣母章圣皇太后册文》。至是,上采张璁、桂萼议,谕大学士毛纪等去册文"本生"字,纪等力言不可。上召百官至左顺门,敕曰:"本生圣母章圣皇太后,今更定尊号曰圣母章圣皇太后。"何孟春与尚书秦金、学士丰熙等,及翰林、寺部、台谏诸臣,各上言,力争"本生"二字不宜削。章十三上,俱留中不报。

戊寅,上朝罢,斋居文华殿。尚书金献民、徐文华倡言曰:"诸疏留中,必改孝宗为伯考,则太庙无考,正统有间矣。"孟春曰:"宪宗朝,尚书姚夔率百官伏哭文华门,争慈懿皇太后葬礼,宪宗从之,此国朝故事也。"修撰杨慎曰:"国家养士百五十年,仗节死义,正在今日。"给事中张翀、王元正等遂遮留群臣于金水桥南,曰:"万世瞻仰,在此一举。今日有不力争者,共击之。"孟春、献民、文华复相号召。于是,秦金等凡二十有三人,丰熙等凡二十人,谢蕡(fén)等凡十有六人,余翱(áo)等凡三十有九人,马理等凡十有二人,黄待显等凡三十有六人,余才等凡十有二人,陶滋等凡二十人,相世芳等凡二十有七人,赵儒等凡十有五人,毋德纯等凡十有二人①,俱赴左顺门跪伏,有大呼高皇帝、孝宗皇帝者。上闻之,命司礼监谕退,不去。金献民曰:"辅臣尤宜力争。"礼部侍郎朱希周乃诣内阁告毛纪,纪与石珤遂赴左顺门跪伏。上复遣司礼太监谕之退,群臣仍伏不起,自辰迨午。上怒,命司礼监录诸姓名,收系(jì)诸为首者②,丰熙、张翀、余宽、黄待显、陶滋、相世芳、毋德纯等八人于狱。杨慎、王元正乃撼门大哭,一时群臣皆哭,声震阙廷。上大怒,遂命逮系马理等凡一百三十有四人于狱,何孟春等八十有六人姑令待罪,总二百有二十人。命拷讯丰熙等八人,编伍。其余四品以上者俱夺俸,五品以下者杖之,于是编修王相等一百八十余人各杖有差。

编 诏上本生皇考恭穆献皇帝尊号曰皇考恭穆献皇帝,本生圣母章圣皇太后曰圣母章圣皇太后。

纪 初,给事中陈洸言事忤旨,出为按察司佥事。至是,上言曰:"陛下察几致决③,毅然去'本生'二字,有人心者,咸谓始全父子之恩,无不感泣。"上悦,复以洸为给事中。逮系修撰杨慎、编修王元正、给事中刘济、御史张原等于诏狱,复扑之④。谪杨慎、王元正、刘济戍边,何孟春调南京工部,毛纪罢。

编 八月,以吏部左侍郎兼翰林院学士、掌詹事府贾咏为礼部尚书兼文渊

---

① 据《明史纪事本末》,"凡十有二人"应作"凡十有一人"。
② 收系:拘禁。
③ 察几:明察秋毫。
④ 扑:拷打。

阁大学士。

编九月,诏称孝宗敬皇帝曰皇伯考,昭圣皇太后曰皇伯母。

编乙酉,四年(1525),春三月,建献皇帝庙①。

编冬十二月,席书上《大礼集议》。

纪上命颁赐藩府及中外群臣,仍令各省刊布以传。

评大礼议:

　　大礼议表面上是争论礼制,实质是世宗对权力的争夺,以及新旧政治势力的较量。历史上小宗入继帝位一般都先入嗣大宗,杨廷和等认为世宗以藩王入继大统,必先入嗣孝宗,以孝宗为父。世宗执意尊崇其父,继统而不继嗣。杨廷和等维护礼制,又欲对少年新君有所制约,防止重蹈武宗荒诞乱政覆辙,自恃拥立之功,双方矛盾激化。大礼议争论的持续,是世宗逐步掌握全部皇权的过程。新旧势力的转换,标志着明朝政治由武宗余响真正进入世宗时代。争论中党同伐异,开启了明朝中后期大规模党争的先河。大礼议导致政治风气的颓废,其后世宗腐化懒政,朝野谄媚之风盛行,大抵滥觞于此。

编进费宏少师、谨身殿大学士,石珤、贾咏并太子太保、武英殿大学士。

编丙戌,五年(1526),夏六月,进费宏华盖殿大学士,起杨一清少师、谨身殿大学士,石珤、贾咏并进少保。

编秋九月,帝奉章圣皇太后谒见世庙。

―――――――――

① 献皇帝庙:即世庙,明世宗父亲朱祐杬的宗庙。

编 丁亥,六年(1527),春二月,少保、武英殿大学士石珤致仕。以少保席书为武英殿大学士,寻卒。

编 夏四月,大学士费宏致仕。以礼部右侍郎翟銮入阁办事。

编 以新建伯王守仁为兵部尚书,总制两广及江西、湖广军务。

纪 初,田州土官岑猛反①,总督两广都御史姚镆(mò)讨之。猛奔归顺州②,知州岑璋诛之。已而猛党卢苏、王绶复叛,御史石金诬奏镆"轻信寡谋,安攘无术"。上怒,落镆职③,命王守仁代之。

编 秋八月,进杨一清华盖殿大学士,以张璁为礼部尚书、文渊阁大学士。

编 戊子,七年(1528),夏五月,提督两广军务王守仁讨广西叛蛮,平之。

纪 捷闻,桂萼忌之,论守仁挟诈专兵。礼部尚书霍韬上疏曰:"伏遇圣明,特起王守仁抚剿田州。命下之日,臣窃为守仁计曰:'前巡抚调三省兵若干万,军饷支费若干万,杀死、疫死民、兵若干万,仅得田州安靖五十日,自是而思恩叛矣④。守仁乘此大坏极敝之后,虽合四省兵力,支银米数百万,剿平报级,亦且曰天下大功也。而守仁不役一卒,不费斗粮,只宣扬圣德,遂令稽首来服。若八寨、断藤峡之贼,又非田州、思恩可比。广西在万山之中,土恶水迅,气习凶悍。八寨贼,洪武间所不能平;断藤峡贼,成化初仅得讨平,余孽复炽。今守仁沉机不露,掩贼不备,一举荡平,百数十年虎豹窟穴,扫而清之,如拂尘然。'

---

① 田州:治今广西百色市田阳区。
② 归顺州:治今广西靖西市。
③ 落职:罢官。
④ 思恩:即思恩军民府,治今广西南宁市武鸣区。

臣是以叹服守仁,能体陛下之仁,以怀绥思恩、田州向化之民;能体陛
下之义,以讨服八寨、断藤峡梗化之贼。不以为功,反以为罪,可乎?
守仁擒宸濠,奸臣许泰等欲掩其功,扬言守仁初与贼同谋,又谓宸濠
金帛守仁满载以去。当时阁臣亦忌守仁之功,不为辨白。臣谓守仁
江西之功不白,无以劝效忠之臣;广西之功不白,无以劝策勋之臣。
守仁,大臣也,岂以功赏有无为重轻哉?第恐当时有功之人,及守官
立功之人,视此解体,则在外镇臣,遂无所激劝矣。"疏奏,不报。

编 六月,《明伦大典》成,加张璁少傅兼太子太傅、吏部尚书、谨身殿大
学士。

纪 追夺议礼诸臣官,敕曰:"大学士杨廷和谬主濮议①,尚书毛澄不能执
经据礼,蒋冕、毛纪转相附和,林俊著论迎合。乔宇为六卿之首,乃与
九卿等官交章妄执,汪俊继为礼部,仍注邪议。吏部郎中夏良胜胁持
庶官,望遂邪志。何孟春以侍郎掌吏部,鼓舞朝臣伏阙喧呼。朕不欲
已甚,姑从轻处。杨廷和为罪之魁,法当僇(lù)市②,特宽宥削籍为
民。毛澄、林俊俱已病故,各夺其生前官职。蒋冕、毛纪、乔宇、江俊
俱已致仕,各夺职闲住。何孟春情犯特重,夏良胜酿祸独深,俱发原
籍为民。尔礼部揭示承天门下,俾在外者,咸自警省。"

编 冬十月,皇后陈氏崩。闰月,立妃张氏为皇后。

编 己丑,八年(1529),春二月,新建伯、兵部尚书兼都察院左都御史王守

---

① 濮议:宋英宗尊礼生父沈濮安懿王赵允让,引发一系列争议。杨廷和据宋儒程颐《濮
议》,主张世宗应称生父兴献王为皇叔父。
② 僇市:诛戮后陈尸于市。僇,通"戮"。

仁卒于南安。

编三月,前大理寺评事林希元上《荒政丛言》①。

纪其言曰:"救荒有二难:得人难,审户难。有三便:极贫民便赈米,次贫民便赈钱,稍贫民便赈贷。有六急:垂死贫民急饘(zhān)粥,疾病贫民急医药,病起贫民急汤水,已死贫民急埋瘗,遗弃小儿急收养,轻重系囚急宽恤。有三权:权借官钱以籴(tiào)粜(dí),权兴工作以助赈,权贷牛种以通变。有六禁:禁侵渔,禁攘盗,禁遏籴,禁抑价,禁宰牛,禁度僧。有三戒:戒迟缓,戒拘文,戒遣使。"上以其切于救民,皆从之。

编秋七月,以少保、吏部尚书兼翰林院学士桂萼为武英殿大学士。九月,少师、吏部尚书、华盖殿大学士杨一清致仕。

编庚寅,九年(1530),秋八月,致仕大学士杨一清卒。

编冬十月,改号孔子为先师,易像为主。十二月,桂萼致仕。

编辛卯,十年(1531),春正月,帝改张璁名孚敬,字懋(mào)恭,御书赐之。

编诏三途并用②。

纪诏:"吏、礼二部,循洪武十九年以后、弘治十一年以前例,三途并用,务在得人,以称朕用贤之意。"

编夏六月,以少保、吏部尚书兼翰林院学士方献夫为武英殿大学士。

编闰月,雷震午门西角楼。

---

① 大理寺:掌管刑狱案件审理的机构。评事:大理寺的属官。
② 三途:指科举、岁贡、荐举。

编 张孚敬致仕。

编 秋九月,以太子太保、礼部尚书兼翰林院学士李时为武英殿大学士。

编 壬辰,十一年(1532),春二月,进张孚敬华盖殿大学士。

编 秋七月,彗星见东井,东北行,历天津,扫太微垣。诏群臣修省。

编 八月,张孚敬致仕。

编 以汪鋐为吏部尚书,加太子太保。

编 冬十月,下御史冯恩狱。

纪 恩上疏劾张孚敬、汪鋐、方献夫,曰:"张孚敬之奸久露,汪鋐、方献夫之奸不测。陛下去孚敬而不去此二人,天下事未可知也。臣谓孚敬,根本之彗也;鋐,腹心之彗也;献夫,门庭之彗也。乞斩三奸,以应更新之象。"上怒,下恩狱。

编 癸巳,十二年(1533),春正月,进张孚敬少师。方献夫致仕。

编 河南巡抚吴山献白鹿。

编 夏四月,应天巡抚陈轼献白兔。

编 秋九月,以张孚敬摄都察院事。

编 甲午,十三年(1534),春正月,废皇后张氏,立德妃方氏为皇后。

编 乙未,十四年(1535),春正月,庄肃皇后崩。

编 夏四月,张孚敬罢,召费宏入阁。

编 秋九月,汪鋐罢。

编 丙申,十五年(1536),秋九月,进李时少师、谨身殿大学士。

编 冬十一月,少师费宏卒。

编 十二月,以南京吏部尚书严嵩为礼部尚书兼翰林院学士。

纪 时礼部选译字诸生,嵩至,即受货贿,已而苞苴(jū)过多①,更高其价。御史桑乔列其状,请罢黜之。嵩乃疏辨求免。给事中胡汝霖复劾其"秽行既彰,招致论列,不得饰辞自明,以伤大体"。帝乃令:"以后大臣被劾,宜自省修,勿得疏辨。"嵩惧,益为恭谨以媚上。

编 进李时华盖殿大学士,以少傅、礼部尚书兼翰林院学士夏言为武英殿大学士。

编 丁酉,十六年(1537),夏五月,雷震谨身殿。

编 戊戌,十七年(1538),秋八月,以礼部尚书掌詹事府顾鼎臣为文渊阁大学士。

〔嘉靖改尊朱棣为成祖,抬升其父入太庙〕

编 九月,追尊太宗文皇帝为成祖,皇考献皇帝为睿宗。

纪 初,通州致仕同知丰坊上言:"请复古礼,尊皇考献皇帝庙号称宗,以配上帝。"下礼部集议,严嵩上言:"万物成形于秋,故王者秋祀明堂,以父配之,自汉武追唐、宋诸君,莫不皆然,主亲亲也。若称宗之礼,

_____

① 苞苴:馈赠礼物。

则未有帝宗而不祔太庙者,恐皇考有所不宁。"上悦。已而嵩复阿上
旨,请尊文皇帝称祖,献皇帝称宗。上从之,乃尊文皇帝为成祖,献皇
帝为睿宗,配上帝,诏天下。

编 冬十二月,少师、华盖殿大学士李时卒。

编 章圣皇太后蒋氏崩。

编 己亥,十八年(1539),春正月,立皇次子为皇太子。进夏言少师,顾鼎
　　臣少保、武英殿大学士。

编 二月,景云见。

纪 夏言、顾鼎臣以闻,严嵩请上御朝,受群臣贺。嵩乃作《庆云赋》及
　　《大礼告成颂》上之,诏付史馆。

编 诏诣承天府,视显陵①。

编 车驾发京师。

编 三月,以方士陶典真为神霄保国宣教高士。

〔方士陶典真得宠〕

纪 典真,一名仲文,黄冈人。少为县掾,喜神仙方术。嘉靖初,授辽东库
　　大使,秩满,至京师。时致一真人邵元节贵幸。会宫中黑眚(shěng)
　　见②,元节治之无验,遂荐仲文代己。试宫中,稍能绝妖,上宠异之。

---

① 承天府:兴献王封地,在今湖北钟祥市。显陵:兴献王朱祐杬陵墓。
② 黑眚:泛指由水气化生的妖异怪象。

至是，扈驾南巡，至卫辉，白昼有旋风绕驾不散，上以问仲文，对曰：
"当火。"遣仲文禳之①，仲文曰："火终不免，可谨护圣躬耳。"是夜，行
宫果灾，宫中死者无算。锦衣陆炳排闼入，负帝出，竟无恙。明日，敕
行在吏部授仲文是职，给诰、印，许携其家于官。

编 夏四月②，车驾至承天府。

纪 上至承天，居卿云宫。辛巳(三月十三日)，诣纯德山③，降辇稽首。
甲申(十六日)，享上帝于龙飞殿，奉皇考配。阅陵毕，诏告天下。壬
辰(二十四日)，车驾发承天。

编 五月④，帝还京。

编 以翟銮为礼部尚书、武英殿大学士。

编 庚子，十九年(1540)，春二月，京城黄雾四塞。

编 秋七月，授方士段朝用紫府宣忠高士。冬十月，大学士顾鼎臣卒。

编 十一月，进陶仲文为忠孝秉一真人，领道教事。

纪 寻加少保、礼部尚书，又加少傅，食一品俸。

编 辛丑，二十年(1541)，夏四月，九庙灾。

纪 时久旸(yáng)不雨⑤，是日初昏，阴雨骤至，大雷电以风，忽震火起仁

---

① 禳：祭神除灾。
② 据《明世宗实录》及下文，"四月"应作"三月"。
③ 纯德山：显陵所在。
④ 据《明世宗实录》，"五月"应作"四月"。
⑤ 旸：晴。

庙,烈风嘘之,须臾毁其主,延及成祖主亦毁,遂及太祖昭穆群庙,惟献庙独存。

编 御史叶经劾严嵩罪,赦弗治。

纪 交城王绝,辅国将军表柚谋袭之,遣校尉任得贵至京,以黄白金三千两赂严嵩,复赂仪制司令史徐旭及王府科胥①,人皆受焉。嵩乃题覆从之②。东厂逻卒执其籍以闻,下法司问。受赂者皆戍边,嵩无恙。既而永寿共和王庶子惟燡(yì)与嫡孙怀熺(xī)争立,以白金三千赂嵩,亦受之,为覆允。永寿庄怀王妃遣人击登闻鼓奏诉。于是,御史叶经劾嵩贪状,乞赐救正。嵩急归诚于上,上悯之,乃曰:"表柚、惟燡袭爵应否,行所司勘之。嵩安心任事,勿以介意。"

编 秋八月,昭圣皇太后崩。

编 壬寅,二十一年(1542),夏六月,大学士夏言罢。进翟銮少傅、谨身殿大学士。

[严嵩入阁]

编 秋八月,以礼部尚书严嵩为武英殿大学士,参预机务,仍掌部事。

纪 吏科都给事中沈良材、御史童汉臣等,首论嵩奸污,不当乘君子之器。南京给事中王晔、御史陈绍等,复论嵩并其子世蕃"同恶相济,关通苞苴,动以千百计"。嵩疏辨乞休,上优诏慰留之。

---

① 仪制司:仪制清吏司的简称,礼部下属机构。
② 题覆:皇帝将官员的奏章下发六部商议,六部将处理意见用题本回报皇帝。

编 癸卯,二十二年(1543),春二月,段朝用伏诛。

〔嘉靖宫婢之变〕

编 宫婢杨金英等谋弑帝,伏诛。

纪 上曰:"朕非赖天地鸿恩,遏除宫变,焉有今兹!朕晨起至醮朝天宫七日。"醮之日,白鹤四十余翔空中,群臣贺。

编 夏四月,下给事中周怡狱。

纪 严嵩既入内阁,窃弄威权,内外百执事有所建白,俱先白嵩许诺,然后上闻。于是副封苞苴①,辐辏其户外。大学士翟銮位望先嵩,而势实不竞,遂至不相能。周怡上疏论之,语多侵嵩,疏入,下怡狱。已而銮以二子幸第②,削籍去。

编 秋九月,杀山东巡按御史叶经。

纪 初,经劾严嵩受表柚、惟熜赂,嵩衔之。及经监山东乡试,嵩摘试录中有讽上语,激帝怒,逮之至京,杖阙下死。布政使陈儒以下皆远谪。自是中外益侧目畏嵩矣。

编 甲辰,二十三年(1544),秋八月,以吏部尚书许讚、礼部尚书张璧为文渊阁大学士。

编 冬十月,加秉一真人、礼部尚书陶仲文为少师。

纪 大同边卒获叛人王三,上曰:"叛恶就擒,固义勇之效力,实神鬼有以

---

① 副封:上奏文书的副件。
② 幸第:以不正当的关系或方法中举得第。

默戮之。"遂加仲文为少师,其少傅、少保如故。前此大臣,无兼总三
孤如仲文者①。

编乙巳,二十四年(1545),春三月,以严世蕃为尚宝司少卿。

编秋七月,太庙成,布诏天下。

编冬十一月,许讚削籍去。

〔严嵩计除夏言〕

编十二月,复召夏言入阁。

纪自严嵩入相,同事者多罢去,嵩独相,以太庙工成,加太子太师。后上
　　微闻其横,厌之,于是诏起夏言。言至,尽复其原官,且加少师,位在
　　嵩上。嵩甚恨之。是时,嵩子世蕃为尚宝司少卿②,通赂遗,且代输
　　户转纳钱谷,多所朘(juān)削③。言知之,欲以上闻。嵩惧甚,挈世蕃
　　诣言求哀,言称疾不出。嵩赂其门者,直走言榻下,及世蕃长跪泣谢,
　　言遂置不发。嵩父子愈恨之。

编丁未,二十六年(1547),秋七月,以尚宝司少卿严世蕃为太常寺少卿,
　　仍掌尚宝司事。

纪世蕃纳贿日盛,嵩惮夏言知之,乃疏遣世蕃归。上特命驰驿往还,世
　　蕃益横。

---

① 三孤:少师、少傅、少保的合称。
② 尚宝司:正五品机构,掌宝玺、符牌、印章。
③ 朘削:克扣、削减。

编冬十一月，皇后方氏崩。

编戊申，二十七年(1548)，春正月，夏言罢。

纪严嵩既忌言，都督陆炳亦怨言持己，阴比嵩图之。会都御史曾铣
　　(xiǎn)议复河套，言主之，而嵩则极言其不可，语颇侵言。会澄城山崩
　　裂，又京师大风，上疑言，以套议问嵩，嵩因诋言擅权自用。及退，复
　　上疏劾铣开边启衅，言雷同误国，并自求去甚力。上温旨留嵩，而切
　　责言。于是，吏部尚书闻渊、礼部尚书费案、左都御史屠侨皆谓言误
　　国，上乃命缇骑捕铣至京，因尽夺言师、傅，俾以尚书致仕。

编三月，杀都御史曾铣。

纪铣既被逮，严嵩复令仇鸾讦之。刑部侍郎詹瀚等阿嵩意，谓铣行贿夏
　　言，论斩，弃西市。

编冬十月，杀大学士夏言。

纪先是，言既归，舟至丹阳，复就逮至京。上疏极陈为严嵩所陷，帝不
　　听。刑部尚书喻茂坚等据曾铣律以请，而谓言实当“八议”，所谓“议
　　贵”“议能”者。上怒，责茂坚等阿附言。值居庸报警，嵩复以开衅力
　　持，竟坐与铣交通律，弃西市。言既死，大权悉归嵩矣。

编十二月，谪给事中厉汝进为典史。

纪汝进劾严嵩及其子世蕃奸恶，谪为典史①，寻以大计削籍②。

---

① 典史：县衙门的佐杂官。
② 大计：明代考核外官的制度，三年一次。

编 己酉,二十八年(1549),春二月,以南京吏部尚书张治为文渊阁大学士,国子祭酒李本入阁办事。

编 三月,皇太子薨。

编 冬十月,以夏邦谟为吏部尚书。

编 庚戌,二十九年(1550),夏六月,以仇鸾为宣大总兵。

纪 以重赂严世蕃得之。

[俺答犯边]

编 秋八月,俺答薄都城。谪司业赵贞吉于岭南。

纪 俺答入犯宣府,由蓟州入古北口①,转掠怀柔、顺义,遂逼通州。复自北河东渡②,直薄京师。令人持书入朝,求入贡,言多悖慢③。

上召严嵩及礼部尚书徐阶于西苑,曰:"事势至此,奈何?"嵩曰:"此穷寇乞食耳,毋足患。"上曰:"何以应之?"嵩无以对,乃命阶集群臣议。司业赵贞吉抗言其不可,上壮之,予金五万募战士,而敕中无督战语,不得统摄诸将。因谒嵩,嵩故与贞吉有隙,辞,贞吉怒。会通政赵文华趋入,谓曰:"公休矣,天下事当徐议之。"贞吉愈怒,骂曰:"汝,权门犬,何知天下事?"叱守门者。嵩大恨。

已而贞吉单骑出城,遍谕诸营将,诸将皆感奋。仇鸾统大同军入援,肆掠畿甸,有诏勿问。俺答大掠金帛子女而还,鸾率诸镇兵尾之,俺

---

① 古北口:长城要塞,在今北京密云区。
② 北河:即今永定河。
③ 悖慢:傲慢不逊。

答阨险不得出,乃稍弃余物。从东南行至昌平①,猝与鸾兵遇,纵骑蹂躏,几获鸾,遂循古北口故道出塞。论功,进鸾太保。嵩论贞吉狂诞②,谪戍岭南。

编 杀兵部尚书丁汝夔。

纪 初,俺答薄都城,严嵩授汝夔计,谓:"地近丧师难掩③,当令诸将勿轻战,寇饱自去④。"诸将固怯战,辄相谓曰:"有禁勿战。"故民间归罪汝夔,诏收之。嵩恐露前画,绐曰:"毋虑,吾为若地。"汝夔信之,弗自白。论死,临刑大呼曰:"贼嵩误我!"遂弃市。

编 冬十一月,以易州、昌平州、通州为三辅⑤,置经略大臣。

编 辛亥,三十年(1551),春正月,杖锦衣卫经历沈炼于阙廷。

纪 初,俺答薄都城,求通贡,赵贞吉以为不可,炼在众中申贞吉指不休⑥,吏部尚书夏邦谟目之曰:"何小吏而言若是?"炼曰:"大吏不言,故小吏言之。"已而上疏:"请以万骑护陵寝,万骑护通州军储,而合勤王师,邀击其惰归,必大捷。"时严嵩数寝格边檄(xí)⑦,不以上闻,故炼书奏不报。炼乃抗疏言:"严嵩受国重任,贪婪愚鄙,不闻诹诹(zōu)方略⑧,

---

① 昌平:州名,今北京昌平区。
② 狂诞:狂妄怪诞。
③ 掩:隐瞒。
④ 饱:抢掠满足。
⑤ 易州:治今河北易县。
⑥ 申:宣扬。指:意见,观点。
⑦ 寝格:扣押不允。
⑧ 诹诹:咨询。

治国安边,惟与子世蕃为全家保妻子计,以朝廷之赏罚为己出,故人皆计嵩爱憎,不知朝廷恩威。"因历数其十大罪,请戮之以谢天下。诏以炼诋诬大臣,廷杖之,谪田保安①。

编 三月,大计京官。

纪 严嵩授指吏部,中伤善类甚众。初,刑部郎中徐学诗以劾嵩父子被斥,至是削籍,并黜其兄中书舍人应丰。吏部奏上,上察其枉,留之,然亦不问。

〔仇鸾议与蒙古开边贸〕

编 贬兵部车驾司员外郎杨继盛为狄道县典史②。

纪 仇鸾密遣家丁时义结俺答义子脱脱,使贡马互市。俺答利货币,译书送总督苏祐,祐以闻。鸾与严嵩赞成之,上乃许。继盛上疏,极言其不可。下内阁,嵩等议未决,鸾曰:"竖子不知兵,宜其易之③。"密疏诋继盛阻挠边计。上意遂中变,诏逮继盛下锦衣卫狱,贬狄道县典史。

编 夏四月,开马市于大同。

编 壬子,三十一年(1552),春正月,俺答寇大同。二月,罢马市。三月,以少保、礼部尚书兼翰林院学士徐阶为东阁大学士。

---

① 保安:在今河北怀来县。
② 狄道县:今甘肃临洮县。
③ 易:轻率、轻视。

編 秋七月,俺答寇蓟州,仇鸾伏诛。

纪 俺答寇蓟州,时仇鸾患疽,请舆疾督战①。诏兵部尚书赵锦收鸾大将
　 军印绶,以总兵官陈时代之。鸾闻命,大恚而死。徐阶因奏鸾通敌误
　 国,诏剖棺戮尸,全家斩于市,没其资产。

編 冬十月,谪御史王宗茂为平阳县丞。

纪 宗茂疏论严嵩负国大罪八,上谓其狂率,遂谪。

編 癸丑,三十二年(1553),春正月,日食。

纪 巡按御史赵锦请罢严嵩,以应天变,上怒,命逮锦系锦衣狱,久之,削
　 籍为民。

〔杨继盛弹劾严嵩〕

編 兵部员外郎杨继盛上疏劾严嵩,坐绞,系狱。

纪 初,仇鸾既诛,上思继盛言,自贬所月余迁主事,随迁兵部武选司员
　 外。至是,上疏论严嵩十大罪、五奸,略曰:"方今在外之贼为俺答,在
　 内之贼惟严嵩。贼有内外,攻宜有先后,未有内贼不去而外贼可除
　 者,故臣请诛贼嵩当在剿绝俺答之先。嵩之罪恶,徐学诗、沈炼、王宗
　 茂等论之已详,然皆止言其贪污之小,而未尝发其僭窃之大。去年
　 春,雷久不声,占云:'大臣专政。'夫大臣专政,孰有过于嵩者?又冬,
　 日下有赤色,占云:'下有叛臣。'凡心背君者,皆叛也。夫人臣背君,
　 又孰有过于嵩者?如四方地震,与夫日月交食之变,其灾皆感应贼嵩

---

① 舆疾督战:带病指挥战斗。

之身。乃日侍左右而不觉，上天警告之心，亦恐怠且孤矣。不意陛下
聪明刚断，乃甘受嵩欺，人言不信，虽上天示警，亦不省悟，以至于此。
臣敢以嵩之专政、叛君十大罪，为陛下陈之。

我太祖高皇帝诏罢中书丞相，而立五府、九卿，分理庶政。殿、阁之
臣，惟备顾问、视制草，故载诸《训》有曰：'建言设立丞相者，本人陵
迟，全家处死。'及嵩为辅臣，俨然以丞相自居。挟一人之权，侵百司
之事，凡府部题覆，先面禀而后敢起稿。嵩之直房，百官奔走如市；府
部堂司，嵩指使络绎不绝。一或少违，显祸立见，及至失事，又驾罪于
人。是嵩无丞相之名，而有丞相之权；有丞相之权，而无丞相之责。
坏祖宗之成法，一大罪也。权者，人君所以统御天下之具，不可一日
下移。嵩以票本自任，遂作威福。用一人，即先谓曰：'我荐之也。'罚
一人，则又号于众曰：'此得罪于我，故报之也。'群臣感嵩甚于感陛
下，畏嵩甚于畏陛下。窃君上之大权，二大罪也。人臣善则归君，过
则归己。今陛下苟有一善，嵩必令子世蕃传于人曰：'上故无此意，我
议而成之。'将圣谕及嵩所进揭帖刻板颁行，名曰《嘉靖疏义》，欲使
天下后世，谓陛下所行之善，尽出于彼而后已。掩君上之治功，三大
罪也。陛下之令嵩票本，盖取君逸臣劳之义，嵩何所取？而令子世蕃
代票，又何所取？而约诸义子赵文华等群会而拟。题疏方上，满朝纷
然；既下，若合符契。如锦衣卫经历沈炼劾嵩疏，发大学士李本拟旨，
本即叩之世蕃，乃同赵文华自拟以上，此人所共知也。嵩既以臣而弄
君之权，世蕃复以子而弄父之柄，京师有'大丞相、小丞相'之谣。纵
奸子之僭窃，四大罪也。边事废坏，皆原于功罪赏罚之不明。嵩为辅
臣，欲令孙冒功于两广，故置其表侄欧阳必进为总督，朋奸比党。将

长孙严效忠冒征蛮功奏捷,遂升镇抚。效忠告病,严鹄(hú)袭代,加升锦衣千户。效忠、鹄,皆世蕃豢养乳臭子。冒朝廷之军功,五大罪也。仇鸾总兵甘肃,以贪虐论革,世蕃乃受鸾重贿,荐为大将。后知陛下疑鸾,遂互相诽谤,以掩初迹。是通寇者逆鸾,而受贿引用鸾者,嵩与世蕃也。进不肖,蒙显戮。引悖逆之奸臣,六大罪也。俺答犯内深入,《兵法》:"击其惰归。"嵩乃曰:'京、边不同势,败于边可掩,败于京不可掩。且俺答饱自退耳。'故丁汝夔传令不战。及汝夔临刑,而后知为嵩所绐。误国家之军机,七大罪也。刑部郎中徐学诗以劾嵩、世蕃,革任为民矣,又于考察京官之时,罢其兄中书舍人徐应丰。户科给事中厉汝进以劾嵩、世蕃,降为典史矣,又于考察外官之时,逼吏部削汝进籍。夫考察,巨典也,陛下持之,以激励天下之人心;贼嵩窃之,以中伤天下之善类。乱黜陟之大柄,八大罪也。府、部之权,皆挠于嵩。而吏、兵二部,尤大利所在。将官既纳贿于嵩,不得不剥削乎军士;有司既纳贿于嵩,不得不滥取于百姓。陛下虽累加抚恤,岂足以当嵩残虐之害?臣恐天下之患,不在塞外而在域中。失天下之人心,九大罪也。先朝风俗淳厚,近自逆瑾用事①,始一少变。至嵩为辅臣,守法度者,以为固滞;尚巧猾者,以为通材;励节介者,以为矫激;善奔走者,以为练事。风俗之坏,未有甚于此者。坏天下之风俗,十大罪也。

嵩有十大罪,昭人耳目,以陛下之神圣,而若不知者,盖有五奸以济之。嵩知知陛下之意向者,莫过于左右侍从,厚以贿结之。圣意所爱憎,嵩皆预知,以得遂其逢迎之巧。是陛下之左右,皆嵩之间谍,其奸

---

① 瑾:指刘瑾。

一。通政司①，纳言之官，嵩令义子赵文华为之。凡疏到，必有副本送嵩、世蕃先阅而后进②，早为弥缝③。是陛下之纳言，乃嵩之鹰犬，其奸二。嵩既内外周密，所畏者厂卫之缉访也。嵩则令世蕃笼络厂卫，缔结姻亲。陛下试诘嵩所娶者谁女，立可见矣。是陛下之爪牙，乃嵩之瓜葛，其奸三。厂卫既已亲矣，所畏者，科、道言之也。嵩于进士初选时，非亲知，不得与中书、行人之选；知县、推官，非通贿，不得与给事、御史之列。是陛下之耳目，皆嵩之奴隶，其奸四。科道虽入其牢笼，而部臣如徐学诗之类，亦可惧也。嵩又令子世蕃将各部之有才望者，俱网罗门下。各官少有怨望者，嵩得早为斥逐。是陛下之臣工，多嵩之心腹，其奸五。

夫嵩之十罪，赖此五奸以济之。五奸一破，则十罪立见。陛下何不忍割一贼臣④，顾忍百万苍生之涂炭乎？陛下听臣之言，察嵩之奸。或召问二王⑤，令其面陈嵩恶。或询诸阁臣，谕以勿畏嵩威。重则置之宪典，以正国法；轻则谕令致仕，以全国体。内贼去，而后外贼可除也。"

疏奏，上怒其引用二王，命系锦衣狱，诘讯主使者，继盛曰："尽忠在己，岂必人主使乎？"又问引用二王故，继盛大言曰："奸臣误国，非二王谁不畏嵩者？"狱具，杖百，送刑部。尚书何鳌受嵩意，欲坐以诈传亲王令旨，郎中史朝宾曰："疏中但云二王亦知嵩恶，原无亲王令旨，

① 通政司：负责接受、检查内外奏章和申诉文书的机构。
② 副本：即副封，见上。
③ 弥缝：弥补、缝合，设法遮掩以免暴露。
④ 割：放弃。
⑤ 二王：指嘉靖的二子，裕王、即后来的明穆宗朱载垕，景王朱载圳。

三尺法岂可诬也①！"嵩怒，降朝宾为高邮判官。侍郎王学益助成其说，竟坐绞，系狱。

编三月，以严世蕃为工部左侍郎。

〔倭寇犯浙江〕

编甲寅，三十三年（1554），春正月，倭寇浙江，遣工部侍郎赵文华如浙。

纪倭贼犯浙江，文华请祷海神以杀贼，遂遣如浙。陵轹（h）官吏②，搜括财物，公私苦之。

评倭乱：

　　倭寇侵扰出现于明初，由此明廷海禁出台。明初倭寇以日本浪人、武士为主，嘉靖时有大批中国海盗兼海商加入。海禁事实上加剧了倭患，而倭寇的骚扰劫掠，严重影响了沿海地区居民安全和社会秩序。明廷组织的抗倭军事行动，是保家卫国的正义之举，涌现出戚继光、俞大猷等一批杰出的爱国将领，提升了明廷御敌的军事能力和水平，取得了平息倭乱的成功。此后，隆庆初明廷在福建漳州月港开海，允许民间出洋从事海外贸易。

编秋七月，命驸马都尉邬景和、安平伯方承裕、吏部尚书李默、礼部尚书王用宾、左都督陆炳、吏部左侍郎程文德、礼部左侍郎闵如霖、吏礼右侍郎郭朴、吴山并直西内，撰《玄文》③。

―――――――――

① 三尺法：古代的法律书写在三尺竹简上，故称"三尺法"。
② 陵轹：欺压。轹，车轮碾轧。
③ 玄文：青词之类，敬献给上天的奏章祝文。

纪 景和以不谙玄理,辞免。俄以金币赐玄修诸臣,犹及景和。景和自疏无功,辞,"愿洗心涤虑,效马革裹尸之报"。上怒,曰:"景和故出不祥语,当拟怨讪律。"乃革爵,安置昆山。

编 乙卯,三十四年(1555),春三月,以杨博为兵部尚书。

编 冬十月,杀兵部员外杨继盛。

纪 初,继盛自谪所累迁至武选司员外,常感激思报。妻张氏曰:"公休矣! 一鸾困公几死,今相公嵩父子,百鸾也,公何以报为?"继盛不听,密具疏。疏成,斋三日乃上,遂得罪。

继盛每出朝审,诸内臣士庶夹道拥视,共指曰:"此天下义士。"又指其三木,窃叹曰:"奈何不以此囊嵩头!"司业王材诣嵩曰:"人言籍籍,谓继盛且不免,公不忧万世邪?"嵩曰:"吾行当救之①。"令其子世蕃谋之其党胡植、鄢懋卿。懋卿曰:"此养虎自遗患也。"植亦言不可,嵩意遂决。

先是,倭犯江浙,浙闽总督张经、浙江巡抚李天宠以玩寇殃民,逮至京师,下狱论死。嵩乃以经、天宠疏覆奏,附继盛于尾。上览之,谓江南酿寇遗患,遂下旨行刑。是岁论大辟当刑者凡百余人,诏决九人,而继盛与焉。

将刑,张氏疏言:"臣夫谏阻马市,预伐仇鸾,圣旨薄谪。旋因鸾败,首赐湔(jiān)雪②。一岁四迁,臣夫衔恩图报。误闻市井之言,尚狃书生

---

① 行当:正要。
② 湔雪:昭雪冤狱。

之见①,妄有陈说。荷陛下不即加戮,俾从吏议。杖后入狱,割肉二斤,断筋二条,日夜笼箍,备诸苦楚。年荒家贫,臣纺绩供给。部臣两次请决,俱蒙特宥。今混入张经疏尾,奉旨处决。倘以罪不可赦,乞将臣枭首,以代夫命。夫生一日,必能执戈矛,御魑魅,为疆场效命之鬼,以报陛下。"奏入,为嵩所抑,不得达。盖杀谏臣自此始,由是天下益恶嵩父子矣。

编 丙辰,三十五年(1556),春正月,赵文华自江南还京,擢为工部尚书,加太子太保。

纪 文华与吏部尚书李默构隙,知默与嵩异,疏劾之,摘其部选策题有"汉武征四夷而海内虚耗,唐宪复淮、蔡而晚业不终"为谤讪。上怒,收系狱拷讯,竟死狱中。嵩德文华,遂有是擢。

编 三月,以胡宗宪为兵部右侍郎兼右佥都御史,提督浙闽军务。

编 夏五月,命赵文华以工部尚书兼右副都御史,视师江淮。

编 秋八月,江浙倭寇平。

编 冬十一月,加赵文华少保,胡宗宪右都御史。

编 丁巳,三十六年(1557),夏四月,奉天、华盖、谨身三殿灾。

编 秋八月,进徐阶少傅,李本太子太保。

编 冬十月,严嵩及其子世蕃杀前锦衣卫经历沈炼。

_____

① 狃:因袭,拘泥。

纪 初，炼既编保安，即子身至。里长老问知炼状，咸大喜，遣其子弟从学。炼稍与语忠义大节，乃争为炼骂嵩以快炼，炼亦大喜。尝束刍为偶人三①，目为林甫、桧及嵩而射之②。语稍稍闻，嵩父子衔之。而侍郎杨顺来为总督，故嵩党也。遣其私人经历金绍鲁、指挥罗铠走世蕃，告："炼结死士，击剑习射，将以间而取若父子。"世蕃曰："吾固知之。"即以属巡按御史李凤毛，凤毛谬为谢曰："有之，窃阴已解散其党矣。"凤毛得代归。而御史路楷来，又嵩党也。世蕃为酒寿楷，而使谓顺曰："幸为我除吾疡（yáng）③。"楷至，则与顺合策捕诸白莲教通叛者，窜炼名籍中④，以叛闻。下兵部议，尚书许论不为申理，嵩竟杀之，籍其家。嵩乃予顺一子锦衣千户，楷迁太常卿。顺犹怏怏，曰："丞相犹有所不足乎？"谋之楷，复取炼二子杖杀之，并系其长子襄。顺、楷败，乃得脱。

编 十二月，赵文华罢。

纪 文华既得宠眷，乃稍欲结知帝，不禀严嵩命。一日，密进药酒方，言："授之仙，饮可不死，独臣与嵩知之。"上曰："嵩有是方不奏，乃文华奏我。"嵩闻之，大惧且恨。立召文华，问之曰："若何所献？"对曰："无有。"嵩取疏示之，文华惭，顿首谢罪。嵩怒，不令起，呼左右搜出，令门者毋得为文华通。文华日忧惧，不知所出，从世蕃乞怜，为白夫

---

① 束刍：捆草成束。
② 林甫、桧：指李林甫、秦桧。
③ 疡：疮。暗示沈炼是其心头之疮。
④ 窜：掺杂，混入。

人。夫人以其儿也,怜之,然嵩意终未慊(qiè)也①。又文华初赂世蕃金丝幕一具,其姬二十七人皆宝髻一,世蕃以为薄,恨之。乃为疏草使上,引疾归,帝从之。而是时上方修玄②,以其疏中有病语,怒削其职,子戍边。

编 戊午,三十七年(1558),春三月,给事中吴时来,主事张翀、董传策并上疏,劾严嵩及其子世蕃罪。下狱,廷杖,谪戍岭南。

编 夏四月,浙江总督胡宗宪献白鹿。

编 己未,三十八年(1559),夏五月,杀山西总督侍郎王忬。

纪 严嵩以忬愍(mǐn)杨继盛死,衔之。忬子世贞又从继盛游,为之经纪其丧,吊以诗,嵩因深憾忬。严世蕃尝求古画于忬,忬有临幅类真者以应,世蕃知之,益怒。会俺答犯大同,入潘家口。都御史鄢懋卿乃以嵩意为草,授巡按山西御史方辂,令劾忬。嵩即拟旨,逮系狱。刑部尚书郑晓拟"谪戍"奏上,竟以边吏陷城律,弃市。

编 冬十一月,以朱熹原籍婺源县子孙朱墅世袭五经博士。

编 庚申,三十九年(1560),夏六月,以都御史鄢懋卿总理天下盐运。

纪 懋卿益通贿无虚日。御史林润劾其贪冒五罪,懋卿疏辨,不问。

编 冬十一月,秉一真人、领道教事、少傅、礼部尚书、恭诚伯陶仲文卒。

———————

① 慊:满意。
② 修玄:即修道。

编辛酉，四十年（1561），春正月，万寿宫灾①。

纪命大学士徐阶、工部尚书雷礼兴工重建。

编冬十二月，吏部尚书吴鹏罢。

纪鹏，严嵩党也，御史耿定向劾其六罪，故罢。嵩复荐所亲欧阳必进代
　　之，未久，亦勒归。

编进礼部尚书袁炜太子太保，入阁参预机务。

纪时上渐有疑嵩意，密谕徐阶举堪辅政者，阶密奏曰："人君以论相为
　　职，陛下断自宸衷②，则窥伺阴阻之私自塞矣。"上从之，遂有是命。

编壬戌，四十一年（1562），春三月，万寿宫成。

纪加大学士徐阶少师，任一子③。袁炜少保。严嵩加禄百石而已。

〔严嵩罢官〕

编夏五月，严嵩罢，其子世蕃下诏狱。以御史邹应龙为通政司参议。

纪自徐学诗、王宗茂、杨继盛、沈炼、吴时来、张翀、董传策或死或戍，缙
　　绅皆畏嵩不敢言。至是，徐阶日亲用事，廷臣多知之，未发。
　　御史邹应龙欲具疏。一夕，梦出猎，见一高山，射之不中。东有培塿
　　楼，其下甚壮，楼俯平田，有米草覆其上，一注矢拉然④。醒而悟曰：

① 万寿宫：嘉靖帝斋居之宫。
② 宸衷：帝王的心意。
③ 任：恩荫任子。
④ 拉：折断。

"此小儿东楼之兆也①。"遂上疏劾世蕃,数其通贿赂行诸不法状,乞置于理。因及嵩"植党蔽贤,溺爱恶子"。且曰:"如臣言不实,愿斩臣首悬之藁(gǎo)竿,以谢世蕃父子。"上览之心动,命嵩致仕乘传去,而下世蕃于狱。擢应龙,嘉其敢言。

鄢懋卿等属法司量坐世蕃赃银八百两,拟罪上请。于是,戍世蕃雷州卫,子鹄、鸿及其爪牙罗龙文、牛信等分戍边远卫,家人严年锢狱追赃。年最黠恶②,即士大夫所呼为莘山先生者也。上犹以嵩故,特宥其孙鸿为民。嵩既去,上念之,谕徐阶曰:"严嵩已退,伊子已服罪,敢有再言如邹应龙者,俱斩。"

编 六月,大理卿万寀、刑部侍郎鄢懋卿罢。

纪 御史郑洛劾寀、懋卿及太常少卿万虞龙皆朋比奸赃不职,寀、懋卿罢,虞龙降调。

编 秋九月,三殿成③。

毛海明　评注

万　明　彭　勇　邓闳旸　审定

————————

① 东楼:严世蕃别号。

② 黠:狡猾。

③ 三殿:指重建的奉天、华盖、谨身三大殿。

# 明鉴易知录卷九

　　卷首语:本卷起明世宗嘉靖四十二年(1563),止明神宗万历五年(1577),记载了世宗、穆宗、神宗三朝十五年的史事。世宗末年,擅权二十年的严嵩倒台,严世蕃被处死。海瑞上书抨击嘉靖,被罢官下狱。穆宗在位期间,妥善化解与蒙古的紧张关系,实现了俺答封贡。神宗初年,张居正与太监冯保相结,驱逐高拱。张居正成为首辅,推行改革,发生夺情事件。

# 明　纪

## 世宗肃皇帝

编 癸亥，四十二年（嘉靖四十二年，1563），春三月，以严讷为吏部尚书，李春芳为礼部尚书。

[严世蕃伏诛]

编 夏四月，严世蕃逃归。

纪 世蕃未达雷州，至南雄而返。罗龙文亦逃伍，潜往歙（shè）县，藏匿亡命刺客。一日，被酒大言曰："要当取应龙与徐老头泄此恨。"徐阶闻，厚为备。严嵩久之亦闻，惊曰："儿误我多矣！"

初，阶之入政府也，肩随嵩者且十年，几不敢讲钧礼①。嵩惩夏言祸，亦颇自恭谨，惟世蕃多行无礼。阶既曲忍②，嵩亦不知也。方应龙疏上，阶往谒，慰藉甚。嵩喜，顿首谢，世蕃亦尽出妻子为托。既归，其子密启曰："大人受侮已极，此其时已。"阶伪骂曰："吾非严氏不至此，负心为难，人将不食吾余。"嵩遣所亲探之，语如前。盖阶亦知上犹眷恋，未能即割也③。嵩既去，书问不绝。久之，世蕃亦忘旧事，谓：

---

① 钧：相同、相等。
② 曲忍：曲为隐忍。
③ 割：舍弃。

"徐老不我毒。"鸠(jiū)工大治馆舍①,阴贼弥甚②。

编 甲子,四十三年(1564),秋七月,以谕德张居正充裕王府讲官。

编 冬十月,复逮严世蕃下狱。

纪 先是,御史林润既劾鄢懋卿罢去,知仇在必报。会袁州推官郭谏臣以
公事过严嵩里③,工匠千余方治园亭,其仆为督。谏臣至,箕踞不
起④,役人戏以瓦砾掷谏臣⑤,亦不禁。谏臣遂具揭上之润,润得之,
大喜,乃上疏言:"臣巡视上江,备访江洋盗贼,多入逃军罗龙文之家。
龙文卜筑深山,乘轩衣蟒,有负险不臣之志。推严世蕃为主,事之。
世蕃自罪谪之后,愈肆凶顽,日夜与龙文诽谤朝政,动摇人心。近者
假治第,聚众至四千人,道路汹汹,咸谓变且不测。乞早正刑章,以绝
祸本。"疏入,诏:"以世蕃、龙文即付润,逮捕至京。"润下郭谏臣捕世
蕃,徽州府推官栗祁捕龙文,自驻九江,勒兵以待。

编 乙丑,四十四年(1565),春三月,严嵩削籍,没其家,其子世蕃及罗龙
文伏诛。

纪 初,林润闻命,驰至九江。郭谏臣白监司⑥,尽散其工匠四千人。龙文
走匿世蕃家,捕得之。润因谕袁州府详具严氏诸暴横状,得之。复上
疏,数世蕃父子罪。上怒,诏下法司讯状。已而徐阶具疏以闻,疏中

---

① 鸠工:聚集工匠。
② 阴贼:阴险残忍。
③ 里:故里。严嵩故乡在今江西分宜县。
④ 箕踞:两脚张开,两膝微曲地坐着,傲慢轻视对方。
⑤ 砾:碎石块。
⑥ 监司:指布政使、按察使。

极言:"事已勘实,其交通倭寇,潜谋叛逆,具有显证。请亟正典刑,以泄神人之愤。"上从之,命斩世蕃、龙文于市。二人闻,相抱哭。家人请写遗书谢其父,不能成一字。都人闻之大快,各相约持酒至西市看行刑。已而籍嵩家,得银二百五万五千余两。其珍异充斥,逾于天府。

编 冬十二月,诏万寀、鄢懋卿并充军。

编 严嵩死。

编 丙寅,四十五年(1566),春正月,帝不豫。

纪 先是,方士王金、陶仿、刘文彬、申世文、高守中、陶世恩,伪造诸品仙方,以金石药进御。性燥热,帝服,稍稍火发,不能愈。至是,谕徐阶,欲幸承天,拜显陵,取药服气,阶奏止之。

[海瑞罢官]

编 下户部主事海瑞狱。

纪 瑞上言:"陛下即位初年,敬一箴心,冠履分辨,天下忻忻,谓焕然更始。无何而锐精未久,妄念牵之,谬谓长生可得,一意修玄。土木兴作,二十余年不视朝政,法纪弛矣。数行推广事例,名器滥矣。二王不相见,人以为薄于父子。以猜疑诽谤,戮辱臣下,人以为薄于君臣。乐西苑而不返大内,人以为薄于夫妇。今愚民之言曰:'嘉者,家也;靖者,尽也。'谓民穷财尽,靡有孑遗也。然而内外臣工,修斋、建醮,相率进香;天桃、天药,相率表贺。陛下误为之,群臣误顺之。臣愚谓陛下之误多矣,大端在玄修。夫玄修,所以求长生也,尧、舜、禹、汤、文、武之为君,圣之至也,未能久世不终。下之方外士,亦未见有历汉、唐、宋至今存者。陛下师事陶仲文,仲文则既死矣,仲文不能长生,而陛下独何求之? 至谓天赐仙桃、药丸,怪妄尤甚。桃必采乃得,药必捣乃成,兹无因而至,有胫(jìng)行邪①? 云'天赐之',有手授邪? 然则玄修之无益,可知矣! 陛下玄修多年,靡有一获。左右奸人,揣逆圣意,投桃设药,以谩长生。理之所无,断可见已。陛下诚翻然悟悔,日旦视朝,与辅宰、九卿、侍从、言官,讲求天下利害,洗数十年君道之误,置身尧、舜、禹、汤、文、武之域,使诸臣亦洗心数十年阿君之耻,置身皋、夔、伊、傅、周、召之列。民熙物洽,薰为太和,陛下性中真药也;道与天通,命由我立,陛下性中真寿也。此理之所有,可旋至立效。乃悬思服食不终之饵,凿想遥兴轻举之方,求之终身,不可得已。"疏奏,上大怒,命逮系瑞镇抚狱。

编三月,以礼部尚书高拱为文渊阁大学士。

编冬十二月,帝崩。

纪上疾甚,自西苑还乾清宫,遂崩。大学士徐阶等启请皇子裕王主丧事,宣遗诏曰:"朕奉宗庙四十五年,享国长久,累朝未有。一念惓惓,惟敬天勤民是务。只缘多疾,过求长生,遂致奸人诳惑。自今建言得罪诸臣,存者召用,没者恤录,见监者即释复职。"

编皇子裕王载垕(hòu)即位。

编释刑部主事海瑞于狱,擢为通政使。

———————————

① 胫:小腿。

### 穆宗庄皇帝

编 丁卯,穆宗皇帝隆庆元年(1567),春正月,立妃陈氏为皇后。诏录用先朝建言诸臣。杨继盛、沈炼等并复职、赠荫、谕祭。

编 追赠王守仁为新建侯,谥文成。进高拱少傅、武英殿大学士,谢病归。以礼部尚书陈以勤为文渊阁大学士。

编 二月,以礼部右侍郎张居正为吏部左侍郎兼东阁大学士,直内阁。

编 三月,葬永陵①。方士王金、陶仿、申世文、刘文彬、高守中、陶世恩伏诛。四月,进张居正礼部尚书、武英殿大学士。

编 戊辰,二年(1568),春正月,进大学士张居正少保。

编 进陈以勤太子太师、武英殿大学士。召南京礼部尚书赵贞吉为讲官,掌詹事府。

编 二月,帝耕藉田。

编 三月,立皇子翊钧为皇太子。

编 科臣石星上疏言六事,诏廷杖、削籍。

纪 星上言六事:"一曰养圣躬。长夜之饮,不可不节。二曰勤圣学。经筵久辍,屡请未复。三曰勤视朝。总理万几,周知民隐。四曰速俞允②。

---

① 永陵:明世宗陵墓。
② 俞允:允许,批准。

言涉圣躬者,留中不下。事干内庭者,稽迟不允。五曰广听纳。六曰察谗谮。"疏奏,上怒,命廷杖,削其籍。

编 秋七月,陕西民李良雨化为妇人。

编 冬十月,户部尚书刘体乾罢。

纪 先是,内降户部采买珍珠、金玉等项,尚书高曜(yào)即召商收买应命。及体乾为尚书,抗论"财用阙乏,请停采买"。疏至,文思房不肯收,令赍本吏领回。体乾复令赍往,吏被殴逐。将原本送内阁,未及进呈,忽内降着致仕去。

编 十一月,杖内监李芳,系狱,禁锢之。

纪 芳数以直谏忤旨,同辈亦恨其正直,共短之。上命缇骑杖之,系狱待决。刑部尚书毛恺言:"'刑人于市,与众弃之',非惟死者不冤,亦令生者不犯。李芳供事内廷,罪状未明,莫知所坐。"上曰:"芳无礼,第锢之。"

编 己巳,三年(1569),夏五月,逮御史詹仰庇,杖一百,削籍为民。

纪 仰庇言:"陛下取户部银,尽以供造鳌山,修理宫苑花栏、龙凤①、秋千架、金玉器物之费,使群小因而干没②,为圣德累不小。"上怒,命锦衣卫逮治,杖一百,削籍为民。大学士李春芳等疏救,不听。

编 六月,以海瑞为右佥都御史,总理粮漕,巡抚应天等处。

---

① 据《明穆宗实录》,"龙凤"应作"龙凤船"。
② 干没:侵吞。

编 秋七月，建极殿大学士徐阶致仕。诏起高拱为武英殿大学士。八月，以赵贞吉为文渊阁大学士。

编 庚午，四年（1570），春正月，太子太师陈以勤致仕。

〔俺答封贡〕

编 冬十月，俺答来请盟，通贡市马。

纪 俺答孙把汉那吉率其仆阿力哥等来降，总督王崇古纳之。边吏哗曰："此孤竖无足重轻，宜勿留。"崇古曰："此奇货可居。俺答即急之，因而为市，谕以执送叛人赵全等，我归其孙。若其弗急，则我因而抚之，如汉质子法，使招其故部居近塞。俺答老且死，其子黄台吉势不能尽有其众，然后以居耆（qí）、谷蠡（lù lí）秩置塞外。其与黄台吉构，则两利而俱存之；弗构，则以兵助之。外博兴灭扶危之名，而实收其用。"事闻，廷臣喧然，以为不可，御史叶梦熊争之尤力。上曰："慕义来降，宜加奖励。其以把汉那吉为指挥使，阿力哥为正千户，各赐衣一袭。"俺答妻恐中国杀其孙，日夜怨俺答，俺答亦自悔，遂拥众十万压境。崇古命百户赵崇德往谕以国恩，要其缚叛示信。俺答夫妇感且愧曰："汉乃肯全吾孙，吾且啮（niè）臂盟，世世服属，何有于叛人？"遂定盟，通贡市马。

评隆庆和议：

　　明朝建立后的两百多年，蒙古一直是明廷的边境大患。战争冲突不断，民族关系紧张。嘉靖中期以后的四五十年里，俺答汗接连南犯，侵扰北边。高拱、张居正、王崇古等利用俺答汗家庭的内部矛盾，因势利导，妥善解决事端,双方达成了封贡、互市为主的和议,史称"俺答封贡",即隆庆和议。此后边境安宁,民族关系得到缓和,促进了双方政治、经济的友好往来,明廷也减轻了繁重的军事和财政负担。这种友好往来一直保持到明末,并为清代中央处理与蒙古之间的民族关系,提供了重要的借鉴。

编 十二月,诏进王崇古少保、兵部尚书。

纪 俺答执赵全等来献。崇古遣那吉归,那吉感泣,誓不敢负中国。论功,进崇古少保、兵部尚书,赐蟒玉,世袭锦衣千户。

编 进大学士张居正吏部尚书、少傅,兼建极殿大学士。

编 辛未,五年(1571),春三月,封俺答为顺义王。

编 夏四月,诏小吏得官本土。

纪 高拱言:"国家用人,不得官于本土,此惟有民社之责者然耳①,若仓库、驿递等官,官甚卑,家甚贫,一授远土,或弃官而不能赴,或去任而不能归,其情可怜。近日教官得选本省地方,人以为便,乞照此例。"从之。

编 五月,少师李春芳致仕。秋八月,诏以故礼部左侍郎薛瑄从祀孔子庙庭。以高仪为礼部尚书,掌詹事府。

编 壬申,六年(1572),春正月,进大学士张居正少师,以高仪为文渊阁大学士,以吏部左侍郎吕调阳为礼部尚书。

编 三月,皇太子出阁读书。

---

① 民社:人民和社稷。

编 夏五月,帝崩。

纪 上不豫。己酉,大渐。召阁臣高拱、张居正、高仪至乾清宫受顾命,上倚坐御榻,皇后及皇贵妃咸侍,东宫立于左。上困甚,太监冯保宣顾命曰:"朕嗣统方六年,今疾甚,殆不起,有负先帝付托。东宫幼冲,以属卿等,宜协辅,遵守祖制,则社稷功也。"拱等泣拜而出。翼日,上崩。

编 六月,太子翊钧即位。

纪 时太监冯保方居中用事,矫传大行遗诏云:"阁臣与司礼监同受顾命。"廷臣闻之俱骇。一日,内使传旨至阁,高拱曰:"旨出何人?上冲年,皆若曹所为,吾且逐若曹矣。"内臣还报,保失色,谋逐拱。拱与张居正俱负气不相下,居正乃结保自固。拱虑保专恣,与居正、高仪谋去之。居正阴泄之保,乃与保谋去拱。

〔张居正任首辅〕

编 罢大学士高拱。

纪 是月既望庚午昧爽,拱在直,张居正引疾。召诸大臣于会极门,促居正至,拱以为且逐冯保也。保传皇后、皇贵妃、皇帝旨曰:"告尔内阁、五府、六部诸臣:大行皇帝宾天先一日,召内阁三臣御榻前,同我母子三人,亲受遗属。今大学士高拱,揽权擅政,威福自专,通不许皇帝主管。我母子日夕惊惧。便令回籍闲住,不许停留。"拱即日出朝门,乘一牛车去。而高仪未几亦以病卒,居正褎(xiù)然首辅矣①。

--------

① 褎然:杰出貌。

编 尊皇后曰仁圣皇太后,皇贵妃曰慈圣皇太后。

编 秋八月,帝御经筵。

纪 张居正请开经筵,复请更定常朝日期,御门听政,俱从之。上遂御文华殿,日讲以为常。

编 冬十二月,张居正进《帝鉴图说》。

纪 上见居正捧册进,喜动颜色,遽起立,命左右展册。居正从旁指陈大义,上应如响。因即宣付史馆,赐居正银、币。

一日,上御文华殿讲毕,览至汉文帝劳军细柳事,居正因言:"陛下当留意武备,祖宗以武功定天下,承平日久,武备日弛,不可不及早讲求也。"上称善。

### 神宗显皇帝

编 癸酉,神宗皇帝万历元年(1573),春正月,命成国公朱希忠、大学士张居正知经筵事。

〔王大臣事件〕

编 张居正及冯保谋杀前大学士高拱,未遂而罢。

纪 庚子,早朝,上出乾清宫,见一无须男子,伪作宦者状,袖有佩刀,趋走惶遽,左右执之。冯保立鞫之,曰:"南兵王大臣。""奚自①?"曰:"自总兵戚继光来。"保使密报居正,而居正令附保耳曰:"戚公方握南北

---

① 奚自:从哪里来?

军,禁无妄指,可借以除高氏。"

先是,大臣为戚帅三屯营南兵不遂,流落都下,为人巧捷便佞,一中贵昵之①。至是,令称拱使,改籍武进县,即令厮卒辛儒衣大臣蟒袴,予二剑,剑首饰猫精异宝,送系厂中。入以闻,请究主使人。居正亦上疏如保意,上即付保鞫。保令辛儒屏语大臣曰:"第言高相君怨望,使汝来刺。愿先首免罪,即官汝锦衣,赏千金。不然,重榜掠死矣②。"儒日与大臣狎款③,即令诬拱家人为同谋。

狱具,保飞发五校械拱仆,而居正前疏传中外,口语籍籍,谓且逮拱。居正乃密谋于吏部尚书杨博,博曰:"迫之恐起大狱。抑上神圣英锐,持公平察。高公虽粗暴,天日在上,安得有此?"居正面不怿。左都御史葛守礼语杨博:"过张公,必诤之④。"博曰:"向已告矣。"守礼曰:"舆望属公⑤,谓公能不杀人媚人耳。大狱将起,公奈何以已告为解?"即共诣居正,居正曰:"东厂狱具矣。同谋人至,即疏处之耳。"守礼曰:"愿以百口保高公。"居正默不应,博曰:"愿相公持公议。"居正愤然入内,取厂中揭帖投博曰:"是何与我?"揭帖有居正窜改四字,曰"历历有据",而居正忘之。守礼识居正字,笑而纳诸袖,居正觉,曰:"彼法理不谙,我为易数字耳。"守礼曰:"机密重情,不即上闻,先政府邪?吾两人非谓相公甘心高公,以回天非相公不能。"居正揖谢曰:"何以教我?"博曰:"此须得一有力世家、与国休戚者,乃可委

① 昵:亲近。
② 榜掠:拷打。
③ 狎款:亲近、亲昵。
④ 诤:劝告。
⑤ 舆望:众望。

治。"居正悟,言于上。命冯保与葛守礼、都督朱希孝会审。

希孝诣杨博问计,博曰:"公第使善诇校尉入狱,讯刀剑、口语所从来。杂高家仆稠众中,令别识。且问见高公何所,今在何地,则立辨矣。"希孝如博言,使善诇校尉密询大臣何自来,则来自保所,语尽出保口。校尉即告大臣:"入宫谋逆者,法族,奈何甘此? 若吐实,或免罪。"大臣哭曰:"始绐我主使者罪大辟,自首无恙,官且赏,岂知当实言?"高家仆逮至,希孝杂诸校中,令物色,大臣不辨也。

及会审,风霾、大晦、雨雹。东厂理刑官白一清厉声曰:"天意若此,可不畏乎?"顷之,天稍明,出大臣会问。故事,先杂治①,大臣呼曰:"故许我富贵,何杂治也?"冯保即问曰:"谁主使者?"大臣曰:"尔使我,乃问也?"保气夺,又问:"尔言高相公何也?"曰:"汝教我,我则岂识高相公?"希孝复诘其蟒裤、刀剑,曰:"冯家仆辛儒所予。"保益惧,遂罢审。保密饮大臣生漆酒喑之②,而密以拱行刺事上闻。

有殷内监者,年七十余,奏上曰:"高拱故忠臣,何为有此?"随顾保曰:"高胡子是正直人,张居正故怀忮(zhì)刻③,必杀之,我辈内官,何须助彼?"保大沮。而内监张宏亦力言不可。于是上下刑部拟罪,竟论大臣斩。

拱被居正齮龁(yǐ hé)④,杜门屏居。仕宦中州者,不敢过新郑⑤,率枉

---

① 杂治:会审。
② 喑:哑。
③ 忮刻:褊狭刻薄。
④ 齮龁:毁伤、倾轧。
⑤ 高拱为新郑人。

道他去①。

编 甲戌,二年(1574),春正月,张居正进《讲章》。

纪 居正上《讲章疏》,略曰:"义理必时习而后能悦,学问必温故而后知新。臣谨将今岁所进《讲章》,重复删定,《大学》一册、《虞书》一册、《通鉴》四册,进呈睿览。虽浅近之言,然亦行远登高之一助也。"

编 三月,帝自驾迎仁圣皇太后过大内赏花。

纪 上语辅臣曰:"昨日禁中花盛开,侍母后赏宴甚欢。"盖指慈圣也。张居正奏曰:"仁圣太后处多时寂寞,惟陛下念之。"上即起还宫,白慈圣,自驾往迎仁圣,过大内赏花,传觞欢宴而罢。

编 秋九月,刑部请录囚。

纪 慈圣太后欲停之。上问张居正,对曰:"春生、秋杀,天道之常。陛下即位以来,停刑者再矣。稂莠(láng yǒu)不除②,反害嘉禾;凶恶不去,反害良民。"上为请太后,从之。

编 冬十二月,张居正率大臣上御屏。

纪 屏绘天下疆域及职官姓名,用浮帖,以便更换。上命设于文华殿后,时加省览。

编 乙亥,三年(1575),秋八月,以吏部左侍郎张四维为礼部尚书,入东阁。

---

① 枉道:绕道。
② 稂莠:杂草。

纪 张居正请增阁臣,许之。即日进四维为礼部尚书,入东阁。故事,入
　　阁者,止曰"同某人办事",至是,上手注:"随元辅入阁办事。"四维恂
　　恂若属吏矣①。

编 丙子,四年(1576),春正月,下御史刘台狱,夺职为民。

纪 台劾:"大学士张居正专擅威福,如逐大学士高拱,私赠成国公朱希忠
　　王爵,引用张四维、张瀚为党,斥逐言官余懋学、傅应祯,罔上行私,横
　　黩(dú)无厌。"居正怒甚。见上,辞政,曰:"臣之所处者,危地也。言
　　者以为擅作威福,而臣之所行,正威福也。将巽(xùn)顺以悦下邪?
　　则负国。竭公以事上邪? 无以逃专擅之讥。"伏地不肯起,上下御座,
　　手掖之②,曰:"先生起,朕当责台以谢先生。"诏下台狱,杖一百,远戍
　　之。时议籍籍③,居正不自安,复具疏为解,免杖,夺职为民。然心终
　　恨之,后竟置之死。

编 冬十月,进张居正左柱国、太傅,加伯爵。

纪 敕曰:"先生亲受先朝顾命,辅朕冲年。今四海升平,实赖匡弼。精忠
　　大勋,言不能殚④。惟我祖宗列圣,祐尔子孙,与国咸休。钦哉!"居
　　正固辞伯爵,许之。

编 丁丑,五年(1577),夏五月,诏修慈庆、慈宁两宫,既而罢之。

纪 张居正言:"两宫于万历二年落成,今壮丽如故,足以娱圣母。乃欲坏

————————

① 恂恂:恭谨温顺。
② 掖:搀扶。
③ 籍籍:喧哗纷乱。
④ 殚:尽。

其已成,更加藻饰,非所急也。请辍工。"从之。

编 秋九月,帝谕停刑。

纪 慈圣太后以大婚期近也。张居正上言:"春生、秋杀,天道所以运行;雨露、霜雪,万物因之发育。明王奉若天道,刑赏予夺,皆奉天意以行事。若弃有德而不用,释有罪而不诛,则刑赏失中,惨舒异用矣。且臣近详阅所开诸犯,皆逆天悖理,其所戕(qiāng)害,含冤蓄愤。圣主明王不为一泄,彼以其怨恨冤苦之气郁而不散,或上蒸为妖沴(lì)氛祲(jìn)之变①,下或致凶荒疫疠之疾,则其为害又不止一人一家也。请俟明年吉典告成,然后概免一年。"从之。

编 张居正以父丧欲去位,帝手诏慰留之。

〔张居正夺情遭弹劾〕

编 冬十月,张居正复上疏乞终制,不允。杖谪编修吴中行、检讨赵用贤、刑部员外艾穆、主事沈思孝等。

纪 居正既父丧夺情,吉服视事。中行、用贤、穆、思孝交章劾居正"忘亲贪位",居正大怒。大宗伯马自强曲为营解,居正跪,而以一手撚须曰:"公饶我!公饶我!"掌院学士王锡爵径造丧次为之解②,居正曰:"圣怒不可测。"锡爵曰:"即圣怒,亦为公。"语未讫,居正屈膝于地,举手索刀作刎颈状,曰:"尔杀我!尔杀我!"锡爵大惊趋出。

是月二十二日,中行等四人同时受杖。中行、用贤即日驱出国门,人

---

① 沴、祲:不详、邪恶之气。

② 丧次:停灵治丧的地方。

不敢候视。许文穆方以庶子充日讲,镌玉杯一①,曰:"班班者何②?卞生泪③。英英者何?蔺生气④。追(duī)之琢之⑤,永成器。"以赠中行。镌犀杯一,曰:"文羊一角,其理沉黝⑥。不惜剖心,宁辞碎首。黄流在中,为君子寿。"以赠用贤。

穆、思孝复加镣锁,且禁狱。越三日,始签解发戍,为更惨毒。时邹元标观政刑部,愤甚,视四人杖毕而疏上。越三日,受杖,谪戍贵州都匀卫⑦。

编 罢吏部尚书张瀚。

纪 先是,瀚为南京工部尚书,廷推吏部,瀚名第三,以张居正言,上越次用之。居正以为德,希瀚报。夺情议起,遂邀中旨,属瀚留居正。居正亦自为牍,风之使留己⑧。瀚若不喻其意者,谓:"政府奔丧,当以殊典恤之,宗伯事也,何关吏部?"居正大不悦。于是有诏切责瀚,谓瀚奉谕不复,无人臣礼。瀚拊膺太息曰⑨:"三纲沦矣!"居正益怒,嗾台省劾之,勒令致仕。

编 起复大学士张居正入直内阁。

────────────

① 镌:雕刻。
② 班:通"斑"。
③ 春秋时楚卞和献和氏璧给楚王的故事。
④ 战国时蔺相如完璧归赵的故事。
⑤ 追:雕琢。
⑥ 黝:青黑色。
⑦ 都匀卫:治今贵州都匀市。
⑧ 风:暗示。
⑨ 拊膺:拍胸。

纪 初,居正在丧次,凡阁中事,令吏赍奏就拟处分。手诏称元辅,称太
　师,称先生,皆尽古师臣之礼。至是,上召居正于平台,慰谕甚至①,
　即日入直。


毛海明 评注

万　明　彭　勇　邓闳旸 审定

---

① 甚至:至极。

# 明鉴易知录卷一〇

卷首语：本卷起明神宗万历六年（1578），止万历三十五年（1607），记载了神宗近三十年的史事。柄政十年、推行改革的张居正死后不久被清算。神宗宠爱郑贵妃，迟迟不立太子，引发数十年之久的"国本"之争。万历中后期，为应对战争和土木建设造成的财政危机，神宗派出大量矿监税使。引发社会骚动，冲突不断。

# 明 纪

## 神宗显皇帝

编 戊寅,六年(万历六年,1578),春正月,帝冠。

编 三月,立妃王氏为皇后。

纪 大婚礼成,上两宫徽号。

编 张居正乞归治葬,许之。

纪 居正辞朝,上劳谕之曰:"朕不能舍先生,恐重伤先生怀,是以忍而允
所请。然先生虽行,国事尚宜留心。"乃赐银印,曰"帝赉忠良",令得
密封言事。

编 以礼部尚书马自强为文渊阁大学士,掌詹事府,礼部左侍郎申时行为
东阁大学士①。

编 夏六月,张居正还朝。

纪 上召见于文华西室,问:"沿途所见,稼穑何如?民生何如?边事何
如?"居正对甚悉,上大悦,赐休沐十日②。

编 秋八月,前少师高拱卒,复其官,予祭葬。

---

① 据《明神宗实录》,"礼部左侍郎"应作"吏部左侍郎"。
② 休沐:休假。

编己卯,七年(1579),春二月,帝患疹。

纪慈圣太后命僧于戒坛设法度众。张居正上言:"戒坛奉皇祖之命,禁止至今,以当时僧众数万,恐生变败俗也。今岂宜又开此端?圣躬违豫,惟告谢郊庙社稷,斯名正言顺,神人胥悦①,何必开戒坛而后为福哉?"事遂寝。

〔潘季驯治理黄河〕

编二月,河工成。

纪先是,淮安有水患,河决入淮②。水势不敌,淮扬咸为巨浸,直逼泗州,患近陵寝。上以问张居正,因上言:"故河道都御史潘季驯可使。"乃降玺书,即其家拜都御史,使持节治河,一切假以便宜。久任,帑藏不问出入。诸奉行不及事者,下诏狱鞫治之。于是,当事者日夜焦劳,盖逾年而堤成,转漕无患。

编三月,帝疹愈。

编夏四月,命铸大钱进内库,既而罢之。

纪上以内库缺钱,赏赉不足,命部铸大钱以进。张居正上言:"先朝铸钱呈式,非供上用也。万历二年,进钱一千万,其后岁半之,已非本意。若缺钱铸进,是以外府之储取供内府,大失旧制矣。"上从之,乃罢铸钱。

---

① 胥:都。
② 指黄河决口,改道南流,夺淮河入海。

編 五月,封辽东总兵李成梁为宁远伯。

纪 张居正言:"成梁屡立战功,忠勇为一时冠,加以显秩①,此鼓励将士之法也。"已而成梁使使馈以金,居正曰:"而主以百战得功勋,我受其金,是得罪高皇帝也。"却不受。

編 秋七月,给事中顾九思等请罢浙、直织造内臣,从之。

纪 九思、王道成等以江南水灾,请罢织造内臣孙隆。上语张居正曰:"彼织币且完,当俟来春罢之。"居正曰:"地方多一事,则有一事之扰;宽一分,则受一分之惠。灾地疲民,不堪催督。暂去之,俟稍稔,可复也。"上从之。

編 冬十月,蓟辽总督梁梦龙等击土蛮②,走之。

纪 梦龙报土蛮大举入寇。张居正奏言:"臣谕边臣:'如敌骑入,勿轻战,坚壁清野。野无所掠,彼将自阻。'请令梦龙驻永平,戚继光驻一片石③。伺间邀击。"上善之。既而土蛮以四万骑犯前屯,梁梦龙、李成梁率兵击却之。

編 庚辰,八年(1580),夏五月,纂修《大明会典》。

編 冬十二月,张居正请修累朝《宝训》《实录》进呈。

纪 居正请属儒臣,以累朝《宝训》《实录》,分四十余则:曰创业艰难,曰励精图治,曰勤学,曰敬天,曰法祖,曰保民,曰谨祭祀,曰崇孝敬,曰

---

① 显秩:显赫的官位。
② 蓟辽总督:辖辽东、蓟州、昌平、保定四镇。
③ 一片石:在今河北秦皇岛市东北,近山海关。

端好尚,曰慎起居,曰戒游侠,曰正宫闱,曰教储贰,曰睦宗藩,曰亲贤臣,曰去奸邪,曰纳谏①,曰守法,曰敬戒,曰务实,曰正纪纲,曰审官,曰久任,曰重守令,曰驭近习,曰待外戚,曰重农,曰兴教化,曰明赏罚,曰信诏令,曰谨名分,曰却贡献,曰慎赏赉,曰甘节俭②,曰慎刑狱,曰褒功德,曰屏异端,曰饬武备,曰御寇盗③。仍敕次第进呈,俟明年开讲。其诸司章奏切要者,即讲毕面裁。时上留意翰墨,居正以为笔札小技,非君德治道所系,故有是请。上嘉纳之。

编 辛巳,九年(1581),夏四月,张居正以给事中傅作舟《疏》进览。

纪 居正以作舟《疏》进览,云:"今江北淮、凤及江南苏、松连被灾伤④,民多乏食,至以树皮充饥。或相聚为盗,大有可忧。"上曰:"淮、凤频年告灾,何也?"居正对曰:"此地从来多荒少熟,元末之乱,皆起于此,今当破格赈之。"上曰:"然。"居正又言:"江南、北旱,河南风灾,畿内不雨,势将蠲赈。惟陛下量入为出,加意撙节⑤,如宫费及服御,可减者减之,赏赉可裁者裁之。至若施舍缁黄⑥,不如予吾赤子也。"上然之。

编 冬十一月,加张居正上柱国、太师,支伯爵俸,居正固辞,许之。以宣

---

① 据《明神宗实录》,此下有"曰理财"。
② 据《明神宗实录》,"甘"应作"敦"。
③ 据《明神宗实录》,"寇盗"作"夷狄"。
④ 淮:淮安府,治今江苏淮安市淮安区。凤:凤阳府,治今安徽凤阳县。苏:苏州府,治今江苏苏州市。松:松江府,治今上海市松江区。
⑤ 撙节:节约。
⑥ 缁黄:指僧道。

大巡抚右副都御史吴兑为都御史①,总督蓟辽。

编壬午,十年(1582),春三月,加蓟辽总督都御史吴兑兵部尚书。

编张居正有疾,求私宅票拟,从之。

编夏六月,张居正以疾再乞休,不允。

纪上以细务委张四维,大事即居正家平章②。

编进张居正太师。

编命礼部尚书潘成、吏部左侍郎余有丁入阁办事。

〔张居正卒〕

编大学士张居正卒。

纪上震悼辍朝,遣司礼太监张诚监护丧事,赐赗(fù)甚厚③。两宫太后
　及中宫俱赐金币。赐祭十六坛,赠上柱国,谥文忠。
　居正性深沉机警,多智数。及揽大政,登首辅,慨然有任天下之志。
　劝上力行祖宗法度,上亦悉心听纳。十年来海内肃清,治绩炳然。惜
　其褊(biǎn)衷多忌④,刚愎自用。初入政府,即以私憾废辽王。久直信
　任,奸佞好谀成风。至章疏不敢斥名,第称"元辅"。居正卒,余威尚
　在,言官奏事,尚称"先太师"。方夺情时,威权震主。上虽虚己以听,

———————

① 宣大巡抚:管理宣府、大同两镇兵粮边备事务,辖宣府、大同两镇之地,驻大同镇城。
② 平章:商量处理。
③ 赗:葬资,送给丧家的布帛、钱财等。
④ 褊:狭隘。

而内顾不堪。

初,上在讲筵,读《论语》"色勃如也",误读作"背"字,居正忽从旁厉声曰:"当作'勃'字。"上悚然而惊,同列皆失色。上由此惮之。及居正卒后蒙祸,人比之霍氏之骖乘①。

编 发冯保南京闲住。

编 复吴中行、赵用贤、艾穆、沈思孝、邹元标等官。

纪 时潞王婚礼所需珠宝未备,太后以为言。上曰:"办此不难,年来廷臣无耻,尽献张、冯二家耳。"自此内中"张先生"称谓,绝以为讳。而籍没之举,亦胎于此。

编 冬十一月,以吴兑为兵部尚书,加太子少保。

编 癸未,十一年(1583),春三月,太子少保、兵部尚书吴兑致仕。户部请停买金珠,不报。

〔清算张居正〕

编 甲申,十二年(1584),春正月,诏夺张居正封诰、赠谥,籍其家。其弟居易、子嗣修等,俱远地充军。

纪 御史羊可弘追论居正罪恶,诏夺其官爵、赠谥。复从辽府次妃王氏奏请,籍没其家产。其产不及严嵩二十分之一。株连颇多,荆州骚动②。上曰:"张居正诬蔑亲藩,箝制言官;蔽塞朕聪,专权乱政;罔上

————————

① 汉宣帝畏惧霍光的故事。
② 张居正家在荆州府江陵县。

负恩,谋国不忠。本当斫棺戮尸,念效劳有年,姑免尽法。伊属张居易、张嗣修、张顺、张书,俱令烟瘴地面充军。"有司勘居正家属,其长子敬修不胜刑,自缢死。刑部尚书潘季驯上言:"居正家产,奉旨钞没。国法已正,众愤已平。但其八旬老母衣食不周,子孙死亡相继,殊失罪人不孥之意①。"上乃诏有司保全之。

**评张居正改革:**

　　张居正是明朝著名改革家,也是明朝历史上权势最大的内阁首辅。他的改革顺时应势,旨在舒缓日益紧张的社会矛盾和严峻的财政困境,挽救明朝统治危机。"一条鞭法"的推行,使明朝财政状况好转,改革取得了较为明显的成效,达到了富国强兵的目的。改革提高了行政效率,抑制了土地兼并,减轻了农民负担和束缚,促进了商品货币经济的发展。但因改革损害了部分官僚的利益,遭到激烈的反对。张居正去世后的遭际,标志内阁政治黄金时期的终结,其改革除"一条鞭法"外大多废止,但影响十分深远。

編 冬十二月,以礼部尚书王锡爵为文渊阁大学士,吏部左侍郎王家屏为东阁大学士。四川巡抚雒遵奏采木之害。

編 乙酉,十三年(1585),春正月,起前应天巡抚致仕海瑞为南京吏部右侍郎②。

編 夏五月,大旱。

紀 诏免灾伤地方本年钱粮。

_____

① 罪人不孥:不罪及妻子儿女。孥,妻子、儿女。
② 应天:府名,治今江苏南京市。

编六月,慈宁宫成。

纪宫建于万历二年,极壮丽,以居慈圣皇太后。寻欲改造,因张居正疏谏而止。居正没,乃兴工,费财力巨万。

〔争国本〕

编丙戌,十四年(1586),春正月,皇第三子生,进其母郑氏为贵妃。

编贬户科给事中姜应麟等为典史。

纪应麟、吏部员外郎沈璟上言:"贵妃虽贤,所生为次子。而恭妃诞育元子,主鬯(chàng)承祧(tiāo)①,反令居下。乞收回成命,首进恭妃,次及贵妃。"上怒,谪应麟广昌典史②,璟调外任。上谓阁臣曰:"朕非为册封事责言官,恶彼疑朕立幼废长,故先揣摩上意,置朕于不善之地。我朝建储,自有成宪,朕岂敢以私意坏祖宗之法?"刑部主事孙如法上言:"恭妃诞育元嗣,五年未闻有进封之典,郑氏一生子,即有皇贵妃之封,此天下不能无疑也。"上怒,谪如法朝阳典史③。礼部左侍郎沈鲤请并封恭妃王氏,上谕待元子册立行。

编二月,大学士申时行等上疏请立东宫,不听。

纪时行等疏言:"国本系于元良④,主器莫若长子。汉臣有云:'早建太子,所以尊宗庙、重社稷也。'自万历十年元子诞生,诏告天下,于兹五

① 主鬯:主掌宗庙祭祀。承祧:承继奉祀祖先的宗庙。
② 广昌:县名,今江西广昌县。
③ 据《明神宗实录》,"朝阳"应作"潮阳"。潮阳:县名,今广东汕头市朝阳区。
④ 元良:太子。

年。正名定分,宜在今日。本朝故事,宣宗以宣德三年立英宗为皇太子,时年二岁;宪宗以成化十一年立孝宗为皇太子,时年六岁;孝宗以弘治五年立武宗为皇太子,尚未周一岁也。成宪具存,昭然可考。今元子睿龄渐长,阳德方亨。乞敕下礼部,速具仪注,择吉册立,以慰臣民之望。"上谕:"少俟二三年举行。"

编 三月,以海瑞为南京都察院右都御史。

编 秋七月,南京太常寺卿沈子木上疏,请立建文帝祠祀,不报。

纪 子木疏言:"建文皇帝御宇四年,死葬西山,不得一盂麦饭①,下同庶民。近奉明诏,祀死事诸臣,而建文独不祀,于德意未称。宜敕礼官议立祠祀。"不报。

编 丁亥,十五年(1587),秋八月,南京都察院右都御史海瑞卒。

纪 卒年七十三。赠吏部尚书,谥忠介,加祭二坛。遣行人许子伟护丧至琼州②,葬于滨涯山。瑞卒时,佥都御史王用汲入视,葛帏敝衣③,有寒士所不堪者,叹息泣下。启其箧,仅十余金。士大夫为具敛。百姓哭之,罢市者数日。丧出江上,白衣冠送者,两岸无隙地;箪食壶浆之祭,数百里不绝。

编 戊子,十六年(1588),春正月,命停讲《贞观政要》。

纪 上览《贞观政要》,谓辅臣曰:"唐太宗多有惭德④,魏徵大节有亏,宜

---

① 一盂:一碗。
② 琼州:府名,治今海南海口市。海瑞为琼州府琼山县人。
③ 葛帏:下等材料制作的帷帐。葛,葛布。帏,帐子。
④ 惭德:道德上有缺失。

停讲,自后讲《礼记》。"

编 三月,国子监司业王祖嫡请复建文年号,从之。

编 己丑,十七年(1589),春三月,灵山吏目孙一谦卒①。

纪 南京司狱孙一谦,麻城人。旧例,重囚米日一升,率为狱卒盗去,又散时强弱不均,多有不得食者。又囚初入狱,不得钱,则驱之湿秽地。一谦一切严禁,手一秤,秤米计饭,按籍以次分给甚均。囚衣敝,为浣濯补葺②。终其官,囚无冻饿陵虐死者。兵部侍郎王用汲闻之,叹异,欲为之地,而一谦已满考,转灵山吏目去矣。一谦不之官,径归。未几,卒。

编 房山人史锦请开矿,命下抚按。

编 庚寅,十八年(1590),春正月朔,帝御毓德宫,召阁臣申时行等入见。

纪 大学士申时行、许国、王锡爵、王家屏至西室。御榻东向,时行等西向跪。贺朔毕,进曰:"臣等久不瞻仰天颜,诸事未能面陈。今幸蒙召见,敢不倾吐?近来圣体常欲摄静③,但一月间或三四次临朝,亦足慰群情之望。"上曰:"朕疾虽愈,行立不便。"时行请册立东宫,上曰:"朕无嫡子,长幼自有定序。郑妃亦再三陈请,恐外廷有疑。但长子孱弱,俟其强健耳。"时行等言:"皇长子年已九龄,宜出阁读书,及时训教,乃能成德。"上曰:"朕知之。"命司礼监召皇长子、皇第三子至。

---

① 灵山:县名,今广西灵山县。
② 葺:修。
③ 摄静:静养。

上手引皇长子,向明端立。时行等注视良久,因言:"有此美玉,何不早加琢磨,使之成器?"上复曰:"朕知之。"时行等乃出。

编 冬十月,两京九卿、科道交章请立东宫①,诏切责之。

纪 群臣合辞请立太子。郑贵妃弟国泰特疏恳请,上谕曰:"皇子体弱,稍俟年月。长幼之序,岂有摇动? 郑妃尝请定名分以免疑议,朕前已面谕卿等知之,今又来陈奏。朕不喜激聒(guō)②,且看十四年至今,未有一日之不激聒者。此辈心怀无父,志欲求荣,顾于此时激朕加疾,离间父子,以成己卖直图报之逆志耳。子乃朕子,岂肯越序更置? 为臣者以言激之,其求荣乎? 欲朕之疾剧乎? 我朝戚臣不敢干预国事,郑国泰出位妄奏,姑免罪。"

编 十一月,改谥故少保于谦曰忠肃。

编 辛卯,十九年(1591),春正月,阁臣进累朝《宝训》《实录》。

纪 加恩申时行太师、许国少师、王锡爵少傅、王家屏太子少保。

编 冬十月,大学士许国等合疏请建东宫。杖中书黄正宾,削给事中罗大纮籍。

纪 先是,建储事既奉上旨,申时行与同官约,遵守稍需一岁。每诸司接见,亦以此告之,故是年自春及秋,曾无言及者。至是,工部主事张有德请备东宫仪仗,时行方在告,许国乃曰:"小臣尚以建储请,吾辈不

---

① 科道:明代御史和给事中的合称。
② 激聒:吵闹、烦扰。

一言可乎?"仓卒具疏,首列时行名以上。时行闻之大愕,别具揭云①:"臣已在告,同官疏列臣名,臣不知也。"故事,阁臣密揭皆留中,而是揭与诸疏同发。礼科罗大纮遂上疏,论时行迎合上意以固位,武英中书黄正宾继之②。上怒,杖正宾,削大纮籍。

編 十二月,以礼部尚书赵志皋、吏部左侍郎张位并为东阁大学士。

編 壬辰,二十年(1592),春正月,礼科都给事李献可疏请皇长子出阁读书,削籍为民。

紀 献可既削籍,大学士王家屏具揭申救,封还御批。上怒,家屏乞归,许之。吏部主事顾宪成、章嘉祯等言:"家屏忠爱,不宜废置,请召还。"上怒,宪成削籍,嘉祯谪罗定州州判③。

編 癸巳,二十一年(1593),春正月,大学士王锡爵密疏请建东宫,不允。

紀 锡爵上言:"前者册典垂行,而辄为小臣激聒所阻。陛下亲发大信,定以二十一年举行,于是群嚣寂然④。盖皆知成命在上,有所恃而无虞也。倘春令过期,外廷之臣必曰:'昔以激聒而改迟,今复何名而又缓?'伏乞降谕举行,使盛美皆归之独断,而天功无与于人谋。"上报云:"朕虽有今春册立之旨,昨读《皇明祖训》,'立嫡不立庶'。皇后年尚少,倘复有出,是二储也。今将三皇子并封王,数年后皇后无出,再行册立。"锡爵复疏曰:"昔汉明帝取宫人贾氏子,命马皇后养之;唐

①揭:揭帖的简称。揭帖是明代内阁直达皇帝的一种机密文件。

②武英中书:值武英殿、中书舍人。

③罗定州:治今广东罗定市。

④群嚣:宵小之徒。

玄宗取杨良媛子,命王皇后养之;宋真宗刘皇后取李宸妃之子为子。与其旷日持久,待将来未定之天,孰若酌古准今,成目下两全之美?臣谨遵谕,并拟传帖二道,以思采择①。然尚望陛下三思臣言,俯从后议,以全恩义,服人心。"上竟用前谕。

编 冬十一月,诏皇长子、皇三子同行出阁礼。

纪 上御暖阁,召辅臣王锡爵,锡爵叩头力请建储,上允明年出阁听讲。

寻又传谕,皇长子、皇三子龄岁相等,欲一并行出阁礼。锡爵复奏:"陛下有子而均爱之,固慈父一体之念。然自外廷而观,皇长子明年十三岁,皇三子明年九岁,大抵皇子生十岁而入学,以皇长子之太迟,形皇三子之太早。先后缓急之间,一不慎,而圣心又晦矣②。"

编 甲午,二十二年(1594),春二月,皇长子出阁讲学。

纪 礼部侍郎冯琦进仪注,上以未册立,免侍卫仪仗。

编 夏五月,吏部尚书陈有年罢,以孙丕扬为吏部尚书。

编 大学士王锡爵致仕。

编 以沈一贯、陈于陛并为礼部尚书兼东阁大学士,直文渊阁。

〔东林党、浙党兴起〕

编 谪文选司郎中顾宪成,复削籍。

---

① 据《明史纪事本末》,"思"应作"凭"。
② 晦:晦暗,不明。

[纪] 先是，宪成以请召还王家屏削籍，寻起为吏部文选郎。至是，复以言事被谪。给事中卢明陬、逯中立先后疏救，上益怒，宪成削籍，谪明陬、中立按察司知事。礼部郎中何乔远奏救宪成，谪广西布政司经历。

初，申时行性宽平，所斥必旋加拔擢。沈一贯既入相，以才自许，不为人下。宪成既谪归，讲学于东林①，故杨时书院也②。孙丕扬、邹元标、赵南星之流，謇(jiǎn)谔自负③，与政府每相持④。附一贯者，科道亦有人。而宪成讲学，天下趋之。一贯持权求胜，受黜者身去而名益高。此东林、浙党所自始也。其后更相倾轧，垂五十年。

[编] 乙未二十三年(1595)，秋七月，巡按直隶御史赵文炳劾吏部文选郎中蒋时馨罪，时馨削籍。

[纪] 文炳劾时馨幸进鬻爵。下廷议，孙丕扬代时馨辨。时馨削籍。时馨贪黩，初知新喻⑤，调嘉鱼⑥，迁南京大理寺评事。故为敝衣冠，从邹元标讲学，历考功、文选二司。及被劾，请廷质，且曰："戎政、兵部左侍郎沈思孝⑦，庇浙江海道丁此吕避察不得，又求少宰不得⑧，遂同谕德刘应秋、大理右少卿江东之等，诋光禄寺卿李三才授赵文炳，冀陷

① 东林：东林书院，在今江苏无锡市东。
② 杨时：宋名儒，程颐弟子。
③ 謇谔：正直敢言。
④ 相持：争执、对立。
⑤ 新喻：县名，今江西新余市渝水区。
⑥ 嘉鱼：县名，今湖北嘉鱼县。
⑦ 戎政：协理京营戎政的简称，统辖五军、神枢和神机三大营。
⑧ 少宰：指吏部侍郎。

太宰而代之①。"上怒其渎辨②,逮故浙江海道丁此吕。蒋时馨既斥,
丕扬谓衅由此吕,思孝以此吕建言,不宜察。丕扬遂上此吕访单③,贪
婪赃迹,虽建言,无幸脱理。命逮下狱。丕扬遂与思孝交恶矣。

编 丙申,二十四年(1596),秋八月,大学士张位乞罢,不许。

纪 时孙丕扬乞休,疏二十上,言:"权官坐谋,鹰犬效力,义难再留。"以位
　　党丁此吕、沈思孝也。上责丕扬无大臣体,宜协恭④,毋相牴牾。

编 闰月,吏部尚书孙丕扬、右都御史兼兵部侍郎沈思孝罢。


〔矿监税使遍天下〕

编 府军前卫副千户仲春请开矿助大工,从之。

纪 命户部、锦衣卫各一,同仲春开采。给事中程绍工、杨应文言:"嘉靖
　　三十五年七月⑤,命采矿,自十月至三十六年,委官四十余,防兵千一
　　百八十人,约费三万余金,得矿银二万八千五百,得不偿失。"不报。

编 命户部郎中戴绍科、锦衣佥事杨宗吾开矿汝南。

编 九月⑥,詹事府录事曾长庆、锦衣卫百户吴应骐请山西夏邑开矿⑦,府

---

① 太宰:指吏部尚书。
② 渎:烦琐,一再。
③ 访单:吏部考察官吏时,咨询公论作为评定参考。
④ 协恭:勤勉合作。
⑤ 据《明史纪事本末》,"三十五年"应作"二十五年"。
⑥ 据《明史纪事本末》,"九月"应作"八月"。
⑦ 夏邑:即夏县,今山西夏县。

军后卫指挥王中允请青、沂等开矿①,从之。

编 编富民为矿头。

编 冬十二月,遣太监张忠往山西、曹金往两浙、赵钦往陕西,各开矿。

纪 先是,奸人王君锡奏开易州矿,下户部议。尚书林材上言:"山治之害,小则争掠,大则啸聚,盗之囮(é)②、寇之薮(sǒu)也③。"遂逐君锡。及张位秉政,以为:"利出于天地之自然,可益国,无病民,采之便。"上遂从其言。矿使之害,几遍天下。

编 丁酉,二十五年(1597),春正月,御史况上进、给事中杨应文上言建昌采木之害④,不报。

纪 上进、应文上言:"建昌采木人夫渡泸⑤,触瘴死者被野。吏胥假公行私,毒流百姓。"不报。

编 二月,给督征天津等处店租内官关防。

编 夏四月,刑部侍郎吕坤上疏请收人心,不报。

纪 坤言:"洮(táo)、兰之绒⑥,山西之䌷(chóu),浙、直之段、绢,积于无用。若服有定制,岁用千匹,而江南、山、陕之人心收。采木之害,饥渴瘴疫,死者无论。一木初仆,千夫难移,遭险蹉跌,死常百人。倘减其尺

---

① 青:青州府,治今山东青州市。沂:沂州,治今山东临沂市。
② 囮:囮子,捕鸟时用来引诱其同类的鸟。
③ 薮:人、物聚集的地方。
④ 建昌:建昌卫军民指挥使司,治今四川西昌市。
⑤ 泸:泸水,今四川西昌市西雅砻江。
⑥ 洮:洮州卫军民指挥使司,治今甘肃临潭县。兰:兰州。

寸,少其数目,而川贵、湖广之人心收。矿税无利,勒民间纳银,民不能支,括库银代,岂开矿之初意哉?诚敕各省使臣,严禁散砂,不许借解,而各省之人心收。自赵承勋进获利之说而皇店开,朝廷有内官之遣而事权重。且冯保八店,为屋几何?而岁四千金,不夺市民,将安取乎?诚撤各店之内官,而畿内之人心收。"不报。

编 戊戌,二十六年(1598),夏五月,吏科给事戴士衡、全椒知县樊玉衡削籍、谪戍①。

纪 先是,吕坤为山西按察,辑《闺范图志》,郑国泰重刻之,增刊《后妃》,首汉明德皇后②,终郑贵妃。戴士衡指其书上言,谓:"吕坤逢迎掖庭,语侵贵妃。"樊玉衡前疏《皇长子册立》中,亦有"皇上不慈,皇长子不孝,皇贵妃不智"等语。贵妃闻之,泣诉于上。二臣谪戍。

编 六月,命内监李敬采珠广东。

编 秋七月,户科给事包见捷上疏谏开矿,不报。

纪 见捷上言开矿之害:"陛下谓徒取诸山泽,在矿使实夺取之闾阎。捶击入山者十二载,虎狼出柙(xiá)者半天下③。"科臣赵完璧、郝敬,道臣许闻造、姚思仁,交章言之,不报。

编 夺保定巡抚李盛春等俸。

纪 以天津店税银解进迟延,故罚。

———————————

① 全椒:县名,今安徽全椒县。
② 汉明德皇后:汉明帝马皇后。
③ 柙:兽笼。

编 冬十月，下云南大理采石。

编 己亥，二十七年（1599），春正月，分遣御马监高寀榷京口、供用库官暨禄榷仪真。

编 二月，百户张宗仁请复浙江市舶，命太监刘成榷税浙江。

编 千户陈保请榷珠，命内监李凤采珠广州，兼征市舶司税课。设福建市舶司。

编 夏五月，以光禄寺卿李三才为都察院右佥都御史，巡抚凤阳。

编 谪户科给事包见捷为贵州布政司都事。

纪 见捷疏论矿、店滋蔓；又疏论临清税使扰民①，必致生变；又疏辽左阽（diàn）危②，矿市为患尤烈。一月三疏，指数内使切直，时论韪之③。谪贵州布政司都事。未几，临清百姓变，殴税使马堂几死。见捷言若左券④。

编 秋八月，逮荆州府推官华钰，贬荆州知府李商耕、荆门知州高则巽等。

纪 以税监陈奉诬劾也。初，奉由武昌抵荆州，商民鼓噪者数千人，飞砖击石，势莫可御。道、府诸臣，身犯其冲，殚力防护，独华钰以公事至夷陵⑤。奉疑之，又恶其禁革差官冠带⑥，阻截司役书算⑦，故受诬尤

① 临清：州名，治今山东临清市。
② 阽危：危险。
③ 韪：是、肯定。
④ 左券：古代称契约为券，竹制，左右两片，左片叫左券，为索取偿还的凭证。
⑤ 夷陵：州名，治今湖北宜昌市。
⑥ 禁革：禁止、革除。
⑦ 书算：书写、会计吏员。

烈。又税课襄阳,商人聚徒鼓噪,李商耕治其参随。开镇荆门,增设税课,而荆门故非巨镇,往来商船颇少,诬知州高则巽阻挠。俱降调。

编 九月,户部进大珠、龙涎香。

编 庚子,二十八年(1600),春正月,大学士沈一贯请皇长子冠婚,不报。

编 二月,命太监暨禄兼征凤阳、安庆、徽、庐、常、镇税①。内监鲁坤开彰德、卫辉、怀庆、开封等矿洞②。

〔李三才论矿税之害〕

编 凤阳巡抚李三才上疏请停矿税,不报。

纪 三才疏言:"自矿税繁兴,万民失业。陛下为斯民主,不惟不衣之,且并其衣而夺之;不惟不食之,且并其食而夺之。征榷之使,急于星火;搜括之令,密如牛毛。今日某矿得银若干,明日又加银若干;今日某处税若干,明日又加税若干。今日某官阻挠矿税拏(ná)解③,明日某官怠玩矿税罢职。上下相争,惟利是闻。如臣境内,抽税,徐州则陈增,仪真则暨禄;理盐,扬州则鲁保;芦政,沿江则邢隆。千里之区,中使四布。加以无赖亡命,附翼虎狼。如中书程守训尤为无忌,假旨诈财,动以万数。昨运同陶允明自楚来,云彼中内使'沿途掘坟,得财方止'。圣心安乎? 不安乎? 且一人之心,千万人之心也,陛下爱珠玉,人亦爱温饱;陛下爱万世,人亦恋妻孥。奈何陛下欲黄金高于北斗,

①庐:庐州府,治今安徽合肥市。
②彰德:府名,治今河南安阳市。怀庆:府名,治今河南沁阳市。
③拏:同"拿"。

而不使百姓有糠粃升斗之储？陛下欲为子孙千万年，而不使百姓有
一朝一夕？试观往籍，朝廷有如此政令，天下有如此景象，而不乱者
哉？"不报。

编 秋七月，巡按御史王立贤奏税监陈奉贪暴激变，不报。

纪 时陈奉道承天之金花滩，勒居民黄金，拷及妇人，并拘钟祥知县邹尧
弼，远近大震。

编 八月，命内监丘乘云往征四川成都、龙安盐茶①，重庆、马湖名木②。

编 冬十月，谕内阁来春册储。下工科都给事王德完锦衣狱。

纪 德完上言："臣入京数月，道路相传，中宫役使止数人，忧郁致疾，阽危
不保。臣窃谓不然，第臣得风闻言事，若如所传，则宗社隐忧。臣羡
袁盎却坐之事③，祈陛下眷顾中宫，止辇虚受④，臣死且不朽。"上怒，
下锦衣卫狱，讯其由。吏部尚书李戴、御史周盘等论救，俱切责之。

〔激发民变〕

编 辛丑，二十九年（1601），春三月，武昌民变，逐陈奉。谪知府王禹声、
知县邹尧弼为民。

纪 武昌民逐奉，奉列兵杀二人，匿楚府中。命甲骑三百余，射死数人，伤
二十余人。奉逾月不敢出，众执奉左右六人，投之江。奉自焚公署

① 龙安：府名，治今四川平武县。
② 马湖：府名，治今四川屏山县。
③ 西汉时袁盎以尊卑有序，阻止受宠夫人和汉文帝同坐。
④ 汉文帝每朝，都止辇接受上书。

门。事闻,谪禹声、尧弼为民。沈一贯论奉激变,不报。

编 夏四月,督理直隶、仪真等税御马监暨禄疏请宽恤。

纪 禄言:"臣征庐、凤、徽、安遗税,并沿江船税,各抚、按皆云:'重叠不敷,题请宽处。'臣未敢凭。二项共二十万金,今征不满万,始信抚、按为可据,而原奏人无凭也。乞轸(zhěn)念民瘼(mò)①,以实征解上,毋拘原奏人揣摩之数。"上从之。时榷使苛暴,独暨禄请宽恤,凡五上。

编 六月,杀苏州乱民葛成。

纪 太监孙隆采税浙、直,驻苏州,激变市人,杀其参随黄建节等数人。抚、按诘乱民,有葛成独引服,不及其余,下狱论死。

编 秋七月,大学士赵志皋卒。

编 九月,以礼部尚书兼翰林院学士沈鲤、朱赓兼东阁大学士,直文渊阁。

编 冬十月,立皇长子常洛为皇太子。

纪 先是,沈一贯上言:"陛下大婚及时,故得圣子早。今皇长子大礼,必备其仪,推念真情,不如早谐伉俪。陛下孝奉圣母,朝夕起居,不如早遂含饴弄曾孙之为乐。乞令先皇长子大礼,明春后递举诸皇子礼。子复生子,孙复生孙,坐见本支之盛,享令名、集完福矣。"上心动,谕即日行之。至是,上以典礼未备,欲改期册立。一贯封还圣谕,力言不可。上从之,乃立皇长子为皇太子,暨封福王、瑞王、惠王、桂王,诏告天下。

___

① 轸念:痛怀。瘼:病,疾苦。

编 皇太子冠,福、瑞诸王俱冠。

编 壬寅,三十年(1602),春正月,增东宫官属。

编 二月,册皇太子妃郭氏。

纪 上偶不豫,免贺,急召沈一贯入,谕以勉辅太子,并及罢矿税、起废、释
禁诸事。翌日,上安,诸事遂寝。停税谕已出,上悔,急令追之。太监
田义谏曰:"谕已颁行,不可反汗①。"上怒,几欲手刃义,义不为动。
一贯恐,亟缴前谕,义唾之。始,吏部尚书李戴、左都御史温纯约即日
奉行,且颁天下。刑部谓弛狱须再请。亡何,而旨格矣②。

编 夏五月,礼部侍郎冯琦上言矿税之害,不报。

纪 饶州景德镇民变③,税监潘相舍人激之也。相诬劾通判陈奇,逮下狱。
云南税监杨荣肆虐激变,滇人不胜愤,火厂房,杀委官张安民。冯琦
疏言:"矿税之害,滇以张安民故,火厂房矣;粤以李凤酿祸,欲刲(zì)
刃其腹矣④;陕以委官迫死县令,民汹汹不安矣;两淮以激变地方,劫
毁官舍钱粮矣;辽左以余东翥(zhù)故,碎尸抄家矣。土崩瓦解,乱在
旦夕,皇上能无动心乎?"不报。
应天大风,拔富家树成穴。鲁保诬以盗矿,府尹徐申力白富家冤,而
盛言帝京王气不可凿,保不能夺。

编 秋九月,诏授扬州富民吴时修子弟各中书舍人。

---

① 反汗:食言,不能兑现承诺。
② 格:阻止、搁置。
③ 饶州:治今江西鄱阳县。
④ 刲刃:用刀剑刺人。刲,插。

纪 以时修献银十四万两也。

编 癸卯，三十一年（1603），夏四月，楚王华奎与宗人华越（dǐ）等相讦，章下礼部。

纪 初，楚恭王隆庆初废疾薨，遗腹宫人胡氏，双生子华奎、华璧。或云内官郭纶以王妃族人如绋（fú）奴产子寿儿，及弟如言妾尤金梅所出并入宫，长为华奎，次华璧。仪宾汪若泉尝讦奏①，事下抚、按，王妃坚持之，乃寝。华奎既嗣楚，华璧封宣化王。华越素强御，忤王，越妻又如言女，知其详。越遂盟宗人二十九人入奏："楚先王风痹②，不能御内，乃令宫婢胡氏诈为身③。临蓐时④，抱妃兄王如言子为华奎，又抱妃族王如绋舍人王玉子为华璧。皆出于妻王氏口，王氏，如言女，故知之。二孽（niè）皆不宜冒爵。"章入，通政司沈子木持未上，楚王劾宗人疏亦至。事下礼部，右侍郎郭正域曰："王奏华越事易竟，华越奏王非恭王子，乱皇家世系，事难竟。楚王袭封二十年，何至今始发？而又发于女子骨肉之间。王论华越一人，而二十九人同攻王，果有真见出真情否？王假，则华越当别论；王真，则华越罪不胜诛。"沈一贯以亲王不当勘，但当体访，正域曰："正域，江夏人，一有偏徇⑤，祸且不测。非勘，则楚王迹不白，各宗罪不定。"

时正域右宗人，而辅臣沈鲤又右正域。户部尚书赵世卿、仓场尚书谢

---

① 仪宾：宗人府仪宾，是明朝郡主、县主、郡君、县君、乡君夫婿的封号。
② 风痹：中医学指风、寒、湿症。
③ 诈为身：假装怀孕。
④ 临蓐：临产。
⑤ 偏徇：偏私曲从。

杰、祭酒黄汝良,皆谓王非假。一时阁、部互相龃龉(jǔ yǔ)①。给事中姚文蔚劾郭正域"故王护卫中人,修怨谋陷王"。都察院左都御史温纯劾御史于永清、姚文蔚,刺及沈一贯。刑科都给事中杨应文、给事中钱梦皋各劾郭正域,梦皋并及沈鲤。上卒以王为真,而正域罢去。寻楚府东安王英爧、武冈王华增、江夏王华煊等请复勘假王,不听。时票楚事皆朱赓,二沈引嫌不出。

[妖书事件]

编 冬十一月,妖书事起,命锦衣严鞫之。曒(jiǎo)生光自诬服,事得解。

纪 时有飞语,曰《续忧危竑议》②,凡三百余言,谓:"东宫不得已立之,而从官不备,寓后日改易之意。其特用朱赓,赓者,更也。内外官附赓者,文则戎政尚书王世扬、巡抚孙玮、总督李汶、御史张养志;武则锦衣都督王之祯、都督金事陈汝忠,锦衣千户王名世、王承恩,锦衣指挥金事郑国贤;又有陈矩,朝夕帝前以为之主。沈一贯右郑左王,规福避祸,他日必有靖难勤王之事。吏科都给事中项应祥撰,四川道监察御史乔应甲刊。"其书一夕间自宫门迄于衢巷皆遍。厥明③,举朝失色,莫敢言。朱赓得于私宅,以闻。上大怒,令厂、卫搜缉,务得造书主名,责项应祥、乔应甲回奏。

沈一贯请严迹之。或曰:"妖书似出清流之口,将以倾沈一贯者。"或曰:"此奸人作之,以陷郭正域。"正域时有清流领袖之目,见忌一贯。

---

① 龃龉:意见不和。
② 万历二十六年,《忧危竑议》出,载历代嫡庶废立故事。此时出现续作。
③ 厥明:明日,第二天。

已,乔应甲、项应祥各回奏"奸书谤人,无自名理",不问。上召皇太子慰安之,太子泣,上亦泣。随令内竖以慰安太子语谕内阁。

时一贯方以楚宗事恨郭正域。正域,沈鲤门生也。鲤闻告密,语人曰:"此事何必张皇也?"一贯大不怿。

正域放归,待冻潞河之杨村,闻问不绝,一贯益侧目。给事钱梦皋直指正域,并及沈鲤,御史康丕扬佐之。于是发卒围正域舟,捕其仆隶乳媪十三人。陈汝忠又获正域舍人毛尚文、江夏布衣王忠。康丕扬捕高僧达观、琴士钟澄、百户刘相、医人沈令誉。下狱,考讯无所得。逻校且环逼鲤第,迫胁不堪。皇太子遣内监语阁臣曰:"先生辈容我,乞全郭侍郎。"会都察院温纯上书讼之,陈矩亦力持之,鲤得安。

上命锦衣严鞫妖书,一贯、朱赓请宽疑狱。最后,锦衣百户崔德绪顺天黜生皦生光鞫之①。生光性险贼,善胁人金,坐谴戍大同。赦归,终不悛,犹胁郑国泰家。方廷讯时,丕扬等皆欲坐郭正域,御史牛应元指天为誓,御史沈裕厉声折生光,从重论,恐株连多人,无所归狱。生光自诬服,叹曰:"朝廷得我结案,如一移口②,诸君何处求生活乎?"刑部尚书萧大亨必欲穷究之。礼部侍郎李廷机、赵世卿告赓,谓即此可以具狱。赓以语一贯,事得稍解。

编　甲辰,三十二年(1604),夏四月,皦生光磔于市。

纪　提督东厂司礼太监陈矩上妖书狱,移皦生光刑部论斩。上欲加等,以谋危社稷律论磔。矩素清直,妖书事保全善类为多。生光磔于市,妻

---

① 顺天:府名,治今北京市。
② 移口:翻供。

子戍边。妖书非生光也,第其人可死,故人不甚怜之。或谓妖书出武
英殿中书舍人永嘉赵士祯,后士祯疾笃①,自言之,肉碎落如磔。

编 秋八月,户部尚书赵世卿上疏请停矿税,不报。

纪 时大雨,都城奔坏②。世卿上言:"苍生糜烂已极,天心示警可畏。矿
税貂珰掘坟墓③,奸子女,陛下尝曰:'朕心仁爱,自有停止之日。'今
将索元元于'枯鱼之肆'矣④。"不报。

编 乙巳,三十三年(1605),春正月,考察京官。

纪 时主察当属吏部左侍郎杨时乔,沈一贯惮其方严,请以兵部尚书萧大
亨主笔。疏上,上以时乔廉直,竟属之。时乔与都御史温纯力持公
道,疏入,留中。

〔诏罢矿税〕

编 秋九月,诏罢采矿,以税务归有司,释矿税在狱承天诸生沈机等十二人。

纪 先是,礼部侍郎冯琦上言:"矿使出,而天下苦更甚于兵;税使出,而天
下苦更甚于矿。陛下欲通商,而彼专欲困商;陛下欲爱民,而彼必欲
害民。陛下戒以勿信拨置,而拨置愈多⑤;陛下责以不许绎骚,而绎
骚更甚⑥。陛下之心,但欲裕国,不欲病民;群小之心,必自瘠民,方

①　疾笃:病重。
②　奔:崩落,崩陷。
③　貂珰:指太监。
④　枯鱼之肆:卖干鱼的市场,比喻无可挽救的绝境。
⑤　拨置:挑拨。
⑥　绎骚:骚扰。

能肥己。"疏留中。至是,乃有是诏。

编 丙午,三十四年(1606),春正月,逮咸阳知县宋时隆下狱。

纪 时命停矿,税监梁永坚执以为咸阳、潼关委官不宜罢,益树党布虐。巡抚顾其志捕恶党置之法,永大恨之。永又檄时隆取绒毡千五百,时隆不予,遂诬时隆劫税。阁臣申救,不听。

编 三月,云南矿务太监杨荣被杀。

纪 荣久于滇,恣行威福,杖毙数千人,搒掠指挥樊高明等,尽捕六卫官,人人自危。指挥贺世勋、韩光大倡众杀荣,焚其署,徒党辎重皆烬。事闻,上怒不食,曰:"荣不足惜,何纪纲顿至此?"罪其首事。罢中使不遣,以税课归四川税使丘乘云。世勋下狱死,光大戍边。

编 夏六月,大学士沈一贯、沈鲤罢。

纪 吏科给事中陈良训、御史孙居相劾沈一贯奸贪,一贯连疏乞休,始允。鲤居位四载,尝列天戒、民穷十事,书之于牌,每入阁,则拜祝之。或谗鲤为诅咒。上命取观之,曰:"此非诅咒语也。"妖书事起,危甚,赖上知其心,得无恙。及放归,得旨不如一贯之优。各赐金币,鲤半之。出都日,犹有谗其衣红袍阅边者,中官陈矩为解乃已。居相夺岁俸,良训调外。

编 丁未,三十五年(1607),夏五月,以礼部左侍郎李廷机、南京礼部右侍郎叶向高为礼部尚书,兼东阁大学士,直文渊阁。复谕朱赓召旧辅王锡爵,辞不至。

纪 时顾宪成移书向高,言:"近日辅相,以模棱为工①,贤否混淆。"引张

---

① 模棱:比喻为人圆滑,各方面都不得罪。

禹、胡广为戒①。廷机，故出沈一贯门，人多疑之。给事中王元翰、御史陈宗契等交章劾廷机。廷机故清介，而攻之者诋为辇金奥援，御史叶永盛极辨之。廷机伏阙辞，不允。上下旨切责元翰等。

编 秋七月，撤陕西税监梁永还京。

编 贬参政姜士昌广西佥事。

纪 总督漕运李三才上言："废弃诸臣，只以议论意见一触当路②，永弃不收，总之于陛下无忤。今乃假主威以锢诸臣，又借忤主之名以饰主过。负国负君，莫此为甚。"参政姜士昌赍表入京③，奏"别遗奸，录遗逸"，遗奸，指王锡爵、沈一贯、朱赓。又曰："古今称廉相，必称唐杨绾、杜黄裳④。然二贤皆推贤好士，惟恐不及。而王安石用之，驱逐诸贤，竟以祸宋。"时李廷机有清名，故士昌规及之⑤。赓、廷机上疏辨，降士昌广西佥事。御史宋焘论救，谪平定州判⑥，加谪士昌兴安典史⑦。

毛海明　评注

万　明　彭　勇　邓闳旸　审定

---

① 张禹：西汉成帝时丞相。胡广：东汉大臣，顺帝至灵帝时屡为三公、太傅。二人皆以柔佞取容。
② 当路：当权的人。
③ 赍：携带、持。
④ 杨绾、杜黄裳：分别为唐代宗、宪宗时期的宰相。
⑤ 规：规劝。
⑥ 平定州：治今山西平定县。
⑦ 兴安：州名，治今陕西安康市。

# 明鉴易知录卷一一

卷首语：本卷起明神宗万历三十六年（1608），止光宗泰昌元年（1620），主要记载了神宗后期十三年的史事。围绕立太子"争国本"、东宫"梃击案"，以及其他内外政策，明廷党争愈发严重。努尔哈赤后金崛起，进攻明朝。萨尔浒大战，以少胜多，大败明军。后金成为明廷最严峻的边疆外患。神宗死后，光宗即位，不过一月暴卒。围绕着"红丸案""移宫案"，党争激烈，朝局混乱。

# 明　纪

### 神宗显皇帝

编 戊申,三十六年(万历三十六年,1608),夏五月,谪礼部主事郑振先普安州判①。

纪 振先劾辅臣朱赓、李廷机大罪十二,指沈一贯、赓、廷机"为过去、现在、未来三身②。布置接受,从风而靡③"。上以其诬诋,遂谪。

编 秋九月,起孙丕扬太子少保、吏部尚书。

编 冬十月,起吏部文选郎中顾宪成为南京光禄少卿,辞不至。

编 十一月,朱赓卒。

纪 赓性淳谨,同乡沈一贯当国,善调护,故妖书、楚狱,祸不蔓延。赓卒,李廷机当首揆,言路益攻之。廷机决计不出,叶向高独相。而攻廷机者未已也,遂移居演象所之真武庙④。乞放,凡五年,至万历四十年,始得请。寒暑闭门无履迹。

编 以李化龙为兵部尚书。

---

① 普安州:治今贵州盘州市。
② 过去、现在、未来三身:佛教认为在过去、现在和将来的世界里,分别由不同的佛主宰。
③ 靡:倒。
④ 演象所:明廷驯化、演练大象的场所。

编 己酉,三十七年(1609),春正月,北敌在边讲赏①。

纪 京民讹传警至,街市喧动,安定、德胜二门百姓,争入城避难。大学士叶向高上言:"今日事本无实,但敌人窥伺,民心惊惶之状,亦可概见矣。蓟镇去京师甚近②,敌骑动辄数万,我边军皆饥寒穷困,势必不支,万一溃边而入,抵国门在呼吸间。安知今日之讹传,不为他日之实事?都下人民,以办役破家,谁肯效守?兵部、戎政两署,止李化龙一人,虽其威望、才猷(yóu)真堪倚任③,但军务倥偬(kǒng zǒng)④,难于肆应。况化龙抱病,岂能卧治?伏望陛下将所推兵部两侍郎先行检发,使缓急有人,不致临时失措。至户部库银止存八万两,即使尽发,所济几何?臣诚不知计之所出也。"

[党争纷纭]

编 二月,御史郑继芳劾工科右给事中王元翰,元翰亦奏辨劾继芳,俱不报。

纪 初,给事中王绍徽善汤宾尹,营入阁甚急,尝语元翰曰:"公语言妙天下,即一札扬汤君,汤君且为公死,世间如汤君可恃也。"元翰辞焉。绍徽衔之,因嗾继芳撼元翰贪婪不法事。元翰奏辨,且劾继芳为王锡爵等吐气也⑤。

---

① 指蒙古伯牙儿、满旦屠记诸部以犯边挟赏。
② 蓟镇:蓟州镇,九边重镇之一,治今河北遵化市东三屯营。
③ 才猷:才能谋略。
④ 倥偬:繁忙。
⑤ 吐气:出声、发泄。

|编| 夏四月,吏科纠擅去诸臣。

|纪| 初,工科给事中孙善继拜疏竟去,刘道隆继之,王元翰、顾天峻、李腾芳、陈治则各先后去。命削善继籍,道隆等各降秩。时南北科、道互相攻诋,至不可问。

|编| 户科给事刘文炳请召邹元标,不报。

|编| 冬十二月,工部主事邵辅忠劾总督漕运李三才,工科给事中马从龙等疏救,俱不报。

|纪| 辅忠论三才:"结党遍天下。前图枚卜①,今图总宪②。四岳荐鲧③,汉臣谀莽④,天下之大可忧也。"时三才需次内台,辅忠首劾之,继以御史徐兆魁。三才奏辨,马从龙,御史董兆舒、彭端吾,南京工科给事中金在衡交章为三才辨,俱不报。三才负才名,初为山东藩臬有声,民歌思之。抚淮十年,方税珰横甚,独能捕其爪牙,珰为之敛迹。三才多取多与,收采物情,用财如流水。顾宪成之左右誉言日至,宪成信之,亦为游扬⑤。三才尝宴宪成,止蔬果三四色,厥明,盛陈百味,宪成讶而问之,三才曰:"此偶然耳。昨偶乏,即寥寥;今偶有,故罗列。"宪成以此不疑其绮靡⑥。至是,挟纵横之术,与言者为难,公论绌之。

① 枚卜:古代以占卜选官,此指选官入阁。
② 总宪:都察院左都御史的别称。
③ 四岳:传说中尧舜时代的四个方伯。
④ 莽:指王莽。
⑤ 游扬:宣扬、传扬。
⑥ 绮靡:奢侈、浮华。

编 蓟镇地陷,辽东地震,甘肃地震如雷。

编 江西、福建大水。

纪 溺死民人各十余万。

编 是岁,山西大旱,山东旱、蝗,真定、保定等府大旱,赤地千里。

编 庚戌,三十八年(1610),春正月,叶向高请补阁臣,又请东宫讲学,皆不报。

编 夏五月,吏部主事王三善乞勘李三才①,不报。

纪 前吏部郎中顾宪成遗书叶向高②,谓:"三才至廉至淡漠,勤学力行,为古醇儒。当行勘,以服诸臣心。"时给事中金士衡、段然力保三才,给事中刘时俊、兵部郎中钱寀争之,纷如聚讼。

编 辛亥,三十九年(1611),春二月,前大学士王锡爵卒。总督漕运李三才罢。

编 夏四月,南京国子监祭酒汤宾尹、御史王绍徽、乔应甲等俱降调。

编 五月,给事中朱一桂、御史徐兆魁上言京察尽归党人③,不报。

纪 一桂、兆魁疏言:"顾宪成讲学东林,遥执朝政,结淮抚李三才,倾动一时。孙丕扬、汤兆京、丁元荐角胜附和,京察尽归党人。"不报。

编 秋九月,皇贵妃王氏薨。

---

① 勘:勘问、调查。
② 遗:给、付。
③ 京察:明廷考核京官的制度。

纪妃虽生皇太子，失宠，目眚①。比疾笃，太子始知之，亟至，宫门尚闭，抉(jué)钥而入。妃手太子衣而泣曰："儿长大如此，我死何憾！"太子恸，左右皆泣，莫能仰视。须臾，薨。

编壬子，四十年(1612)，春二月，吏部尚书孙丕扬挂冠出都。

编夏四月，大学士叶向高上疏乞休，不报。秋九月，李廷机出都。

编冬十月，叶向高请福王之国。

纪报明年春举行。

编癸丑，四十一年(1613)，春正月，礼部请东宫开讲、福王就国，不报。

编二月，御史刘廷元劾光禄寺少卿于玉立"依附东林，风波翻覆，宜显斥"，不报。

编夏六月，锦衣卫百户王日乾下狱。

纪日乾讦奏："奸人孔学与皇贵妃宫中内侍庞、刘诸人，请妖人王子诏诅咒皇太子，刻木像圣母、陛下，钉其目。又约赵思圣在东宫侍卫，带刀行刺。"语多涉郑贵妃、福王。叶向高语通政使具参疏，与日乾奏同上之。向高密揭："日乾、孔学皆京师无赖，诪(zhōu)张至此②。此大类往年妖书，但妖书匿名难诘，今两造俱在法司③，其情立见。陛下第静俟，勿为所动，动则滋扰。"上初览日乾疏，震怒，及见揭，意解，遂不

①眚：眼睛长白翳，眼角膜病变。
②诪张：欺诳。
③两造：纠纷双方。

问。东宫遣取阁揭,向高曰:"皇上既不问,则殿下亦无庸更览。"太子深然之。寻御史以他事劾日乾,下之狱。逾年而梃击之狱兴。

编冬十月,礼科给事中亓(qí)诗教劾东林顾宪成。

纪诗教上言:"今日之事,始于门户。门户始于东林,东林倡于顾宪成,刑部郎中于玉立附焉。宪成自贤,玉立自奸,贤奸各还其人①。而奔竞招摇,羽翼置之言路,爪牙列在诸曹,关通大内,操纵朝权。顾宪成而在,宁愿见之哉?"末刺及叶向高②,向高奏辨。

编以吏部左侍郎方从哲、礼部左侍郎吴道南并为礼部尚书、东阁大学士,直文渊阁。

编甲寅,四十二年(1614),春二月,慈圣皇太后李氏崩。命各省税课减三分之一。

编三月,福王常洵之国洛阳。

编秋八月,大学士叶向高致仕。

〔梃击案〕

编乙卯,四十三年(1615),夏五月,梃击事起,诏法司严刑鞠审。磔张差于市。

纪是月己酉,有不知姓名男子,持枣木棍,撞入慈庆宫,打伤守门内官李鉴,直至前殿檐下。内官韩本用等执缚,付东华门守卫指挥朱雄

---

① 还:环绕。
② 刺:指责。

等收之。次日，皇太子奏闻，命法司提问。庚戌，巡视皇城御史刘廷元奏："人犯供名张差，系蓟州井儿峪民。语言颠倒，形似风狂①。臣再三考讯，本犯呶（náo）呶称"吃斋讨封"等语②。话非实情，词无伦次。按其迹，若涉风魔；稽其貌，的系黠猾③。情境叵测，不可不详鞫重拟。"

乙卯，刑部郎中胡士相、岳骏声等审张差，供："被李自强、李万仓烧差柴草，气愤，于四月内来京，欲赴朝声冤。从东进，不识门径，往西走，适路遇男子二人，绐曰'尔无凭据，如何进？尔拏棍子一条，便可当作冤状'等语。差日夜气忿，失志颠狂，遂于五月初四日，手拏枣木棍一条，仍复进城。从东华门直至慈庆宫门首，打伤守门官，走入前殿下，被擒。"拟依宫殿前射箭、放弹、投砖石伤人律斩，决不待时。

戊午，刑部提牢主事王之寀言："本月十一日，散饭狱中，末至新犯张差，见其年壮力强，非风颠人。臣问：'实招与饭，不招当饥死。'即置饭差前，差见饭低头，已而云：'不敢说。'臣乃麾史书令去，止留二役扶问之，招称：'张差小名张五儿，父张义病故，有马三舅、李外父，叫我跟不知姓名老公④，说：'事成与尔几亩地种。'老公骑马，我跟走，初四到京。'问：'何人收留？'复云：'到不知街道大宅子，一老公与我饭，说：'汝先冲一遭，撞见一个，打杀一个，打杀了我等救得汝。'遂与我枣棍，领我由厚载门进到宫门上，守门阻我，我击之堕地。已而老公多，遂被缚。'又招'有柏木棍、琉璃棍，棍多人众'等情。其各犯姓

① 风：通"疯"。
② 呶呶：喋喋不休。
③ 的系：确是。
④ 老公：太监。

名,至死不招。臣看此犯不颠不狂,有心有胆。愿陛下缚凶犯于文华殿前朝审,或敕九卿、科道、三法司会问,则其情立见矣。"

辛酉,户部郎中陆大受言:"青宫何地①?男子何人?而横肆手棍,几惊储跱②。此乾坤何等时邪?北人好利轻生,有金钱以结其心,则轻为人死,有臣子所不忍言者。张差业招一内官③,何以不言其名?明说一街道,何以不知其处?彼三老、三太,互为表里。而所供霸州武举高顺宁等,今竟匿于何所?变岂无因,警甚非小。乞陛下大振乾纲,务在首恶必得,邪谋永销,明肆凶人于朝市,以谢天下。"疏中有"奸戚"二字,上恶之,与之案疏,俱不报。

御史过庭训为移文蓟州踪迹之,知州戚延龄具言其致颠始末,诸臣据为口实,以"风颠"二字,定为铁案矣。

乙丑,刑部司官胡士相、陆梦龙、邹绍先、朱瑞凤等再审张差,供称"马三舅名三道,李外父名守才,同在井儿峪居住。又有姐夫孔道,住本州城内。不知姓名老公,乃修铁瓦殿之庞保。不知街道大宅子,乃住朝外大宅之刘成。三舅、外父常往庞保处送灰。庞、刘在玉皇殿商量,与我三舅、外父,逼遣我来"等语。刑部行蓟州道提解马三道等,疏请法司提庞保、刘成对鞫。

给事中何士晋上言:"顷者,张差持梃突入慈庆宫,事关宗社安危,陛下宜何如震怒?三事大臣宜何如计安?乃旬日以来,似犹泄(yì)泄④。岂刑部主事王之寀一疏,果无故而发大难之端邪?虽事涉宫

①青宫:东宫,太子所居宫。
②储跱:代指太子。
③业:已经。
④泄泄:弛缓。

阃，百宜慎重，然谋未成，机未露，犹可从容曲处。今形见势逼，业已至此，所谓'乱臣贼子，人人得而诛之'。明主可与忠言，此事宁无结局？"疏留中。阁臣促之，上谕曰："朕自圣母升遐，奉襄大典①，追思慈恩罔极，哀慕不胜。方在静摄中，突有风颠奸徒张差持梃闯入青宫，震惊皇太子，致朕惊惧，身心不安。朕思太子乃国根本，岂不深爱？已传内宫添人守门防护。连日览卿等所奏，奸宄（guǐ）叵测②，行径隐微。既有主使之人，即着三法司会同拟罪具奏。"是日，刑部据戚知州回文以上。

壬申，上再谕法司严刑鞫审，速正典刑。时语多涉戚臣郑国泰，国泰出揭自白。何士晋复奏："陆大受疏内虽有'身犯奸戚'等语，并未直指国泰主谋。此时张差之口供未具，刑曹之勘疏未成，国泰岂不能从容少待？辄尔具揭张皇，人遂不能无疑。若欲释疑，计惟明告宫中，力求陛下，速将张差所供庞保、刘成立送法司考讯。如供有'国泰主谋'，是大逆罪人。臣等执法讨贼，不但宫中不能庇，即陛下亦不能庇。设与国泰无干，臣请与国泰约，令国泰自具一疏，告之陛下。嗣后凡皇太子、皇长孙一切起居，俱系郑国泰保护，稍有疏虞，即便坐罪，则人心帖服，永无他言。若今日畏各犯招举，一惟荧惑圣聪，久稽廷讯③，或潜散党与使远遁，或阴毙张差使灭口，则疑复生疑，将成实事，惟有审处以消后祸④。"不报。

癸酉，驾幸慈宁宫，召见百官。辅臣方从哲、吴道南暨文武诸臣先后

---

① 襄：成就、完成。
② 奸宄：奸诈不法。
③ 稽：迟延。
④ 审处：审慎处理。

至,内侍引至圣母灵次,行一拜三叩头礼。上西向,倚左门柱设低座,皇太子侍御座右,三皇孙雁行立左阶下。上宣谕曰:"昨忽有风颠张差闯入东宫伤人,外庭有许多闲说。尔等谁无父子,乃欲离间我邪?适见刑部郎中赵会桢所问招情,止将本内有名人犯张差、庞保、刘成即时陵迟处死,其余不许波及无辜一人,以伤天和,以惊圣母神位。"寻执东宫手示群臣曰:"此儿极孝,我极爱惜。"乃以手约皇太子体曰①:"彼从六尺孤养至今,成丈夫矣。使我有别意,何不于彼时更置? 今又何疑? 且福王既已至国,去此数千里,自非宣召,彼能飞至邪?"因命内侍传呼三皇孙至石级上,令诸臣熟视,谕曰:"朕诸孙俱已长成,更有何说?"顾问皇太子:"尔有何语? 与诸臣悉言无隐。"皇太子曰:"似此风颠之人,决了便罢,不必株连。"又曰:"我父子何等亲爱! 外廷有许多议论,尔辈为无君之臣,使我为不孝之子。"上又持皇太子面向右,问群臣曰:"尔等俱见否?"众俯伏谢。乃命诸臣同出。甲戌,决张差于市。寻刑部审马三道、李守才、孔道,以左道从律论应流,李自强、李万仓应笞,从之。寻毙庞保、刘成于内庭。王之寀为科臣所纠,黜闲住。补何士晋于外。

编　秋八月,命内官吕贵暂提督浙江织造,江西税监潘相檄催福建、广东税课。九月,江西湖口税廨火。大学士吴道南请罢湖口商税,不报。

编　丙辰,四十四年(1616),夏四月,雷火焚通州税监张晔(yè)楼居。御史金汝谐请罢税使,不报。

编　秋八月,皇太子出阁讲学。

---

① 约:约量。

编 万寿节,加税监河南胡江、江西潘相、通湾张晔、天津马堂、四川丘乘云、南京刘朝用岁禄,赐吕贵绯鱼服①。

编 丁巳,四十五年(1617),春三月,京畿旱。

编 京察,革刑部主事王之寀职为民,户部郎中陆大受等被斥。

纪 时叶向高既去,方从哲为相,无所短长。吏部尚书郑继之主察,科臣徐绍吉、台臣韩浚佐之。初,之寀以倡争梃击一案,为韩浚所纠。大受议论与之寀合,至是并罢。时上于奏疏概留中,无所处分,惟言路一纠,其人自罢去,不待旨也。

于是台、省之势积重不返,有齐、楚、浙三方鼎峙之名。齐为亓诗教、韩浚、周永春,楚为官应震、吴亮嗣,浙为刘廷元、姚宗文,势甚张,汤宾尹辈阴为之主。宾尹负才名而淫污,辛亥,京察被斥。至是,察典竣,韩浚以问乡人给事中张华东,华东曰:"王之寀论甚正,何为重处之?"浚惊愕不语。

编 夏六月,江、浙旱、蝗。秋七月,山东、山西旱、蝗。大学士吴道南罢。

编 九月,湖广飞蝗蔽天。

编 江西大水。冬十一月,隆德殿、延禧宫灾。福建大水。

〔努尔哈赤起兵〕

编 戊午,四十六年(1618),春正月,我大清太祖高皇帝天命元年②。

---

① 绯鱼服:应是"飞鱼服",明代赐服之一。
② 据《清太宗实录》,"元年"应作"三年"。

纪 夏四月，大清遣所部诣抚顺市①，潜以兵踵至，袭之，城陷，守将王命印死之，执游击李永芳。用汉字传檄清河②，胁北关归顺。辽抚李维翰趣总兵张承胤移师应援③，大清兵佯退，明兵直前，遇伏。万骑突出，承胤及副将颇廷相、游击梁汝贵等皆死之，一军尽没。京师震骇，命起旧将李如柏总辽镇兵，杜松屯山海关。征刘綎、柴国柱赴京调度。

编 以前辽抚杨镐为兵部右侍郎，经略辽东。

编 闰月，日中有黑子相斗。

编 五月朔，有黑日掩日，日无光。

编 秋七月，大清兵围清河，参将邹储贤、援辽游击张旆(pèi)死之。

纪 大清兵从鸦鹘(hú)关入围清河④。储贤拒守，旆请战，不许。大清兵冒版抉墙，隳(huī)东北角登城⑤。旆战死，储贤遥见李永芳招降，大骂赴敌而死。自三岔河至孤山⑥，并遭焚毁。惟参将贺世贤于叆(ài)阳边外血战⑦，斩首百五十四级。

编 赐经略杨镐尚方剑，谕饬诸边。

---

① 抚顺：千户所，在今辽宁抚顺市。市：明廷设置与女真贸易的关市。
② 清河：堡塞，在今辽宁本溪满族自治县清河城镇。
③ 辽：辽东镇。
④ 鸦鹘关：在今辽宁新宾满族自治县西南。
⑤ 隳：损坏。
⑥ 三岔河：在今辽宁海城市西，当浑河、辽河、太子河合流入海处。
⑦ 叆阳：堡塞，在今辽宁凤城市东北叆阳城。

纪镐至河东①，瑷阳、宽奠之兵已去②，乃斩清河逃将陈大道等以徇。议徙宽奠民人于辽阳，会朝鲜王遣其议政府右参赞姜洪立等统兵万人从征，议乃止。

编八月，以太常寺少卿周永春为辽东巡抚，设援辽饷司。

〔萨尔浒之战〕

编己未，四十七年(1619)，春正月，趣经略辽东杨镐进兵。

纪上以四方援辽兵马大集，杨镐奏报稽延，恐师老财匮，下廷议。大学士方从哲、兵部尚书黄嘉善、兵科给事中赵兴邦等，发红旗，趣镐进兵。时蚩尤旗长竟天，彗见东方，星陨地震，识者知为败征。镐乃会总督汪可受、巡抚周永春、巡按陈王廷等议，以二月十一日誓师，二十一日出塞。

编二月，杨镐遣总兵官马林、杜松、李如柏、刘綎分道出师。

纪镐誓师，分为四路：林率游击麻岩、丁碧，都司窦永承，督北关金台失兵③，由靖安堡出边，趋开原、铁岭④，攻其北；松率都司刘遇节等，由抚顺关出边，趋沈阳，攻其西；如柏率参将贺世贤、李怀忠等，由鸦鹘关出边，趋清河，攻其南；綎率都司祖大定、乔一琦，督朝鲜兵由晾马佃出边，趋宽奠，攻其东。是月十九日出兵，值大雪，兵不前。师

①　河东：指辽河东。
②　宽奠：堡塞，在今辽宁宽甸满族自治县。
③　北关：指海西女真四部之一叶赫部。金台失：叶赫部首领。
④　靖安堡：在今辽宁铁岭市清河区。开原：今辽宁开原市。

期泄。

编 三月,明师与大清兵战,败绩。

纪 杜松欲立首功,越五岭关,先期抵浑河①。既渡,遇伏,松血战突围,力
竭而死,兵无存者。马林改由三岔堡出边,抵二道关②,闻松没,结营
自固。大清兵乘胜来攻,林败,游击麻岩死之。刘綎独纵兵马家寨
口,深入三百余里,克十余寨。大清兵诡作杜松兵,披其衣甲,为向
道,诱入重围。众溃,綎没于陈③。惟清河一路,李如柏以经略令撤
回获全。是役也,杨镐军机不密,诸事宣泄,大清军处处为备,故败。
文武将吏死者三百一十余员,军士死者四万五千八百余人。事闻,京
师大震。

编 召陕西总督杨应聘为兵部左侍郎,甘肃巡抚祁光宗为兵部右侍郎。
起前御史熊廷弼为大理寺丞,往辽东,宣慰军民。

编 征李如柏听勘,以如柏弟都督李如桢代将。谕经略杨镐戴罪视事。

编 诏以山东巡抚李长庚为户部右侍郎,兼右佥都御史,出督辽饷,驻
天津。

编 夏五月,大清兵入抚顺,以偏师躏铁岭抚安堡。

编 六月,大清兵由静安堡入,遂克开原。

---

① 浑河:在今辽宁辽阳市西北。
② 二道关:在今辽宁凤城市西北。
③ 陈:同"阵"。

紀西部亦以三万骑,由亮河入围镇西堡①。于是沈阳、铁岭军民皆奔溃。

编以熊廷弼为都察院右佥都御史兼兵部右侍郎,赐尚方剑,经略辽东。

编起泰宁侯陈良弼总督京营,召南京兵部尚书黄克缵协理戎政,改差御史张铨按辽。

编以科臣姚宗文查阅援辽兵马。

编秋七月,大清兵由三岔堡入,攻铁岭,克之。

编八月,逮前经略杨镐。

纪铁岭既失,熊廷弼率八百人抵广宁,是月三日受代。上度廷弼已受事,乃遣缇骑逮镐。

编熊廷弼奏李如桢罪,请亟调李怀信代将。

编是月,大清兵破金台失、白羊骨寨②,北关遂亡。

编命李怀信赴辽。命少詹事徐光启兼河南道御史,训练候调诸营。予蓟辽总督汪可受回籍。

编释罪弁郭有光、刘孔胤、麻承恩往援辽。

编冬十一月,大清兵入龙潭口,筑城抚顺边外。

编庚申,四十八年(1620),夏四月,皇后王氏崩。

---

① 亮河:亮子河,在今辽宁昌图县西。镇西堡:在今辽宁铁岭县西北。
② 白羊骨:海西女真叶赫部首领。

编 五月,大清兵略地花岭。

编 帝不豫。

纪 召大学士方从哲于卧榻前,谕以"东事告急,卿宜加意筹之"。

编 六月,大清兵深入,至浑河。总兵贺世贤、柴国柱拒却之。

编 秋八月①,帝崩。

纪 上疾,大渐。召阁臣方从哲,谕曰:"朕嗣祖宗大统,历今四十八年久。因国事焦劳,致成痹疾。遽不能起,有负先皇付托。惟皇太子在青宫有年,实赖卿与司礼监协心辅佐。功在社稷,万世不泯,特谕卿知。"从哲出。皇太子不得入。兵科给事中杨涟、御史左光斗语东宫内侍王安曰:"上疾甚,而不召皇太子,非上意也。"安素忠直,东宫多赖其调护。是日,上崩。

编 皇太子令停止矿税。

纪 收税内监张晔、马堂、胡宾、潘相、丘乘云等并撤回。

编 皇太子令发帑银一百万两,解赴九边。

## 光宗贞皇帝

编 八月,太子常洛即位。

纪 诏以明年为泰昌元年。上宣大行皇帝遗命,欲尊郑贵妃为皇后,命查例。礼部尚书孙如游疏言:"祖宗朝,其以配而后者,乃敌体之经;其

---

① 据《明史》,"八月"应作"七月"。

以妃而后者,则从子之义。故累朝非无抱衾之爱、终引割席之嫌者,以例所不载也。皇贵妃事先帝有年,不闻倡议于生前,而顾遗诏于逝后,岂先帝弥留之际,遂不及致详邪?王贵妃诞育陛下,恩典尚尔有待,乃令他人得母其子,恐九原不无怨恫也①?郑贵妃贤而习于礼,处以非分,必非其心所乐。书之史册,传之后世,有悖典礼,且昭先帝之失,非所以为孝也。臣不敢奉遗命。"从之。

编 以汪应蛟为工部尚书,董从儒为工部右侍郎,邹元标为大理寺卿,刘光复为光禄寺丞,周曰庠、朱一桂并为太仆寺少卿,朱国祚为南京礼部尚书,冯从吾为尚宝司卿,李宗延为光禄寺少卿。以袁应泰为辽东巡抚。

编 以翰林院侍读学士刘一燝(zhǔ)、韩爌(kuàng)并为礼部尚书、东阁大学士,直文渊阁。

〔红丸案〕

编 帝不豫。

纪 乙卯,上有疾,传谕礼部曰:"选侍李氏,侍朕勤劳。皇长子生母薨逝后,奉先帝旨,委托抚育,视如亲子,厥功懋焉。其封为皇贵妃。"丁巳,上力疾御门视事,圣容顿减。己未,内医崔文昇下通利药,上一昼夜三四十起,支离床褥间。辛酉,上不视朝,方从哲等赴宫门候安,有"数夜不得睡,日食粥不满盂,头目眩晕,身体罢软,不能动履"之旨。乙丑,给事中杨涟上言:"医家,有余者泄之,不足者补之。陛下哀毁

———————————

① 怨恫:怨痛、哀痛。

之余，一日万几，于法正宜清补。贼臣崔文昇反投剥伐之剂①，其肉宁足食乎？臣闻文昇调护府第有年，不闻用药谬误。陛下一用文昇，倒置若此，有心之误邪？无心之误邪？有心，则虀（jī）粉不足偿；无心，则一误岂可再误？陛下奈何置贼臣肘腋间哉？"

刑部主事孙朝肃、徐世仪，御史郑宗周上书方从哲，请册立皇太子，且移居慈庆宫。庚午，上召阁部九卿至榻前，谕曰："选侍数产不育，止存一女。"随传皇长子出见。上又言："皇五子亦无母，亦是选侍抚育。"传皇五子出见。辛未，上召诸臣于乾清宫，又谕速封选侍。甲戌，上再召诸臣于乾清宫，仍谕封皇贵妃。语未既，选侍披帏立，呼皇长子入，呫呫语，复趣之出。皇长子向上曰："要封皇后。"上不语。从哲等以册储原旨期宜改近，上因顾皇长子，谕曰："卿等辅佐为尧舜。"又语及寿宫，辅臣以皇考山陵对，则自指曰："是朕寿宫。"因问："有鸿胪寺官进药，何在？"从哲奏："鸿胪寺丞李可灼，自云仙丹，臣等未敢轻信。"上即命中使宣可灼至，诊视，具言病源及治法。上喜，命趣和药进，遂进红丸。上饮汤辄喘，药进乃受，上喜，称忠臣者再。诸臣出宫门外俟，少顷，中使传："圣体用药后，暖润舒畅，思进饮膳。"诸臣欢跃而退，可灼及御医各官留。时日已午，比未申，可灼出，辅臣迎讯之，可灼具言："上恐药力竭，复进一丸。"亟问复何状，可灼以如前对。

编九月，帝崩。

纪乙亥朔，五鼓，内宣急召，诸臣趋进，而龙驭以卯刻上宾矣。中外籍籍，以李可灼误下劫剂，恐有情弊。而方从哲拟旨赏可灼银五十两。

———————

① 剥伐之剂：指大黄，属性猛烈的药物。

明鉴易知录卷一一

御史王安舜首争之，疏言："先帝之脉，雄壮浮大，宜清不宜助，明矣。红铅乃妇人经水，阴中之阳，纯火之精也，而以投于虚火燥热之症，几何不速之逝乎？轻亦当治以庸医杀人之条。乃蒙殿下颁以赏格，臣谓不过借此一举，塞外廷之议论也。夫轻用药之罪固大，而轻荐庸医之罪亦不小。"疏入，乃改票罚俸一年，而议者蜂起矣。御史郑宗周疏请"寸斩崔文昇以谢九庙"。于是，御史郭如楚、主事吕维祺交章论崔文昇、李可灼。

〔移宫案〕

给事中杨涟语尚书周嘉谟、李汝华曰："宗社事大，李选侍非可托少主者。急宜请见嗣主，呼万岁以定危疑，随拥出宫，移住慈庆为是。"二臣然之，以语方从哲。涟遂先诸臣排闼入，阍（hūn）竖梃乱下①，涟厉声曰："皇帝召我等至此，今晏驾，嗣主幼小，汝等阻门不容入临，意欲何为？"阍者却，诸臣乃入。哭临毕，请见皇长子。皇长子为选侍阻于暖阁，不得出，青宫旧侍王安绐选侍，抱持以出，诸臣即叩头呼万岁，遂共请诣文华殿。王安拥之行，阁臣刘一燝掖左，勋臣张维贤掖右。内侍李进忠传选侍命，召还皇长子者三，喝诸臣曰："汝辈挟之何往？"涟叱之，共拥皇长子登舆。至文华殿，群臣请即日登极，不允，谕初六日即位。复拥入慈庆宫，一燝奏曰："今乾清宫未净，殿下请暂居此。"丙子，尚书周嘉谟等合疏请选侍移宫。御史左光斗上言："内廷之有乾清宫，犹外廷之有皇极殿也。惟皇上御天居之，惟皇后配天得共居之。其余嫔妃，虽以次进御，遇有大故，即当移置别殿，非但避嫌，亦

---

① 阍竖：看门的太监。

以别尊卑也。今大行皇帝宾天,选侍既非嫡母,又非生母,俨然居正宫,而殿下乃居慈庆,不得守几筵,行大礼,名分倒置,臣窃惑之。且殿下春秋十六龄矣,内辅以忠直老成,外辅以公孤卿贰,何虑乏人,尚须乳哺而襁负之哉?即贵妃之请,许于先皇弥留之际,其意可知。且行于先皇,则俯锡之名犹可;行于殿下,则尊闻之称有断断不可者。倘及今不早断,借抚养之名,行专制之实,武氏之祸①,将见于今。”

戊寅,选侍用李进忠谋,邀皇长子同宫。杨涟遇进忠于宫门,问:“选侍移宫何日?”进忠摇手曰:“李娘娘怒甚,今母子一宫,正欲究左御史武氏之说。”涟叱曰:“误矣!幸遇我。皇长子今非昨比,选侍移宫,异日封号自在。且皇长子年长矣,若属得无惧乎?”进忠默然去。

己卯,选侍尚无移宫意。杨涟上言:“殿下登极,已在明日矣。岂有天子偏处东宫之礼?先帝圣明,同符尧舜,徒以郑贵妃保护为名,病体之所以沉锢,医药之所以乱投,人言籍籍,至今抱痛,安得不为寒心?此移宫一事,臣言之在今日,殿下行之亦必在今日。”疏上,涟复往趣方从哲,从哲曰:“待初九、十二亦未晚。”涟曰:“天子无复返东宫理,选侍今不移,亦未有移之日,此不可顷刻缓者。”内侍曰:“独不念先帝旧宠乎?”涟怒曰:“国家事大,岂容姑息,且汝辈何敢如是?”声彻大内。皇长子使人谕涟出,命收诸侍李进忠、刘逊等。选侍移居仁寿殿。

编庚辰,皇长子由校即位。

编给事中惠世扬劾奏大学士方从哲。

———————

① 武氏:指武则天。

纪世扬上言："郑贵妃包藏祸心,先帝隐忍而不敢言。封后之举,满朝倡义执争,从哲两可其间,是徇平日之交通,而忘宗社之隐祸也。无君当诛者一。李选侍原为郑氏私人,丽色藏剑,且以因缘近幸之故,欺抗先圣母。从哲独非人臣乎? 及受刘逊、李进忠盗藏美珠,夜半密约,请封贵妃,封妃不得,占居乾清。是视登极为儿戏,而天子不如宫嫔也。无君当诛者二。崔文昇轻用剥伐之药,廷臣交章言之,从哲何心,必加曲庇? 律之赵盾、许世子①,何辞弑君之罪? 无君当诛者三。"诏责以"轻诋大臣,有伤国体"。

编御史冯三元疏论辽东经略熊廷弼。

纪三元言："廷弼无谋者八,欺君者三。廷弼不罢,辽之存亡,未可知也。"

编科臣姚宗文、御史顾慥(zào)等疏劾辽东经略熊廷弼。

纪初,宗文为户科给事中,以父忧去职,谋起复不得,求廷弼代请,廷弼不从,由是怀怨。后夤缘得吏科,阅视辽东兵马,廷弼复不为礼。有辽人刘国缙者,以兵部主事赞画辽东军务,主募辽人为兵,所募万七千余人,逃者过半。廷弼闻于朝,国缙亦怨。两人相比倾廷弼②。宗文还,即疏劾廷弼,又嗾其党顾慥、魏应嘉、郭巩等交章攻击,必欲去之。而御史张修德、科臣魏应嘉亦前后疏论廷弼。

编诏熊廷弼回籍听勘。

---

① 赵盾:春秋晋国大夫,因赵穿杀晋灵公而无作为,史官称"赵盾弑其君"。许世子:春秋许国世子,因父悼公死前未为之尝药,史书称为"弑其君"者。
② 比:朋比、联合。

纪兵科杨涟疏言："顷者,传闻辽左村屯日劫,人民日掳,城堡日空,边疆日坏,经略熊廷弼以此日被人言矣。议经略者,终难掩其功;怜经略者,亦难掩其咎。功在支撑辛苦,得二载之幸安;咎在积衰难振,怅万全之无术。为廷弼者,有二策焉:全副精力报效君父知遇之恩,一策也;如以封疆必不可支,病躯必不可起,当缴还敕书,求贤速代,又一策也。庙堂之上,当焦思远计,外料敌,内料己,求一的当之说①;或循资,或破格,择一的当之人。宁议之而后用,毋用之而后议,东事其有瘳(chōu)乎②。"于是廷弼上疏自辨,前后凡数千言。并请敕冯三元、张修德往辽,查勘辽事有无破坏,勿使后人代受其过。又疏缴还剑、敕。有旨:"熊廷弼解任,回籍听勘。"

编冬十月,哕(huì)鸾宫灾。

纪先是,御史贾继春上书辅臣,曰:"天地之大德曰生,圣人之至德曰孝。先帝命诸臣辅皇上为尧舜,夫尧舜之道,孝弟而已矣。父有爱妾,其子终身敬之不忘。先帝之于郑贵妃,三十余年天下侧目之隙,但以笃念皇祖,涣然冰释。何不辅皇上取法,而乃作法于凉③?纵云选侍原非淑德,夙有旧恨,此亦妇人女子之常态。先帝弥留之日,亲向诸臣谕以选侍产有幼女,欷歔情事,草木感伤,而况我辈臣子乎?伏愿阁下委曲调护,令李选侍得终天年,皇幼女不虑意外。"

御史左光斗上言:"选侍既移宫之后,自当存大体,捐其小过。若复株连蔓引,使宫闱不安,是与国体不便,亦大非臣等建言初心。伏乞陛

① 的当:恰当、稳妥。
② 瘳:病愈,治。
③ 凉:薄情。

下正刘逊、李进忠法外,其余概从宽政。"疏入,上传谕内阁:"朕幼冲时,选侍气陵圣母,成疾崩逝,使朕抱终天之恨。皇考病笃,选侍威挟朕躬,传封皇后。朕心不自安,暂居慈庆。选侍复差李进忠、刘逊等,命每日章奏文书,先奏选侍,方与朕览。朕思祖宗家法甚严,从来有此规制否?朕今奉养选侍于哕鸾宫,仰遵皇考遗爱,无不体悉。其李进忠等,事干宪典,原非株连,卿可传示遵行。"至是,哕鸾宫灾,上谕选侍、皇妹俱无恙。

編诏改万历四十八年为泰昌元年。

編兵部尚书黄嘉善罢,命刑部尚书黄克缵摄兵部事,兼理戎政。

編葬定陵①。

編以巡抚袁应泰经略辽东。

編命兵科给事中朱童蒙往勘辽事。

紀御史冯三元、张修德,给事中魏应嘉复论熊廷弼,廷弼复疏辨。上谕阁部科道:"魏应嘉、冯三元、张修德与熊廷弼互相奏扰。就着魏应嘉等前往辽镇,会同彼处抚、按,勘明具奏。"兵科杨涟等言:"从来奉旨行勘,就令各地方抚、按官勘报,或遣官会勘,未有即以言事之官勘所言之事者。就令勘得逼真,谁肯心服?乞收回成命,毋伤从来勘事之体。"上乃改命朱童蒙往。

編征辅臣叶向高、朱国祚、史继偕、沈㴶(què)、何宗彦入阁。

---

① 定陵:明神宗陵墓。

編 特简礼部尚书孙如游入阁办事。

編 十二月,兵科都给事中杨涟疏请加恩李选侍及皇妹。

紀 涟上言:"臣初请李选侍移宫,盖以正体统而尊朝廷也。移宫之后,有
　　倡言选侍徒跣(xiǎn)踉跄欲自缢者①,皇八妹失所遂投井者。事关他
　　日不白之案,望陛下于皇弟、皇妹,时时廑(qín)念②,李选侍量加恩
　　数。并祈传知阁部,以服中外之心。"疏入,上优诏答之。

編 大学士方从哲乞归,许之。

毛海明 评注

万　明　彭　勇　邓闳旸 审定

————————————

① 徒跣:赤足。踉跄:走路不稳。
② 廑念:殷切关注。

# 明鉴易知录卷一二

卷首语:本卷起明熹宗天启元年(1621),止天启六年(1626)。熹宗时期,内忧外患加剧。明军在东北接连战败,后金攻取沈阳、辽阳、广宁,尽有辽东。熹宗荒懒怠政,宠任太监魏忠贤。魏忠贤擅权乱政,迫害异己,杨涟、左光斗等东林党人被害,逮捕周顺昌事件,引发民变。依附魏氏的阉党在全国各地为魏忠贤建造生祠。

# 明　纪

### 熹宗哲皇帝

编辛酉，熹宗皇帝天启元年（1621），春正月，兵科给事中杨涟予告回籍。

纪涟以移宫一案，御史贾继春侵之，涟因乞归。

编命吴宗达、黄立极、李标、钱谦益知诰敕。

编闰二月，兵科朱童蒙勘辽还京。

纪童蒙还奏，略曰：“臣谨看得：旧经略熊廷弼有挥霍之雄才，有沉毅之雅度。极其全力，固能担人之所不能担；骋其偏锋，亦能忍人之所最不忍。任事才十余月，而辽阳颓（tuí）塌之城如新，丧胆之人复定，奉集、沈阳三空城①，今且俨然重镇矣。曾几何时，而金汤鼎峙，恃以无恐。迄今民安于居，贾安于市，商旅安于途，使后之人因以为进战退守之地。臣入辽阳，官民士庶垂泣而思，遮道而诉，谓数万生灵皆廷弼一人之所留。是其精力在于此，其得谤亦在于此也。抑且督工修筑，刻期责报；缙绅子衿，役无割免。又束缚悍弁，斥逐庸吏，能无腾谤声乎？言官得之风闻，胪列入告。廷弼胜气相加，屡疏致辨。非所以待言官，亦非大臣所以自待。廷弼功在存辽。臣会同督臣文球、经臣袁应泰、抚臣薛国用、按臣张铨据实奏闻。”有旨：“辽事会勘已明，

---

① 奉集：在今辽宁沈阳市苏家屯区。

熊廷弼力保危城,功不可泯。因言求去,情有可原。今中外多事,用
人方急。该部仍议及时起用,以为劳臣任事者劝。"

[清兵攻占沈阳、辽阳]

编是月辛酉,大清兵克沈阳。总兵贺世贤、尤世功等皆死之。

纪大清兵攻沈阳,世贤、世功出城力战,败还。明日,降人内应,城遂破。
世贤、世功俱战死,总兵官陈策、童仲揆,石柱土官秦邦屏等皆力战而
死①。御史江秉谦上言:"自杨镐失律丧师,开、铁沦没②,其情形危
急,诚有百倍于此时者。乃熊廷弼受命田间,仓皇赴召,单骑出关,收
拾余烬,城守经年,敌终不能蹢入。何前此垂危之辽,敌不知其所攻,
今此坚备之沈,我反失其所守?则廷弼之才识胆略,有大过人者矣。
使廷弼得安其位,决不败坏至此。然昔之论廷弼者犹曰风闻,及查勘
已明,而谗构复起。宁坏朝廷之封疆,必不肯消胸中之畛(zhěn)域③;
宁甘心以辽阳与仇敌,必不肯平气以议论宽劳臣。今日之事,何不持
一疏以退敌邪?"

编以刘宗周为礼部主事,王之寀为刑部主事,高攀龙为光禄寺丞。

编大清兵克辽阳。经略袁应泰、巡按御史张铨等皆死之。

纪时应泰已撤奉集、威宁诸军,并力守辽阳,引水注壕④,沿壕列火器,兵
环四面,守备甚设。戊辰,大清兵薄城,应泰身督兵出城迎战,军败,

————————

① 石柱:土司,在今重庆石柱土家族自治县。
② 开:开原,今辽宁省开原市。铁:铁岭。
③ 畛域:界限,比喻隔阂。
④ 壕:护城河。

应泰退宿营中。己巳，大清兵掘城西闸以泄壕水，分兵塞城东水口，击败明军，遂渡壕大呼而进。战良久，大清兵来益众，明兵败，望城而奔，杀、溺死者无算。

应泰乃入城，与张铨等分陴固守。诸监司高出、牛维曜、胡嘉栋，督饷郎中傅国并逾城遁。庚午，攻城急，应泰督诸军大战，又败。薄暮，谯楼火①，城中降人内应，大清兵从小西门入，城中大乱。应泰知事不济，叹息谓铨曰："公无守城责，宜亟收拾余烬，为退守河西计②。应泰死且不朽！"遂佩剑印自缢。铨亦以不屈死。守道何廷魁视其二女、二妾投井而后死，监军崔儒秀自缢于都司堂上。事闻，赠应泰兵部尚书，予祭葬，官其一子。

编夏四月，辽东巡抚薛国用以病免，以参议王化贞为巡抚。

编辽东死节诸臣张铨、崔儒秀、何廷魁、尤世功、秦邦屏等，各赠官、恤荫有差。

编立妃张氏为皇后。

编诏征前辽东经略熊廷弼赴京。御史冯三元、张修德、魏应嘉各降调，姚宗文革职为民。

编命何宗彦入阁办事。进刘一燝、韩爌少保兼太子太保、武英殿大学士。

编秋七月，封乳母客氏为奉圣夫人，以其子侯国兴为锦衣卫指挥使。

---

① 谯楼：城门上的望楼。
② 河西：辽河西。

纪客氏，故定兴民侯二妻也。年十八进宫，又二年而嫠(lí)①，生子国兴。至是，客氏封夫人，授国兴锦衣指挥。御史刘兰疏谏，以为"恩礼所加，权势归之"，不报。

编复命熊廷弼经略辽东。

纪廷弼至京，赐敕书、尚方剑。起行日，赐大红麒麟一品服，又赐宴都城外。

编以兵部尚书王象乾建节蓟镇，行总督事。辽东抚标练兵游击毛文龙克复镇江城堡②。

〔魏忠贤用事〕

编八月，内侍魏忠贤矫杀前太监王安。

纪忠贤，初名进忠，肃宁人。少黠慧无藉③，好酒善啖。喜驰马，能右手执弓，左手彀(gòu)弦④，射多奇中。目不识丁，而有胆力，猜很自用。尝与年少赌博，不雠⑤，走匿市肆中，诸少年追窘之，恚甚，因而自宫。万历十七年，隶司礼监掌东厂太监孙暹(xiān)。时熹宗为皇太孙，忠贤谨事之，导之宴游，甚得皇太孙欢心。孝和皇后，太孙生母也。忠贤夤入宫办膳，其介绍引进者魏朝。朝，故属太监王安名下。安素刚

①嫠：寡妇。
②镇江城堡：在今辽宁丹东市九连城镇。
③无藉：无赖。
④彀：把弓张满。
⑤雠：敌。

正,主持一宫事,朝日誉忠贤,安善视之。朝初与太孙乳媪客氏私,忠贤亦通焉。光宗即位,册太孙为东宫,忠贤得充东宫典膳,客氏力也。光宗崩,东宫暂居慈庆。杨涟疏参及忠贤,忠贤无措,泣求魏朝于王安,力营救之。忠贤深德朝,结为兄弟,而两人皆客氏私人。上即位数月,一夕,忠贤与朝争拥客氏于乾清宫暖阁,醉詈(h)而嚚①,声达御前,时上已寝,漏将丙夜,俱跪御榻前,听上命。客氏久厌朝儇(xuān)薄②,而喜忠贤憨猛。上逆知之③,乃退朝而与忠贤。忠贤卒矫旨发朝凤阳,缢杀之。自是得专客氏,而尾大不掉之患成焉。

初,上之立也,王安与诸大臣同受顾命,见忠贤侵权,欲重惩之,奏之帝。会御史方震孺上疏,请逐客氏,帝乃令客氏出宫。忠贤发安鞫问,安诘责,令其自新。忠贤得释,客氏夤缘复入宫,将甘心于安焉。时安奉旨掌司礼监,辞未赴,王体乾即欲起攘之,因忠贤以危言动客氏。忠贤遂嗾给事霍维华劾安,客氏从中附和之。于是矫旨革安职,而以体乾掌司礼监。忠贤必欲杀安,遂以刘朝提督南海子,而降安为南海净军,勒令自裁。安既死,而忠贤益无所惮矣。忠贤暗文义,乃取旧司礼监李永贞入备赞画,李实、李明道、崔文昇各司监局,探上意为奸,忠贤自掌东厂。

编 九月,葬庆陵④。

纪 上以客氏保护圣躬,命户部择田二十顷,以为护坟香火之用。魏忠贤

---

① 嚚:骂。
② 儇薄:轻浮。
③ 逆知:预知。
④ 庆陵:明光宗陵墓。

侍卫有功,命工部以陵工成,叙录。御史王心一奏言:"梓宫未殡,先规客氏之香火;陵工既成,强入忠贤之勤劳。于礼为不顺,于事为失宜。忠臣爱君,必防其渐。"上怒,责之。

編 冬十月,降吏科给事中侯震旸于外。

紀 初,客氏已出宫,复召入,震旸奏曰:"陛下于客氏,始而徘徊眷注,稍迟其出,犹可言也;出而再入,不可言也。中涓群小①,炀灶借丛,王圣宠而煽江京、李闰之奸②,赵娆宠而媾(gòu)曹节、王甫之祸③,可为寒心。"上怒,降之。时御史王心一、倪思蕙等相继疏劾④,皆谪降。

編 吏部尚书周嘉谟罢,大学士刘一燡回籍。

編 十一月,以都察院左都御史张问达为吏部尚书,刑部左侍郎邹元标为左都御史。

編 辽东经略熊廷弼驻札右屯⑤。

紀 廷弼奏言:"顷见兵部上疏,欲臣提兵出关,臣敢不出?惟是经略一出,观望非轻。西人视以为轻重,东敌视以为进退,兵将视以为勇怯。枢臣第知经略一出,足以镇定人心,不知无一兵之经略出,更足摇动人心也。前留援兵三千,已尽出关矣,此外无一卒一骑。不知枢臣与臣何项兵马出关?又不知臣驻广宁,抚臣应驻何地?乞敕兵部速议,

---

① 中涓:宦官。
② 王圣:汉安帝乳母,与宦官江京、李闰煽动内外。
③ 赵娆:汉灵帝乳母,与宦官曹节、王甫共相勾结。
④ 据《明史》,"蕙"应作"辉"。
⑤ 右屯:即广宁右屯卫,在今辽宁凌海市东南右卫镇。

无使担安危之重臣徒手出门,为敌所笑。"既而出关,驻札右屯。

编 四川永宁宣抚使奢崇明叛①。

纪 崇明性阴鸷,佯为恭顺,凡有征调,罔不应命。子奢寅有逆志。会以
辽事急,征四方兵,崇明遂上疏,请提兵三万赴援,遣其将樊龙、樊虎
以兵至重庆。四川巡抚徐可求点核,汰其老弱发饷,饷复弗继,龙等
遂鼓众反,杀可求。已而贼逼成都,御史薛敷政、左布政使朱燮元悉
力捍御。贼围城久,岁且尽,会有俘民脱归者,言贼旦夕须旱船一决
胜负。

编 壬戌,二年(1622),春正月,四川左布政使朱燮元大破贼兵成都下,奢
崇明及其子寅走。诏以燮元为四川巡抚。

纪 贼数千,自林中大噪而出。视之,有物如舟,高丈许,长五百尺。楼数
重,簟茀(diàn fú)左右②,板如平地。一人披发仗剑,上载羽旗,中数百
人各挟机弩毒矢,牛数百头运石觳(gū)行,旁翼两云楼,俯视城中。
燮元曰:"此吕公车也,破之非炮石不可。"炮石者,巨木为杆柱,置轴
柱间,转索运杆,千钧之石,飞击如弹丸。贼舟不得近,燮元复募敢死
士,以大炮击牛,中其当轭者,牛骇,返走。乘势纵击,败之。

裨将刘养鲲言:"有诸生范祖文、邹尉陷贼中,遣孔之谭来约,贼将罗
乾象欲自拔效用。"燮元即遣之谭复往,至则与乾象俱来。燮元方卧
戍楼,呼与饮。乾象衷甲佩刀,燮元不之疑,就榻呼同卧,酣寝达旦。
乾象感激,誓以死报,许之,缒而出。后贼营举动,纤悉无不知者,乾

---

① 永宁:宣抚司名,治今四川叙永县。
② 簟茀:竹席。

象之力也。逾数日,又使牙将周斯盛诈降,诱其来,设伏待之。崇明果自至,伏起,获其从骑数人,崇明跳身免。乾象等内变,贼营四面火起,崇明父子拔营走,乾象等来归。成都围解,贼归重庆。事闻,以燮元为巡抚。

〔广宁之败,辽东尽失〕

編大清兵渡河。

紀先是,王化贞上疏请战,廷议赐化贞尚方剑,便宜行事。化贞遂令总兵刘渠移军振武,而广宁遂空矣。

編二月,大清兵下广宁,监军高邦佐死之。

紀大清兵至振武,总兵刘渠方集阵,先锋孙得功乃王化贞心腹将也,未战,遽呼曰:“兵败矣!”率所部走降。渠略阵,马蹶被杀。西平守将罗一贯死之。得功入广宁,谕军民降,封府库以待。化贞卧方起,参将江朝栋排闼入,曰:“城中走空矣。”化贞股栗,不知所为,索所坐马,已为左右窃去,仓皇乘朝栋马以行。及门,乱兵诃之曰:“尔不得出。”将缚之。朝栋后至,挥刀与斗,乃得出。

广宁既失,化贞所招敌骑大肆杀掠,难民西奔者十不存一二,弃老幼于途,蹂践死者相望。化贞从数十人走闾阳①,适经略熊廷弼自右屯引兵至。化贞向廷弼哭,廷弼曰:“公不召募敌骑,不撤广宁兵于振武,当无今日。此时惟有护百万生灵入关,勿以资敌足矣。”乃整众西行。化贞与宁前道张应吾殿后,总督王象乾验放入关。

————————

① 闾阳:驿名,在今辽宁北镇市。

初,按臣方震孺在广宁,卧未起,闻抚臣走①,亦单骑出奔。各道臣前后相继走。惟监军高邦佐沐浴衣冠,望阙再拜,从容自缢,其仆高永从死焉。

编 诏辽东抚臣王化贞逮问,经臣熊廷弼回籍听勘。

纪 御史谢文锦疏言:"熊廷弼控扼山海②,调度三方,广宁原非辖外,而必欲驱之右屯。初因边报紧急,移驻闾阳,分兵应援,未为失策。迨至军民奔溃,与抚臣并辔而西,不能只身死敌,恶得无罪?王化贞专制一方,初意敌骑外助,辽人内应,侥幸奇功。不觉堕计,乃复守备不设,浪兵催战,弃广宁而奔,罪更何辞?然臣窃叹经臣责任虽重,事权实轻,不幸与兵部相忤,系手缚足,展布无由,欲图固守而不可得;抚臣意气既锐,荧惑复多,又不幸有兵部为主,言听计从,虽欲不战而不可得。是二臣之陷于刑辟者,皆尚书张鹤鸣致之也。"有旨:"广宁失守,经、抚罪无所逃。王化贞逮问,熊廷弼回籍听勘。"

编 以孙承宗为兵部尚书、东阁大学士,直文渊阁。

编 三月,以王在晋为兵部尚书兼都察院右副都御史,经略辽、蓟、津、莱军务。

编 夏四月,会勘辽东经、抚熊廷弼与王化贞,并坐斩,诏从之。

纪 刑部尚书王纪、左都御史邹元标、大理寺卿周应秋会审熊廷弼、王化贞,狱成,奏言:"王化贞全不知兵,用敌而反为敌用,用间而反为间

① 抚臣:指王化贞。
② 山海:指山海关。

用。叛逆如孙得功者，日侍左右而不悟。及敌骑尚在百里之外，而弃广宁如敝屣，安所逃罪？宜服上刑。熊廷弼才猷气魄，睥睨一世，往年镇辽而辽存，去辽而辽亡，关系非小。及再起经略，即缴有'控扼山海'之旨，识者已知其无意于广宁矣。抵关以后，微有可观。使广宁告急之日，廷弼仗义誓师，收余烬以图恢复，反败为功，死且不朽。计不及此，一闻大兵既败，先奔榆关。即有盖世之气，亦不足赎丧师失地之罪矣。若引从前经略观之，比之杨镐更多一逃，比之袁应泰反欠一死。如厚诛化贞而少宽廷弼，罪同罚异，非刑也，俱坐斩。"从之。

編 起杨涟为兵科都给事中。

編 礼部尚书孙慎行劾前大学士方从哲罪。

紀 慎行上言："皇考宾天，缘医人进药不审。李可灼进红药两丸，乃原任大学士方从哲所进。夫丸不知何药物，而乃敢突以进。《春秋》：'许世子进药于父，父卒，世子自伤与弑，不食死。'《春秋》尚不少假借，直书'许世子弑君'。然则从哲宜何如处焉？臣谓从哲纵无弑之心，却有弑之事，欲辞弑之名，难免弑之实，宜直书云：'方从哲连进红药两丸，须臾，帝崩。'恐百口无能为天下万世解矣。乞将从哲速严两观之诛，李可灼严加拷问，置之极刑。"有旨："会议具奏。"

編 五月，授毛文龙总兵官。

編 秋七月，贵州水西土目安邦彦叛①。

編 以太常寺少卿王三善为右佥都御史，巡抚贵州。

---

① 水西：土司，在今贵州黔西市。

編 诏李可灼着法司究问，崔文昇仍发遣南京。

紀 吏部尚书张问达、户部尚书汪应蛟会议："孙慎行疏论方从哲，'弑逆'二字，何忍加之？但李可灼进药之后，适会皇考宾天，台臣王安舜疏请严究，从哲先票罚俸，继票养病去，失之太轻。从哲已认罪，自请削夺，为法任咎矣。若李可灼，应拏解法司究问。至崔文昇，先进大黄凉药，及可灼进红丸，又不详察。可否应与可灼并正典刑？"上曰："李可灼本不知医，希图侥幸，委应重处。方从哲票拟太轻，然心迹自明，何可轻议？可灼着法司究问，崔文昇仍发遣南京。此事纷纭多日，今处分已定，大小臣工不得再生事端。"

編 以李若珪、杨涟并为太仆寺少卿。

編 八月，左都御史邹元标、副都御史冯从吾并致仕。

紀 兵科给事中朱童蒙疏劾元标、从吾醵(jù)金讲学①，比之妖贼。元标、从吾致仕归。

編 冬十月，修撰文震孟、庶吉士郑鄤(màn)、太仆寺卿满朝荐并谪归。

紀 震孟上言勤政讲学之实，中云："君臣相对如家人父子，则左右近习无缘可以蒙蔽。"疏入，魏忠贤不下。郑鄤复疏趣之，曰："经御览而留中，则非止辇转圜之义；不经御览而留中，必有藏伏奥援之奸。本朝故事，惟武宗及神宗末年有之。权珰炀灶，相顾太息，无可如何矣。"忠贤深恶之。承上观剧，摘震孟疏中"傀儡登场"语激怒上。时朝荐亦言之力，俱谪归。

---

① 醵金：凑集钱财。

编十一月,以赵南星为都察院左都御史。

编十二月,以顾秉谦、魏广微为大学士,入阁办事。

编以杨述中为川贵总督。

编癸亥,三年(1623),春正月,安邦彦复纠奢寅父子,与云南土司安效良等,率众数万,并力攻陆广①。

纪先是,贵抚王三善以仓储空虚,欲因粮于敌。又诸军视贼过易,前锋杨明楷率兵渡河,列营三十里外。一军屯陆广,向大方奢社辉②;一屯鸭池,向安邦彦巢穴。至是,贼攻陆广,明楷奋勇接战。众溃,溺水死者数千,明楷陷贼中。贼乘胜赴鸭池,我兵退屯威清,三善收兵入城。土司苗仲见我军不利,复肆劫掠。自龙里至瓮城,尸横四十余里。

编秋八月,诏开内操。

纪开内操,钲鼓之声,喧阗(tián)宫禁③。御史刘之凤上言:"虎符重兵,何可倒戈,授巷伯之手④?假令刘瑾拥甲士三千,能束手就擒乎?"御史李应昇、黄尊素、宋师襄交章论之。尊素疏有"阿保重于赵娆,禁旅近于唐末"等语,魏忠贤尤恶之。皆矫旨切责。

忠贤自杀王安后,益骄横。设内操万人,衷甲出入。内监王进尝试铳上前,铳炸伤进手,上几危。光宗选侍赵氏与客、魏不协,矫旨赐死。

①陆广:在今贵州修文县境。
②大方:今贵州大方县。
③阗:充满。
④巷伯:宦官。

选侍尽出光宗所赐珍玩列于庭,再拜投缳而绝。裕妃张氏方妊,膺册封礼。客氏潜于上,绝饮食,闭襁道中。偶天雨,匍匐掬檐溜数口而绝。成妃李氏诞二公主而殇。先是,冯贵人尝劝上罢内操,客、魏恶之,矫旨贵人诽谤,赐死。成妃从容为上言之,乃矫旨革封,绝饮食。成妃故鉴裕妃饥死,密储食物壁间,数日不死。魏、客怒少解,斥为宫人。皇后张氏素精明,魏、客惮之。后方妊,腰痛,客氏密布心腹宫人,奉御无状,陨焉。又于上郊天之日,掩杀胡贵人,以暴疾闻。

编 冬十月,以杨涟为左佥都御史,协理院事。

编 贵州巡抚王三善自将兵六万击安邦彦,大败之,邦彦遁走。

纪 三善直趋大方,沿途杀贼,降者相继。

编 十一月,王三善入大方。奢社辉及其子安位乞降,总督杨述中许之。

纪 时三善以元凶未穷,当用剿为抚,而述中一意主抚,议遂不合。三善驻大方,日久食尽,述中弗为援。安邦彦日夜聚兵自益,令其党陈其愚诈降。三善轻信之,多与参赞军务,由是纤悉尽知。

编 甲子,四年(1624),春正月,王三善自大方还贵州,为贼党陈其愚所杀。

纪 其愚从三善行,忽传其愚山后遇贼,三善勒马回视,其愚故纵辔冲三善堕地。三善知有变,将帅印付家人,属令护持先去,即抽袜中小刀自刎。颈皮已破,其愚下马夺其刀,贼蜂拥而至,三善骂贼不屈,贼割其首去。事闻,杨述中回籍听勘。既而监军御史傅宗龙获陈其愚,诛之。

编三月，以蔡复一为川贵总督兼巡抚贵州，赐尚方剑。

编荫魏忠贤弟侄一人锦衣百户。

编夏五月，以许显纯掌北镇抚司理刑。

〔杨涟弹劾魏忠贤〕

编六月，左副都御史杨涟疏劾魏忠贤二十四大罪。

纪涟言："忠贤原一市井亡赖人耳，中年净身，夤入内地。初犹谬为小忠小信以幸恩，既而敢为大奸大恶以乱政。祖宗之制，以票拟托重阁臣，责无他委。自忠贤擅权，旨意多出传奉，径自内批，坏祖宗二百年来之政体。大罪一也。刘一燝、周嘉谟，同受顾命之大臣也。忠贤急于翦己之忌，不容陛下不改父之臣。大罪二也。先帝一月宾天，进御、进药之间实有隐恨。执《春秋》讨贼之义者，孙慎行也；明万古纲常之重者，邹元标也。忠贤一则逼之告病去，一则嗾言官论劾去。顾于护党气殴圣母之人，曲意绸缪，终加蟒玉以赠其行。亲乱贼而仇忠义，大罪三也。王纪、钟羽正先年功在国本，及纪为司寇，执法如山；羽正为司空，清修如鹤。忠贤一则使人交谇于堂，辱而迫之去；一则与沈淮交构陷之，削籍去。必不容盛时有正色立朝之直臣，大罪四也。国家最重，无如枚卜，忠贤一手握定，力阻前推之孙慎行、盛以弘，更为他辞以锢其出。岂真欲门生宰相乎？大罪五也。爵人于朝，莫重廷推。去岁南太宰、北少宰所推皆点陪贰，致一时名贤不安位去。颠倒有常之铨政，掉弄不测之机权，大罪六也。圣政初新，正资忠直。乃满朝荐、文震孟等九人，抗论稍忤忠贤，传奉尽令降斥,屡经恩典,竟阻赐环。长安谓陛下之怒易解,忠贤之怒难调。大罪七也。然犹曰外廷之臣子也。传闻宫中有一旧贵人,以德性贞静,荷上宠注,忠贤恐其露己骄横,谋之私比,托言急病,立刻掩杀。是陛下且不能保其贵幸矣。大罪八也。犹曰无名封也。裕妃以有喜得封,中外欣欣相告。忠贤以抗不附己,属其私比,矫旨勒令自尽。是陛下不能保其妃嫔矣。大罪九也。犹曰在妃嫔也。中宫有庆,已经成男,乃绕电流虹之祥,忽化为飞星堕月之惨,传闻忠贤与奉圣夫人实有谋焉。是陛下不能保其子矣。大罪十也。

先帝在青宫四十年,操心虑患,所以护持孤危者,仅王安一人耳。陛下仓猝受命,拥卫防护之中,亦不可谓无微忠。而忠贤以私忿,矫旨掩杀于南海子。是不但仇王安,而实敢于仇先帝之老仆与陛下老犬马,略无顾忌。大罪十一也。今日奖赏,明日祠额,要挟无穷,王言屡亵。近又于河间府毁人房屋,以建牌坊,镂凤雕龙,干云插汉,又不止于茔地擅用朝官规制,僭拟陵寝而已。大罪十二也。今日荫中书,明日荫锦衣,金吾之堂,口皆乳臭,诰敕之馆,目不识丁。如魏良弼、魏良材、魏良卿等,五侯七贵,何以加兹?大罪十三也。因立枷之法以示威,枷号家人者,欲扳陷皇亲也;扳陷皇亲者,欲动摇三宫也。当时若非阁臣力持,椒房之戚,又兴大狱矣。大罪十四也。良乡生员章士魁,以争煤窑伤其坟脉,托言开矿而致之死。假令盗长陵一抔土[①],何以处之?赵高鹿可为马,忠贤煤可为矿。大罪十五也。

伍思敬、胡遵道以侵占牧地细事,而径置囚阱。草菅士命,使青磷赤壁之气,先结于璧宫泮藻之间。大罪十六也。科臣周士朴执纠织监

---

① 长陵:汉高祖刘邦陵。

一事,原是在工言工,忠贤竟停其升迁,使吏部不得专其铨除,言官不敢司其封驳。大罪十七也。北镇抚臣刘侨不肯杀人媚人,自是在刑言刑,忠贤以其不善锻炼,竟令削籍。明示大明之律令可以不守,而忠贤之律令不可不遵。大罪十八也。科臣魏大中到任已奉明旨,鸿胪寺传单忽传诘责,及科臣覆奏,台省交章,又再亵王言。而煌煌天语,朝夕纷更,令天下后世视陛下为何如主?大罪十九也。东厂原以察奸细非常,不以扰平民也。自忠贤受事,鸡犬不宁。野子傅应星等为之招摇引纳,陈居恭为之鼓舌摇唇,傅继教为之投罟(gǔ)设网。片语违忤,驾帖立下。如近日之逮中书汪文言,不从阁票,不令阁知。而傅应星等造谋告密,日夜未已,势不至于兴同文之狱,刊党锢之碑不已者。当年西厂汪直之僭,恐未足语。此大罪二十也。

前韩宗功潜入长安,侦探虚实,往来忠贤私房之家,事露,始令避去。大罪二十一也。祖制不蓄内兵,原有深意。忠贤创立内操,使羽党盘踞其中,安知无大盗、刺客、深谋不宄之人?识者每为寒心。昔刘瑾招纳亡命,曹吉祥倾结达官,忠贤盖已兼之。大罪二十二也。忠贤进香涿州,警跸传呼,清尘垫道①,人人以为驾幸涿州。及其归也,以舆夫为迟,改驾驷马,羽幢青盖,夹护环遮,则已俨然乘舆矣。大罪二十三也。盖宠极则骄,恩多成怨。闻今春忠贤走马御前,陛下曾射杀其马,贷忠贤以不死。忠贤不自畏罪请死,且进有傲色,退有怨言,朝夕堤防,介介不释。从来乱臣贼子,只争一念放肆,遂至收拾不住,奈何养虎兕于肘腋间乎?此又寸脔忠贤,不足尽其辜者。大罪二十四也。凡此逆迹,左右既畏而不敢言,外廷又皆观望而不敢言。即或内廷奸

① 垫:除。

状败露,又赖有奉圣客氏为之弥缝其罪戾,而遮饰其回邪。举朝内外,但知有忠贤,不知有陛下。且如忠贤已往涿州矣,一切事情,必星夜驰请意旨,票拟必忠贤到始敢批发。嗟嗟！天颜咫尺之间,忽漫不请裁,而驰候忠贤意旨于百里之外,事势至此,陛下威灵尚尊于忠贤邪?"疏入,忠贤亦惧祸,泣诉上前,客氏又从中委曲调之。遂令魏广微条旨。广微素固结忠贤,附为同姓。涟疏中复有"门生宰相"语,广微恨之。是时,忠贤亦有疏辞厂,疏先下,备极温谕。次日,乃下涟疏,切责不少贷。诸臣无不愤激,继涟申奏者,不下百余疏,无不危悚激切,俱不听。

编 秋七月,大学士叶向高予告回籍。封光宗选侍傅氏为懿妃,李氏为康妃。

编 九月,大学士孙承宗请贷杨镐、熊廷弼、王化贞死,许之。

纪 承宗出关视师,请:"宽累臣杨镐、熊廷弼、王化贞死罪,遣戍效用。"上许待以不死。

编 冬十月,降吏科都给事魏大中、吏部员外夏嘉遇、御史陈九畴三级,调外。吏部尚书赵南星、左都御史高攀龙乞罢,许之。

纪 大学士韩爌力争,不报。南星等狼狈去国。

编 削吏部左侍郎陈于廷、右都御史杨涟、左佥都御史左光斗籍。

纪 赵南星之去也,铨部以陈于廷代署,西台以杨涟代署,俱留中。及会推冢宰,涟以注籍不与。其所会推乔允升、冯从吾、汪应蛟,上仍以南星私人责之,并责杨涟、河南道御史袁化中。一时尽去,部署为空。

编 十一月,加援辽总兵官毛文龙左都督,赐银币。

编 以崔景荣为吏部尚书,改户部尚书李宗延掌都察院事。

编 以徐兆魁为吏部左侍郎。

编 十二月,复逮汪文言。

编 乙丑,五年(1625),春正月,起崔呈秀复为御史。

纪 呈秀为高攀龙所纠,乃微服叩赂魏忠贤,愿为忠贤子,呼之以父。忠
　 贤大悦,遂出中旨,免其勘,起用。时忠贤窃柄,动曰中旨。兵科给事
　 中李鲁生阿忠贤意,上言:“执中者帝,宅中者王,旨不自中出而谁
　 出?”时论鄙之。

编 罢礼部侍郎何如宠、右谕德缪昌期。削太仆寺少卿刘宗周籍。起用
　 阮大铖等十一人。

编 二月,大理寺丞徐大化劾杨涟、左光斗。

纪 大化奏:“涟、光斗党同伐异,招权纳贿。”命俟汪文言逮至鞫之。

编 削御史周宗建、李应昇、黄尊素、张慎言籍。

纪 工部主事曹钦程复劾赵南星、周宗建、张慎言、李应昇、高攀龙、黄尊
　 素、邹维涟、魏大中,大约诬以受熊廷弼赂,以汪文言为之证。

编 夏四月,给事中霍维华疏论梃击、红丸、移宫三案。

纪 霍维华上疏论三案,其略曰:“选侍之请封也,请封妃也。妃之未封,
　 而况于后?请之不得,而况于自后?不妃不后,而况于垂帘?臣谓宫

不难移也,王安等故难之也。难移宫者,所以重选侍之罪,而张拥戴之功。神祖册立东宫稍迟,诸臣群起而争之。然笃爱震器,始终不渝。倘果如奸邪所称,废立巫蛊之谋,则九阍邃密,乃藉一风癫之张差,有是理乎?非神祖、先帝慈孝无间,王之寀、陆大受同恶相济,开衅骨肉矣。神祖升遐,先帝哀毁,遽发凤疾,而悠悠之口,致疑于宫掖,岂臣子所忍言?孙慎行借题红丸,诬先帝为受鸩,加从哲以弑逆,邹元标、钟羽正从而和之。两人立名非真,晚节不振,委身门户,败坏生平。伏乞严谕纂修诸臣,以存信史。"已而《三朝要典》成,魏忠贤矫宸翰弁之。

编 五月,命锦衣卫指挥掌北镇抚事许显纯勘问汪文言狱。

纪 辞连赵南星、杨涟、左光斗、魏大中、缪昌期、袁化中、惠世扬、毛士龙、邹维涟、邓汉、卢化鳌、夏之令、王之寀、钱士晋、徐良彦、熊明遇、施天德等。已而忠贤矫旨,命显纯复讯之。于是周朝瑞、黄龙光、顾大章并以求缓杨、熊狱入焉。

初,文言再下诏狱,锻炼两月余弗屈,有旨杖之百。其甥悲失声,文言叱曰:"孺子真不才!死岂负我哉,而效儿女子相泣邪?"至是下狱,严鞫者四,酷刑备加,弗屈如故。最后不能堪,始仰视许显纯曰:"吾口终不似汝心,任汝巧为之,我承焉可也。"显纯诬魏、周诸人以赃,文言蹶起曰:"天乎冤哉!以此蔑清廉之士,有死不承!"

编 秋七月,下杨涟、周朝瑞、左光斗、顾大章、袁化中于北镇抚司。

纪 初,狱上,拟涟以移宫一案。许显纯等相与谋,谓:"不可。入移宫,则罪名不大。不假借封疆,则难与追赃。"遂坐以受熊廷弼贿。涟等不肯承,而显纯棰楚甚酷,无生理。左光斗曰:"彼杀我有两法:乘我之不服,而亟鞫以毙之;又或阴害于狱中,徐以病闻耳。若初鞫辄服,即送法司,或无死理。"于是靡焉承顺。遂五日一比,惨毒更甚,见者无不切齿流涕。

编 八月,御史张讷请废天下书院。

纪 讷上书论东林书院,诋邹元标、孙慎行、冯从吾、余懋衡,俱削籍。

编 副都御史杨涟卒于狱。

编 吏科都给事魏大中卒于狱,其子学洢死之。

〔熊廷弼之死〕

编 决熊廷弼于市。佥都御史左光斗卒于狱。

编 九月,赐魏忠贤印,文曰"顾命元臣";客氏印,文曰"钦赐奉圣夫人"。顾大章下狱卒。

编 冬十月,皇子生。

编 以兵部尚书高第经略辽东。

编 十一月,戮赵南星于振武卫。

编 以崔呈秀为工部右侍郎。

纪 时殿工兴,魏忠贤借督工,无日不与呈秀屏人密语。呈秀授党人姓名,如《天鉴》等录,忠贤奉为圣书。《天鉴录》首列东林叶向高、韩爌等十六人,次列东林之党孙鼎相、徐良彦等六人,又列真心为国、不附东林顾秉谦、魏广微等十七人。《同志录》者,陈宗器、韩维思、黄尊素、李应昇、贺烺等十八人。《点将录》者,首天罡星:托塔天王李三才、及时雨叶向高、浪子钱谦益、圣手书生文震孟、白面郎君郑鄤、霹雳火惠世扬、大刀杨涟、智多星缪昌期等三十六人;地煞星:神机军师顾大章、旱地忽律游大任、鼓上皁(zào)汪文言等七十二人。

编 丙寅,六年(1626),春三月,辽东经略高第以病免。

编 以王之臣总理辽东、蓟镇、天津、登莱等处军务。

编 以宁前道袁崇焕巡抚辽东。

编 逮前吏部主事周顺昌下狱,杀之。

〔苏州民变〕

纪 顺昌,吴县人①。时缇骑出,魏大中被逮,过吴,顺昌周旋累日,临别涕泗,即以女许配其孙允祁(rán)。缇骑趣大中行,语侵顺昌,顺昌张目叱之曰:"若不知世间有不畏死男子邪?若曹归语而忠贤,我即故吏部郎周顺昌也。"大中下狱,御史倪文焕即以缔婚事劾顺昌,削籍。内臣李实复疏参顺昌、高攀龙、李应昇、黄尊素、周宗建五人,俱矫旨逮系。缇骑挟威横行,所至索金数千。宗建逮行未三日,而逮顺昌者复至,吴中沸然。士民素德顺昌,闻其逮,不胜冤愤。吴令陈文瑞,顺昌所拔士也。夜半叩户求见,抚床为恸。顺昌曰:"吾固知诏使必至,此特意中事耳,毋效楚囚对泣。"颜色不变。语良久,令请顺昌入治装,

---

① 吴县:今江苏苏州市。

举家号恸。顺昌改囚服,出门,士民拥送者不下数千人。顺昌出赴使署开读。巡抚毛一鹭至署,诸生五六百人,王节、杨廷枢、刘羽仪、文震亨等遮中丞,恳其疏救。一鹭流汗,不能出一语。缇骑见议久不决,厉声曰:"东厂逮人,鼠辈何敢置喙?"于是,市人颜佩韦等前问曰:"旨出朝廷,乃东厂邪?"缇骑曰:"旨不出东厂将谁出?"众怒,哄然而登,丛殴缇骑,立毙一人。顺昌步诣府署,手书别亲友,以是月二十六日行,人无知者。就诏狱,许显纯拷比倍酷,身无完肤,骂不绝口。显纯令狱卒私殒之。临死短章,祈以尸谏,狱卒见而毁焉。

评东林党:

东林党始于顾宪成等在无锡东林书院讲学,评论时政,朝臣遥相应和,时人谓之东林党。当时明神宗怠政,阁权下降,朝中缺乏权威约束,政事紊乱。东林党自命"清流",以代表"天下是非"自居,敢于对国家大事、中枢政务多所批评;反对矿监税使和阉党,活跃于诸多重大政治事件之中。众多东林党人在与宦官阉党斗争的过程中,秉持气节,具有宁死不屈的精神和风骨,与阉党中道德沦丧的士大夫官僚形成鲜明对比,在朝野享有较高声望。但是部分东林党人存在迂阔空疏的习气,陷入门户之争。党争中的政治倾轧,成为导致明朝灭亡的因素之一。

编 水西苗老虎、阿引等杀贼首奢寅来降。

编 夏六月,浙江巡抚潘汝祯请为魏忠贤建祠宇,乞赐额,从之。

纪 时汝祯疏先至,而巡按刘之待疏迟至一日,忠贤怒,削夺之。

编 阁臣顾秉谦进《三朝要典》。

编秋八月,我大清太祖高皇帝崩。

编九月,我大清太宗文皇帝即位。

编苏杭织造李实奏:"建魏忠贤祠宇成,乞命杭州卫百户沈尚文等,永守
　祠宇,世为祝釐崇报。"从之。

## [魏忠贤阉党气焰]

纪祠建于西湖之麓,备极壮丽。阁臣缙绅施凤来撰记,张瑞图书丹,赐
　额曰"普德"。子衿微有反唇者,则守祠之竖丛殴之。自是四方效尤,
　几遍天下。各曲意献媚,务穷工作之巧。攘民田墓,伐人树木,无敢
　发声。其上食享祀,一如王公。像以沉香木为之,眼耳口鼻手足,宛
　转一如生人。腹中肺肠,皆以金玉珠宝为之,衣服奇丽。髻上穴空其
　一,以簪四时香花。一祠木像头稍大,小竖上冠,不能容。匠人恐,急
　削而小之,以称冠焉。小竖抱头恸哭,责匠人。

**评宦官专权:**

　明代宦官专权,主要体现在批红权、掌握厂卫、充任矿监税使、镇守
监军等方面。宦官专权依附于皇权,主要出自皇帝个人的宠信重用,更
多的表现为个别宦官专权,而未形成如汉、唐般宦官集体专权的势力,不
拥有独立的军事权。明代宦官专权的性质,主要是以皇帝家奴身份窃取
了"管家"权力,是皇权的延伸。这决定了即使个别宦官权势滔天、不可
一世,一旦失宠,就会被轻易铲除。明代宦官人数众多,内部存在着派系
和权力斗争。明后期宦官专权,相当一部分士大夫趋附羽翼,形成"阉
党",这是既往宦官专权罕见的现象。

编皇子薨。大学士顾秉谦回籍。

编冬十月,以霍维华为太仆寺卿,毛一鹭为南京兵部右侍郎。

毛海明 评注

万　明　彭　勇　邓闳旸 审定

# 明鉴易知录卷一三

卷首语:本卷起明熹宗天启七年(1627),止思宗崇祯十一年(1638),记载了崇祯帝即位前后十二年的史事。崇祯诛杀魏忠贤,驱逐阉党。各地相继爆发农民起义,李自成、张献忠等起义军称王号,屡败屡起。清军加强对明朝的攻势,逼近京师,侵扰河北、山东。明廷捉襟见肘,疲于应对。

# 明　纪

## 熹宗哲皇帝

编丁卯,七年(天启七年,1627),春正月,我大清太宗文皇帝天聪元年。

编削翰林陈仁锡、文震孟、郑鄤籍。拟孙文豸罪,坐斩。

纪文豸,仁锡戚也,尝作策论嘲时。魏忠贤知之,因诬文豸"造妖言,谤
朝政",置重辟。所指妖言者,则韩愈《原道篇》、钦天监《步天歌》也。
先是,仁锡在讲筵,因王恭厂火灾①,又见正人屠戮,忠贤竭土木不
休,讲时不避忌讳。忠贤怒,遂命许显纯拟文豸狱。词连仁锡等,因
削职,追夺诰命。

编夏五月,大清兵围锦州城,分兵围宁远②,俱不克而还。

编六月,海寇郑芝龙等犯闽山、铜山、中左等处。

编秋七月,以田吉为兵部尚书,霍维华为蓟辽总督。

编八月,起复崔呈秀为兵部尚书、少傅兼太子太傅,仍兼都察院左都
御史。

编帝崩。

---

① 王恭厂火灾:王恭厂,京城火药库所在地。天启六年五月发生大爆炸,死伤二万余人。
② 宁远:今辽宁兴城市。

纪上不豫。时魏忠贤张甚,中外危惧。上召皇弟信王入①,谕以当为尧舜之君,再以善事中宫为托,及委用忠贤语。信王出,上崩。忠贤自出,迎王入。王危甚,袖食物以入,不敢食大官庖也。是时,群臣无得见王者,王秉烛独坐。或曰忠贤欲自篡,而崔呈秀以时未可,止之。

编信王由检即位。

纪王即位于中极殿,受百官朝,毋贺。朝时,忽天鸣。

编九月,东厂太监魏忠贤乞辞位,不许。奉圣夫人客氏出外宅。

编冬十一月,安置魏忠贤于凤阳,籍其家。

纪初,上神明默操,忠贤党与林立,莫发其奸。御史杨维垣首纠崔呈秀,语侵忠贤,而崔、魏之势衰。后工部主事陆澄源、兵部主事钱元悫直攻忠贤,贡生钱嘉徵上数忠贤十大罪。忠贤不胜愤,哭诉于上。上命内侍读嘉徵疏,使听之,忠贤震恐丧魄。客、魏相倚,知信邸内监徐应元为上所任,忠贤屈身事之,馈以货,告之辞东厂印,援为后劲,应元果为间。至是,谪忠贤凤阳司香祖陵,籍客、魏二氏。安置徐应元于显陵,寻谪戍。

〔魏忠贤伏诛〕

编魏忠贤、客氏伏诛。

纪上谕兵部曰:"逆恶魏忠贤擅窃国柄,诬陷忠良,罪当死。姑从轻降发

---

① 信王:即后来的崇祯皇帝朱由检。

凤阳,不思自惩,素蓄亡命之徒,环拥随护,势若叛然。令锦衣卫擒赴,治其罪。"忠贤宿阜城尤氏邸舍,其党密报上旨,知不免,夜自经。命太监王文政严讯客氏,得宫人妊身者八人,盖出入掖庭,多携其家侍媵(yìng)①,冀如吕不韦、李园事也。上大怒,立命赴浣衣局掠死。侯国兴、魏良卿等俱伏诛。

编　追复太监王安官,予祭葬,立祠。

编　以钱龙锡、杨景辰、来宗道、李标、周道登、刘鸿训并为礼部尚书、东阁大学士。罢苏杭织造。

编　命削田尔耕籍,籍其家。

纪　户部员外王守履奏:"逆党,文臣崔呈秀、田吉、吴淳夫、李夔龙、倪文焕为'五虎',武臣田尔耕、许显纯、孙云鹤、杨寰、崔应元为'五彪'。"乃命籍尔耕家。尔耕贪婪,好罗织诸臣,榜掠惨毒,皆尔耕为之。

编　释大理寺少卿惠世扬、御史方震孺狱。

编　罢各道镇守内臣。

纪　上谕兵部:"先朝于宣大、蓟辽、东江之地,分遣内臣协镇。一柄两操,甚无谓也。且宦官观兵,古来有戒,其概罢之。"

　　怀宗端皇帝②

编　戊辰,怀宗皇帝崇祯元年(1628),春正月,召前兵部尚书霍维华。

---

① 侍媵:指姬妾婢女。
② 清军入关后,为崇祯上庙号怀宗,谥庄烈端皇帝。南明弘光政权,为之上庙号思宗。作者取清所上庙号、谥号。

[纪]维华辞敕命,且述忤珰始末,荐周道登、郭巩,不允辞。

[编]许显纯、田尔耕伏诛。

[纪]法司追论魏忠贤等罪,上命磔忠贤尸于河间,斩崔呈秀于蓟州,又戮客氏尸,寻复诛显纯、尔耕,天下快之。

[编]命内臣俱入直,非受命,不许出禁门。

[编]二月,以侍读学士温体仁直经筵日讲。免杨涟、熊廷弼等诬赃①。

[编]三月,以周延儒为礼部右侍郎。

〔起用袁崇焕〕

[编]夏四月,起袁崇焕为兵部尚书兼右副都御史,总督蓟辽、登莱、天津军务②。

[编]五月,戎政尚书霍维华罢。

[纪]兵部推维华署督师事,工科给事中颜继祖上言:“维华狡人,珰炽则附珰,珰败则攻珰。击杨、左者,维华也;杨、左逮而阳为救者,亦维华也。以刑科给事中,三年躐(liè)致尚书③。无叙不及,有责必加,即维华难以自解。乞褫革,以儆官邪④。”遂罢维华行边,寻免官归。

[编]光禄寺卿阮大铖罢。

---

① 诬赃:诬陷、栽赃。
② 登莱:设巡抚,驻登州府,治今山东蓬莱市。
③ 躐:超越。
④ 儆:警戒。官邪:官吏违法失职。

纪 大铖与左光斗同里,有隙。天启四年,吏科都给事中阙,宜补大铖,廷议以大铖贪邪,遂授魏大中。其后左、魏被陷,皆大铖意也。至是,御史毛羽健劾其党邪。明年,追削籍。

编 兵科给事中李鲁生、太仆寺少卿李蕃罢。

纪 鲁生当魏忠贤时,迎合中旨,倡为执中之说。蕃督学,建忠贤祠。至是,给事中颜继祖、御史王之朝劾罢之。鲁生、蕃故与礼科给事中李恒茂号"三李",谣曰:"官要起,问三李。"

编 编修倪元璐追论大学士顾秉谦、魏广微媚珰,夺恩荫,广微寻削籍。

编 六月,兵部议招海盗郑芝龙。

编 是月,大清兵入内地,毁锦州、杏山、高桥三城①。

编 秋七月,袁崇焕入朝。

纪 召见平台,慰劳甚至。问以方略,对曰:"陛下假臣便宜,计五年,全辽可复。"上曰:"五年复辽,朕不吝封侯之赏,卿其努力!"阁臣刘鸿训等请收还王之臣、满桂尚方剑,以赐崇焕,令便宜行事,上从之。

编 九月,郑芝龙降于巡抚熊文灿。

〔张献忠、李自成起事〕

编 冬十一月,府谷民王嘉胤倡乱②,延安人张献忠从之。

---

① 杏山:在今辽宁锦州市太和区。高桥:在今辽宁葫芦岛市东北高桥镇。
② 府谷:县名,今陕西府谷县。

纪是岁,延安大饥,嘉胤作乱。献忠阴谋多智,贼中号"八大王",其部最强,旁掠延安诸郡邑。

编起朱燮元仍总督贵、湖、云、川、广五省军务。

编十二月,米脂人李自成起为盗。

纪延安饥,不沾泥、杨六郎、王嘉胤等掠富家粟,有司捕之急,遂揭竿为盗。自成性狡黠,善走,能骑射,家贫,为驿书,往投焉。已而参政洪承畴击贼,破之,不沾泥等相次俘获。自成走匿山泽间,得免。

编己巳,二年(1629),夏四月,秦、晋饥,盗起①。

纪朝臣捐俸助饷,上曰:"诸臣兴利除害,国家受益多矣,何必言助?"

编袁崇焕杀左都督毛文龙。

编秋七月,以司礼太监曹化淳提督东厂。

编八月,总督贵、湖、云、川、广五省军务朱燮元讨奢崇明、安邦彦,诛之。

纪时燮元檄滇兵下乌撒,蜀兵出永宁,扼各路要害。而亲帅大军驻陆广,逼大方。崇明号"大梁王",邦彦号"四裔大长老",歹费、小阿、乌继、阿鲊怯等各号"元帅",悉力趋永宁。先犯赤水②,谍知之,燮元授意守将许成名佯北,诱贼深入。度贼已抵永宁,分遣林兆鼎从三岔入③,王国祯从陆广入,刘养鲲从遵义入。邦彦分兵四应,力不支。罗

---

① 秦、晋:指陕西、山西。
② 赤水:今贵州赤水市。
③ 三岔:寨名,在今贵州普定县北三岔街。

乾象复以奇兵绕出其背,急击之,贼大惊溃。崇明、邦彦等皆被创,汉兵斩其首以献。

燮元不欲穷兵,乃移檄安位,赦其罪,许其归附。而位竖子,不能自决,其群下复谋合溃兵拒明。燮元乃大会诸将曰:"水西多山险,丛箐篁(qìng huáng)①,蛮烟僰(bó)雨②,莫辨昼夜,深入难出,以此多败。当与诸君扼其要害,四面迭攻,渐次荡除,使贼乏粮,将自毙。"于是焚蒙翳,剔岩穴,截溪流,发劲卒,驰骋百余里。或斩樵牧,或焚积聚,暮还归屯,贼益不能测。凡百余日,所得首功万余级,生口数万。每得向导,辄发窖粟就食,而贼饥甚。刘养鲲遣其客入大方,烧其宫室,悬榜而出。安位大恐,乞降,燮元为奏请,诏许之。

编 冬十月,我大清太宗亲率兵入边,蒙古诸部贝勒、台吉皆以兵会。

编 李自成称"闯将"。

纪 都城警,诏天下勤王。山西巡抚耿如杞入援,兵溃于涿鹿③,叛走秦、晋间山谷。李自成出与之合,旬日间众至万余,推高迎祥为首,称"闯王",转寇山西、河南。贼中称自成为"闯将"。九年,官军击迎祥,斩之。群盗推自成为主。

编 十一月,大清兵南下,京师戒严。

纪 始遣乾清宫太监王应朝监视行营。太监冯元昇核军讫,始下户部发饷。又命太监吕直劳军。

---

① 箐篁:竹林、树木丛生。
② 僰:西南少数民族。
③ 涿鹿:今河北涿鹿县。

〔反间计杀袁崇焕〕

编十二月,逮蓟辽总督袁崇焕下狱。以礼部侍郎周延儒为礼部尚书、东阁大学士。

编是月,大清兵北去,京师解严①。

编庚午,三年(1630),春正月,大学士韩爌罢。复故大学士张居正荫,赐故都督戚继光表忠祠。命洪承畴巡抚延绥。

编二月,我大清太宗遣使持书至明议和。

纪书言:"满洲国皇帝致书明国皇帝:惟师旅频兴,互相诛戮,天之生民,罹祸实甚。言念及此,欲盟诸天地,共结和好,使两国获享太平。不然,何时止息干戈,以几治安邪?故特遣使持书议和,惟明示之。"又与锦州将士书,令其申奏和议。于是班师。

编三月,大清兵抵辽河,还沈阳。

编夏六月,进礼部尚书温体仁东阁大学士。

〔起义四起〕

编王嘉胤陷黄甫川、清水二营②,遂据府谷。

纪洪承畴与总兵杜文焕围之,贼夜劫营,官兵击败之。

① 解严:停止警戒。
② 黄甫川营:在今陕西府谷县黄甫镇。清水营:在今陕西府谷县清水镇。

編　王嘉胤等掠延安、庆阳,城堡多陷。

紀　总督杨鹤主抚,不以闻。与陕抚刘广生遣官持牌,四出招贼。贼魁黄虎①、小红娘②、一丈青、龙江水、掠地虎、郝小泉等,俱给牒免死,安置延绥、河西。但不焚杀,其劫掠如故,民罹毒益甚。有司莫敢告,而寇患成于此矣。

兵科给事中刘懋上言:"秦之流贼,非流自他省,即延、庆之兵丁土贼也。边盗倚土寇为向导,土寇倚边盗为羽翼。六七年来,韩、蒲被掠③,其数不多。至近年荒旱频仍,愚民影附,流劫泾、原、富、耀之间④,贼势始大。当事以不练之兵,剿之不克,又议抚之。其剿也,所斩获皆饥民也,而真贼饱掠以去矣;其抚也,非不称降,聚众无食,仍出劫掠,名降而实非降也。且今斗粟金三钱,营卒乏食三十余月,即慈母不能保其子,彼官且奈兵民何哉?且迩来贪酷成风,民有三金,不能供纳赋之一金。至于捕一盗,而破十数人之家;完一赎,而倾人百金之产。奈何民不驱为盗乎?若营兵旷伍,半役于司道,半折于武弁。所余老弱,既不堪战,又不练习。当责督抚清汰操练,以备实用也。"

編　山西流贼破蒲州、潞安⑤。

――――――――

① 黄虎:指张献忠。
② 据《明史纪事本末》《明崇祯实录》,"娘"作"狼"。
③ 韩:韩城县,今陕西韩城市。蒲:蒲城县,今陕西蒲城县。
④ 泾:泾阳县,今陕西泾阳县。原:三原县,今陕西三原县。富:富平县,今陕西富平县。耀:州名,治今陕西铜川市耀州区。
⑤ 潞安:府名,治今山西长治市。

编 冬十月,王嘉胤陷清水营,杀游击李显宗,复陷府谷。十二月,盗神一元破宁塞①,据之,杀参将陈三槐。围靖边②,遂陷柳树涧、保安等城③。

编 辛未,四年(1631),春正月,刑科给事中吴执御请罢理财、加派等事,不听。

纪 执御言:"理财、加派,不得已而用之,未有年余不罢者。捐助、搜括二者,尤难为训。"上曰:"加派,原不累贫;捐助,听之好义。惟搜括滋奸,若得良有司奉行,亦岂至病民乎?"

编 神一元陷保安,副总兵张应昌击败之。

纪 一元死,弟一魁领其众。

编 命御史吴甡赍金赈陕西饥荒,招抚流盗。

编 二月,神一魁围庆阳。

纪 宜君贼赵和尚等各分犯④,不知其数。

编 三月,贼帅孙继业、茹成名等诣总督杨鹤降。

纪 贼六十余人来降,鹤受之。设御座于固原城楼上,贼跪拜,呼万岁。因宣圣谕,令设誓,各解散,或归伍,或归农。自此群盗视总督如儿戏矣。

编 夏五月,我大清太宗定官制,设立六部。

―――――――――

① 宁塞:在今陕西吴起县东北。
② 靖边:千户所,在今陕西靖边县。
③ 保安:县名,今陕西志丹县。
④ 宜君:县名,今陕西宜君县。

编 神一魁降于总督杨鹤。

纪 一魁降,鹤责数其罪,俱伏谢。一魁有战骑五千,鹤侈其事,上言乞赐数万金赈济。时宜君、洛川盗蜂起①,鹤又止巡抚练国事北征。宜、洛贼亦求抚于国事,从之。其胁从饥民,各给牒回籍,首领置军中。省臣劾宣大总督魏云中、陕西总督杨鹤恇怯玩寇②。上切责云中等平盗自赎。时言官交论鹤,鹤疏引咎。

编 六月,副总兵曹文诏击斩王嘉胤于阳城,贼复推王自用为首。

纪 自用号曰紫金梁,其党自相名目,有老回回、八金刚、闯王、闯将、八大王、扫地王、闯塌天、破甲锥、邢红娘③、乱世王、混天王、显道神、乡里人、活地草等,分为三十六营。

编 秋七月,逮总督陕西三边都御史杨鹤下刑部狱,论戍边。

编 八月,我大清太宗亲统诸军入边,至旧辽河而营。蒙古贝勒各率兵来会④。

编 九月,以洪承畴总督三边,张福臻巡抚延绥。命太监张彝宪总理户、工二部钱粮,唐文征提督京营戎政,王坤往宣府,刘文忠往大同,刘允中往山西,各监视兵饷。

编 给事中吴执御劾大学士周延儒,疏留中。

————————————

① 洛川:县名,今陕西洛川县。
② 恇:恐惧。
③ 据《明史纪事本末》,"娘"作"狼"。
④ 贝勒:满语,贵族称号。

纪执御论延儒:"揽权壅蔽,私其乡人。塘报奏章,一字涉边疆盗贼,辄借军机密封下部。明畏廷臣摘其短长,他日败可以捷闻,功可以罪案也。陛下习见延儒摘发细事,近于明敏,遂尔推诚,抑知延儒特借此以行其私乎?"上切责之。执御劾疏凡三上,俱留中。

编冬十月,命太监监军。

纪王应朝往关宁,张国元往蓟镇东协,王之心中协,邵希韶西协。

编十一月,以太监李奇茂监视陕西茶马,吴直监视登岛兵饷。

纪初,上既罢诸内臣,外事俱委督抚。然上英察,辄以法随其后,外臣多不称任使者。崇祯二年,京师戒严,乃复以内臣视行营。自是衔宪四出,动以威倨上官,体加于庶司,群相壅蔽矣。

编张献忠率众降于三边总督洪承畴。

编壬申,五年(1632),春正月,延绥贼陷宜君,复陷保安、合水①。

纪贼伪为米商入宜君,遂陷之,复陷保安、合水。流入山西者,陷蒲州、永宁,大掠四出。山西巡按御史罗世锦归咎于秦,谓以邻为壑。给事中裴君赐,晋人也,上言:"责成秦之抚镇,驱之回秦,而后再议剿抚。"盖当事之无定见如此。

编洪承畴请留陕西饷银二十万资剿费,并以劝农,从之。

编三月,削工部右侍郎高弘图籍。

纪弘图上言:"臣部有公署,中则尚书,旁列侍郎,礼也。内臣张彝宪奉

———————————

① 合水:县名,在今甘肃。

总理两部之命,俨临其上,不亦辱朝廷而亵国体乎?臣今日之为侍郎也,贰尚书,非贰内臣。国家大体,臣固不容不慎,故仅延之川堂相宾主,而公座毋宁已之。虽大拂彝宪意,臣不顾也。且总理公署,奉命别建,则在臣部者,宜还之臣部,岂不名正言顺而内外平?”上以军兴,饷事重,应到部验核,不听。弘图遂引疾求去,疏七上,竟削籍。

编 三边总督洪承畴等击贼,大败之。斩贼首可天飞,擒其党郝临庵、独行狼,诛之。

纪 先是,延西诸寇,承畴偕曹文诏先后清荡。而铁角城乃边盗薮,郝临庵、可天飞为官军所败,独行狼跳入其伍,耕牧铁角城,为持久计。闻他盗尽平,甚惧。承畴、文诏击破之,斩可天飞,其二贼亦生得,就诛,军声益振。文诏忠勇善战,承畴与下同甘苦,得士卒心。转战四载,斩级三万。西人稍稍休息,然亦惫甚矣。

陕西原任通政使马鸣世奏曰:“三秦为海内上游①,延安、庆阳为关中藩屏,榆林又为延、庆藩篱。无榆林必无延、庆,无延、庆必无关中矣。乃自盗发以来,破城屠野,四载于兹。良以盗众我寡,盗饱我饥,内鲜及时之饷,外乏应手之援。揆厥所由,缘庙堂之上,以延、庆视延、庆,未尝以全秦视延、庆;以秦视秦,未尝以天下安危视秦。而且误视此流盗为饥民,势焰燎原,莫可扑灭。若非亟增大兵,措大饷,为一劳永逸之计,恐官军骛于东,贼驰于西,师老财匮,揭竿莫御。天下事尚忍言哉?乞敕所司,亟措饷二十万,给民牛、种,为兵士犒赏,急图安戢,庶全秦安而各镇安矣。”

---

① 三秦:指关中地区。

编夏四月,湖广流盗自兴国入江西泰和、吉安等处①。

编秋八月,山西巡抚宋统殷击贼于长子②,贼奔沁水③。

编以司礼监太监曹化淳提督京营戎政。

编冬十一月,罢山西巡抚宋统殷,以许鼎臣代之。

编海盗刘香老犯福建小埕(chéng)④,游击郑芝龙击走之。张献忠复叛。

编癸酉,六年(1633),春正月,副总兵左良玉败贼于涉县西⑤,斩其渠。

编进副总兵曹文诏都督同知。

纪文诏连败贼于忻、代间⑥,斩首千五百级。

编二月,诏吏部荐举潜修之士。

纪谕科道不必专出考选,馆员须应先历知、推,垂为法⑦。

编大学士周延儒罢归。

纪延儒以宣府阅视太监王坤疏劾,乞罢,不允。左副都御史王志道上
　　言:“王坤不宜侵辅臣。”上召廷臣于平台,谓志道曰:“遣用内臣,原
　　非得已,朕言甚明,何议论之多也? 昨王坤之疏,朕已责其诬妄。乃

---

① 兴国:州名,治今湖北阳新县。泰和:县名,今江西泰和县。
② 长子:县名,在今山西长子县。
③ 沁水:县名,今山西沁水县。
④ 小埕:防备倭寇、海盗的水寨。
⑤ 涉县:今河北涉县。
⑥ 忻:州名,治今山西忻州市。代:州名,治今山西代县。
⑦ 垂:流传、推演。

廷臣举劾,莫不牵引内臣,岂处分各官,皆为内臣邪?"对曰:"王坤直劾辅臣,举朝皇皇,为纪纲法度之忧。臣为法度惜,非为诸臣地也。"上曰:"廷臣于国家大计不之言,惟因内臣在镇,不利奸弊,乃借王坤疏要挟朝廷,诚巧佞也。"因诘志道者再。延儒曰:"志道非专论内臣,实责臣等溺职。"上色稍霁(jì)①,曰:"职掌不修,沽名立论,何堪宪纪?"立命志道退。延儒遂放归。

编 夏五月,命太监陈大金等监纪各路兵将功罪。

纪 上谕兵部:"流寇蔓延,各路兵将功罪,应有监纪。特命太监陈大金、阎思印、谢文举、孙茂霖为内中军,会各抚道,分入曹文诏、左良玉诸营。"寻复以阎思印同总兵张应昌合剿。汾阳知县费甲鏸(huì)以逼迫苦供亿,坠井死。

编 六月,海盗刘香老犯长乐②。

编 秋九月,总兵张应昌败贼于平山。

纪 应昌获贼首张有义,即一盏灯也。

编 冬十月,帝论囚。

纪 上素服御建极殿,召阁臣商榷,温体仁竟无所平反。陕西华亭知县徐兆麟③,赴任七日,城陷,竟弃市。上颇心恻,体仁不为救,人皆冤之。

编 十二月,延绥巡抚陈奇瑜击贼,大破之。贼首皆被诛,延水盗悉平。

---

① 霁:怒气消散。
② 长乐:县名,今福建福州市长乐区。
③ 华亭:县名,今甘肃华亭市。

紀时秦贼已尽入晋,流突畿辅、河南至数十万。而延绥贼首钻天哨、开山斧独据永宁关①,前阻山险,下临黄河,负固数年不下。奇瑜谋取之,乃阳传总制檄发兵,简众七千人抵延川②,潜师疾走入山。贼不虞大兵至,仓皇溃佚。焚其巢,纵击,斩首千六百级,二贼死。分兵击贼首一座城,斩之。延水盗悉平,奇瑜威名著关陕。

编是年陕西、山西大饥。

编甲戌,七年(1634),春正月,山西巡抚戴君恩诱执降盗王刚等,诛之。

纪降盗王刚、王之臣、通天柱等至太原挟赏,君恩设宴诱刚等斩之,共斩四百二十九人。而岢岚大盗高加计号显道神③,尤横。会大旱,饥民投贼者愈众。

编李自成、张献忠走盩厔(zhōu zhì)、鄠(hù)县间④。

纪总督洪承畴率总兵曹文诏等先后剿诸贼,斩获甚众。群贼悉奔入商、洛、兴平大山中⑤。自成、献忠奔盩、鄠间。

编谪刑科给事中李世祺于外。

纪以劾大学士温体仁、吴宗达也。山西提学佥事袁继咸上言曰:"养凤欲鸣,养鹰欲击。今鸣而箝其舌,击而绁(xiè)其羽⑥,朝廷之于言官

---

① 永宁关:在今陕西延川县。
② 延川:县名,今陕西延川县。
③ 岢岚:州名,治今山西岢岚县。
④ 盩厔:县名,今陕西周至县。鄠县:今陕西西安市鄠邑区
⑤ 商:州名,治今陕西商洛市商州区。洛:洛南县,今陕西洛南县。
⑥ 绁:捆系。

何以异此？使言官括囊无咎①，而大臣终无一人议其后。大臣所甚利，忠臣所深忧，臣所为太息也。且陛下所乐听者谠言，而天下误以攻弹贵近为天子所厌闻，其势将波靡不止②。"上以越职言事，切责之。

编 三月，山西自去秋八月不雨，至于是月，大饥，人相食。

编 总理太监张彝宪请入觐官投册，以隆体统，许之。

纪 袁继咸上言："士有廉耻，然后有风俗；有气节，然后有事功。如总理内臣有觐官赍册之令，陛下从之，特在剔厘奸弊，非欲群臣诎膝也。乃上命一出，靡然从风，藩臬守令，参谒屏息，得免呵责为幸。嗟乎！一人辑瑞③，万国朝宗。诸臣未觐天子之光，先拜内臣之座，士大夫尚得有廉耻乎？逆珰方张时，义子、干儿，昏夜拜伏，自以为羞。今且白昼公庭，恬不知耻。国家自有觐典，二百余年，未闻有此，所为太息也。"上以越职言事，责之。已，张彝宪亦奏辨，谓："觐官参谒，乃尊朝廷。"继咸复上言："尊朝廷莫大于典例。知府见藩臬行属礼，典例也。见内臣行属礼，亦典例乎？诸司至京投册吏部各官，典例也。先谒内臣，亦典例乎？事本典例，虽坐受，犹以为安；事创彝宪，即长揖，只增其辱。高皇帝立法，内臣不得与外事，若必以内臣绳外臣，《会典》所不载。"上仍切责之。

编 夏四月，海盗刘香老犯海丰。

---

① 括囊：扎结囊口，不使囊中之物出来。
② 波靡：随波逐流，顺风而倒。
③ 辑瑞：征集五等诸侯之瑞玉，使之来朝。

编六月,罢各道监视太监。

编总督陈奇瑜受李自成降,复给牌回籍。

纪奇瑜围自成于汉中车厢峡①,会连雨四十日,贼马乏刍,死者过半,弓矢俱脱,贼大窘。自成乃自缚乞降,奇瑜许之,各给免死票回籍。自是复纵横不可制矣。

编秋七月,李自成陷澄城②,围郃阳③。

纪自成闻洪承畴兵至,解围去,转寇平凉、邠州④。

编江西饥,观政进士陆运昌上《抚字八条》。

编九月,贼二十余营,西至函谷关⑤,东至河阳⑥,连屯百余里。别贼万余,连营洛南、阌(wén)乡⑦。

编陕贼陷扶风⑧。

编命吴甡巡抚山西。

编冬十一月,侍读倪元璐上《制实》《制虚》各八策。

纪元璐上《制实八策》:"曰离敌交,缮旁邑,优守兵,靖降戎,益寇饷,储

---

① 车厢峡:在今陕西安康市西。
② 澄城:县名,今陕西澄城县。
③ 郃阳:县名,今陕西合阳县。
④ 邠州:治今陕西彬州市。
⑤ 函谷关:在今河南新安县。
⑥ 河阳:县名,今河南孟州市。
⑦ 阌乡:县名,今河南灵宝市西北。
⑧ 扶风:县名,今陕西扶风县。

边才,奠辇毂①,严教育。"又《制虚八策》:"曰正根本,伸公议,宣义问,一条教,虑久远,昭激劝,励名节,明驾驭。"疏入,上令确奏伐交实计。其"抚降戎、储边才、留秦晋饷、馆监教习",俱下部。其《制虚八策》多系奉旨,不必继陈。既而元璐再陈间敌之术,且请尽撤监视内臣以重边疆,不报。

编 逮陕西巡抚练国事,命李乔巡抚陕西。

编 削总督陈奇瑜职,听勘。

编 十二月,进洪承畴兵部尚书,总督河南、山西、陕西、湖广、保定、真定等处军务,其总督三边如故。

编 总督两广熊文灿遣守道洪云蒸等招刘香老,被执。

纪 文灿令云蒸、巡道康承祖,参将夏之本、张一杰,往谢道山招刘香老,被执。文灿奏:"云蒸等信贼自陷。"上以"贼渠受抚,自当听其输诚,岂有登舟往抚之理?弛备长寇,尚称未知,督臣节制何事",命巡按御史确核以闻②。已,令文灿戴罪自效。

编 乙亥,八年(1635),春正月,谪兵部职方主事贺王盛于外。

编 河南贼分三道。

编 张献忠掠庐、凤、安庆。

---

① 辇毂:天子的车驾,代指京师。
② 确核:确切核实。

编 夏四月,广东左布政王世德及福建游击郑芝龙合击刘香老,诛之。

纪 芝龙合世德兵,击刘香老于田尾远洋。香老胁洪云蒸出船止兵,云蒸大呼曰:"我矢死报国,亟击勿失!"遂遇害。香老势蹙,自焚,溺死。康承祖、夏之本、张一杰脱归。寻以世德为云南巡抚,加芝龙参将。

编 六月,免陕西巡抚李乔官,以甘学阔巡抚陕西。

编 秦贼摇天动袭陷西和①。

编 秋七月,秦贼陷澄城。八月,陷咸阳。

编 命湖广巡抚卢象昇总理直隶、河南、山东、四川等处军务,统关、辽兵,赐尚方剑,便宜行事,专制中原。

编 进文震孟礼部左侍郎兼东阁大学士。

编 冬十月,老回回袭陷陕州。

编 帝下诏罪己,避居武英殿,减膳、撤乐。

纪 除典礼外,惟以青衣从事,以示与行间文武士卒甘苦相同之意。

编 十一月,秦贼一字王等部众出关,抄掠诸路。

纪 一字王部众二十万,撞天王统十七万,自潼关出犯阌乡、灵宝。大队东行,尘埃涨天,阔四十里,络绎百里,老弱居中,精骑居外。左良玉与总兵祖宽两军相隔,东西七十里,遥望山头,不敢邀击。贼抄掠诸路,截烧粮草,诸军乏食。

---

① 西和:县名,今甘肃西和县。

编 十二月,张献忠合诸贼围庐州,分道陷巢县、含山,遂陷和州,沿江下犯江浦。

编 丙子,九年(1636),春正月,以刘宗周为工部右侍郎。

编 授淮安武举陈启新吏科给事中。

纪 启新上言:"今天下有三大病:曰科目取人、资格用人、推知行取科道。惟陛下停科目以诎虚文,举孝廉以崇实行,罢推知行取以除积横之习。蠲灾伤钱粮,苏累困之民。而且专拜大将,举行登坛、推毂之礼①,使其节制有司,便宜行事。庶几民怨平而寇氛靖。"上异其言,特授吏科给事中,命遇事直陈毋隐。

启新本庸人,时政府觇知上意,必有辟门特达之典,故令启新上书,跪正阳门。曹化淳实闻之于内,立致省垣,将借以搏击善类。迨启新既得进,惟从事敝车羸马,以逢迎上意,而政府有求皆不应,故政府恨之,不见信任。工部右侍郎刘宗周上言:"武生新授吏科给事中陈启新,一言投契,立置清华,此诚盛事。臣愚谓宜先令以冠带办事黄门,稍如试御史例,俟数月后,果有忠言奇计,实授未晚。不然,如名器可惜何?"

编 总理卢象昇大败张献忠于滁州。

纪 献忠合群贼围滁州,象昇大败之。贼窜河南。

编 总兵陈永福败李自成于朱仙镇②。

---

① 推毂:本义推车前进,古代帝王任命将帅时的隆重礼遇。
② 朱仙镇:在今河南开封市朱仙镇。

纪自成出河南,攻固始①。左良玉遇自成于阌乡,相持六日,永福援之,败之于朱仙镇。自成走登封、密县②。寻自成诱别部贼入河南当官兵,而自帅麾下奔汉南,循南山险阨,遵商洛而行,复出陕西。官军败绩于罗家山,失亡士马无算。自成自鄜州至延绥③。

编二月,山西饥,人相食。

编甘肃总兵柳绍宗败贼过天星于西宁州。

纪过天星合九条龙等八营,西掠兰、河④,南扰会宁。洪承畴檄左光先与绍宗合兵击之,绝其西奔。贼复自万安走盐池,两军力战,破之。贼穷蹙请降,陕西巡抚甘学阔受其降,安插其部数万人于延安。寻延河劫掠如故。

编三月,贼九条龙、张胖子从南漳、柳池,陷谷城、官山,逼保康。

编南阳荐饥⑤。

纪唐王聿键奏:"南阳有母烹其女者。"

编陕西巡抚甘学阔削籍听勘,以孙传庭代之。

编夏四月,延绥总兵俞翀霄引兵逐李自成,被执。

纪自成欲往绥德,渡河入山西,定边副将张天机力战却之。贼沿河犯朝

①固始:县名,今河南固始县。
②密县:今河南新密市。
③鄜州:治今陕西富县。
④兰、河:兰州、河州。
⑤荐:再次。

邑,将围绥德,翀霄引兵逐贼,陷贼伏中。翀霄被执,绥延精卒尽覆。贼分陷米脂、延安、绥德。贼本延安人,至是再入延安。衣锦绣昼游,衔其亲戚,故从乱者益众。

编是月,我大清太宗建国号曰清①,改天聪十年为崇德元年。

编六月,命司礼太监曹化淳同法司录囚。

编秋七月,我大清兵至居庸。遣内中军李国辅守紫荆关,许进忠守倒马关,张元亨守龙门关,崔良用守固关,勇卫营太监孙维武、刘元斌防马水沿河。

编以张元佐为兵部右侍郎,镇守昌平。

纪时内臣提督天寿山者,皆即日往,上语阁臣曰:"内臣即日就道,而侍郎三日未出,何怪朕之用内臣邪?"

编巡抚陕西孙传庭击贼于盩厔,大破之。

〔高迎祥之死〕

纪擒贼首闯王高迎祥及刘哲等,献俘阙下,磔于市。

编八月,老回回焚开封西关。

纪时群盗出没豫、楚间,散而复合。

---

① 万历三十三年,努尔哈赤开始称"建州国",自称"国王"。万历四十四年,努尔哈赤建国号大金,史称后金。至此,改国号为清。

编 九月,我大清兵从建昌冷口还①。

纪 守将崔秉德请率兵遏归路,总监高起潜不敢进,扬言当半渡击之。侦骑报师已尽行四日,起潜始进石门山,报斩三级。

编 以兵部侍郎王家贞巡抚河南,总理直隶、川、湖、山、陕军务。

编 冬十月,工部侍郎刘宗周上疏谏用中官,不报。

纪 宗周上言:"人才之不竞,非无才之患,而无君子之患。今天下即乏才,亦何至尽出二三中官下。每当缓急之际,必依以大任。三协有遣,通、津、临、德有遣,又重其体统,等于总督。中官总督,将置总督于何地?是以封疆尝试也。且小人与中官每相引重,而君子独岸然自异,故自古有用小人之君子,终无党比中官之君子。陛下诚欲进君子退小人,而复用中官以参制之,此明示以左右袒也。"不报。

编 起复杨嗣昌为兵部尚书。命采平阳、凤翔诸矿,以储国用。

编 总督贵、湖、云、川、广等处军务朱燮元讨摆金、两江、巴香、狼坝,火烘五洞叛苗,悉平之。

纪 燮元既平叛苗,水西势益孤。又通上下六卫并清平、偏镇四卫道路,凡一千六百余里,设亭障,置游徼,以便往来。滇中沐氏土舍普名声乱,燮元奉命移兵讨诛之。

编 丁丑,十年(1637),春二月,左良玉大破贼于舒城、六安②,连战三捷。

---

① 建昌冷口:今河北迁安市东北冷口。
② 舒城:县名,今安徽舒城县。六安:州名,治今安徽六安市。

纪 时总兵秦翼明败闯塌天于细石岭,擒贼首一条葱、新来虎。贼至英山,分营山险,伐竹为筏,谋渡江,潜窜大山中。应天巡抚张国橄左良玉入山搜捕,良玉新立功,骄蹇不奉调发,惮入山险,屯于舒城。国维三橄之,始自舒城进发,贼已饱掠出境。山西总兵王忠以兵援河南,称病数月不进,一军噪而西归。给事中凌义渠劾之,诏逮王忠入都。革良玉职,杀贼自赎。

编 命陕西巡抚孙传庭兼总理河南。

编 夏闰四月,以熊文灿为兵部尚书兼副都御史,总理直隶、山、陕、川、湖军务,督剿流寇。

编 河南巡抚陈必谦罢,以常道立代之。

编 六月,大学士温体仁以疾罢归。

编 秋七月,以史可法为右佥都御史,巡抚安、庐、池、泰等处军务。

编 江北贼陷六合,遂围天长。李自成寇泾阳、三原,西安大震。

编 官军败张献忠于黄冈。

纪 献忠复入江北,东掠至仪真,扬州告急。献忠寻西走入楚。

编 八月,以薛国观为礼部左侍郎兼东阁大学士。

编 冬十月,陕贼过天星同李自成入蜀,混天王、蝎子块随之。川兵大败混、蝎二贼于广元,斩首千级。

编 水西安位死,西南悉平。

纪 位死无嗣,族属争立,朝议欲乘其弊郡县之,朱燮元上书谏,乃止。燮元遂传檄土目,谕以威德,诸部争纳土、献重器。燮元召将吏议,以为:"众建土司,使其势少力分,则易制。各欲保土地,传子孙,则不敢为逆。"乃上奏曰:"臣按西南之境,皆荒服也。杨氏反播①,奢氏反蔺②,安氏反水西。而滇之定番,弹丸小州,为长官司者十有七,二三百年未闻有反者。非他司好逆而定番忠顺也,盖地大者,跋扈之资;而势弱者,保世之策也。今臣分水西之壤,授诸渠长及有功汉人,咸俾世守。凡其俗虐政、苛敛,一切除之,使参用汉法,可为长久计。"制曰:"可。"西南遂底定焉。

编 十一月,以司礼太监曹化淳、杜勋等提督京营。

编 戊寅,十一年(1638),春正月,总兵左良玉、陈洪范大破贼于郧西③,张献忠请降。

纪 初,献忠为盗,洪范捕获献忠,异其貌而释之。以是怀旧恩,乞降于洪范,请率所部杀贼自效。总理熊文灿承制抚之,献忠请置家口于郧西。文灿为请于朝,诏贷其罪,立功自赎。

编 二月,巡按河南御史张任学改都督佥事总兵官,镇守河南。

纪 任学觊得巡抚④,且欲荐故丹徒知县张放⑤,极诋诸总兵不足恃,盛称

① 播:播州土司,在今贵州遵义市。
② 蔺:蔺州土司,在今四川古蔺县。
③ 郧西:县名,今湖北郧西县。
④ 觊:希图。
⑤ 丹徒:县名,今江苏镇江市丹徒区。

文吏有奇才，可御寇。上竟以总兵授之，意大沮悔。

編 总督洪承畴大败李自成于梓潼①。

紀 自成率残众数千走溪南，孑身入楚，依张献忠，不许。至竹溪②，献忠
谋杀之。自成独乘骡，日行六百里，走商洛，至淅川老回回营③。卧
疾半年余，老回回授以数百人，仍出剽掠。

編 夏五月，宣大总督卢象昇以父忧罢，诏以陈新甲代之。

編 六月，逮湖抚余应桂，以方孔炤为湖广巡抚。

編 以杨嗣昌为礼部尚书兼东阁大学士。

編 秋九月，我大清兵薄墙子岭。总督吴阿衡及中军副将鲁宗文被执，皆
不屈，死之。

編 大清兵入密云。

紀 兵部檄宣大、山西总兵杨国柱、王朴、虎大威入援，总督卢象昇立遣三
帅入居庸，趋都城。陈新甲亦至，受敕印交代。象昇入勤王，中途闻
诏，仍赐尚方剑，总督天下援军。

編 冬十月，京师戒严。

紀 召孙传庭于陕西，洪承畴于三边。于是，承畴、传庭率诸将合兵五万，
先后出潼关入援。

―――――――――

① 梓潼：县名，今四川梓潼县。
② 竹溪：县名，今湖北竹溪县。
③ 淅川：县名，今河南淅川县。

编以丁启睿为都御史,巡抚陕西。

编大清兵逼京城。

编十一月,大清兵克高阳。前太傅、中极殿大学士、兵部尚书孙承宗死之。

编十一月,括废铜铸钱。

编十二月,改洪承畴蓟辽总督,孙传庭保定总督。加传庭兵部右侍郎,赐尚方剑,督诸镇援军。

编大清兵下山东。

毛海明　评注

万　明　彭　勇　邓闳旸　审定

# 明鉴易知录卷一四

　　卷首语：本卷起明思宗崇祯十二年（1639），止崇祯十六年（1643），记载了明朝灭亡前五年的史事。李自成、张献忠等起义军经历短暂的低迷后，再次崛起，转战陕西、河南、湖北、江西、安徽，攻陷洛阳、襄阳、西安等地，处死藩王，设官分职，建立政权，沉重打击了明朝的统治。松锦之战后，清军铺平了进军中原的道路。在起义军和清兵的交相攻击下，明朝濒临灭亡。

# 明　纪

怀宗端皇帝

编 己卯,十二年(崇祯十二年,1639),春正月,我大清兵克济南,德王被执。诏逮山东巡抚颜继祖下狱,论死。

编 二月,大清兵北旋。

编 巡抚河南常道立削籍,以李仙风为河南巡抚。

编 以司礼太监崔琳清理两浙盐课赋税。逮河南总兵张任学。

编 三月,左良玉大败河南贼于内乡。

编 夏四月,抚治郧阳戴东旻(mín)免①,以王鳌永抚治郧阳。

编 五月,张献忠叛于谷城,御史林鸣球死之。

纪 初,贼首高迎祥既诛,李自成困川西,群盗失势。献忠连败,精锐俱尽,始乞抚以缓诛,初无降意。及据谷城,潜勾诸贼为掎角,遂复思叛去,举人王秉贞为之谋主。至是,遂杀谷城知县阮之钿以叛,降贼罗汝才九营并起应之。献忠胁御史林鸣球上书,求封于襄阳,鸣球不从,遂杀之。

编 秋七月,总理熊文灿、总兵左良玉俱削职,杀贼自赎。

———————

① 郧阳:府名,治今湖北十堰市郧阳区。

纪文灿檄诸将进兵谷城,献忠焚谷城西走,与罗汝才合。良玉追贼于房县西①,贼设伏罗睺山。良玉兵渡隘,入伏中,贼四合围之。突围战,败绩,一军尽没。良玉失其符印,仅收残兵数百走回房县。事闻,文灿、良玉俱革职自效。

编诏撤各镇内监还京。大学士薛国观免。

编安庆巡抚史可法以忧归。

编八月,命大学士杨嗣昌以兵部尚书督师讨贼,赐尚方剑。

纪初,熊文灿与嗣昌深相结纳,嗣昌冀文灿成功,以结上知。文灿既败,嗣昌内不自安,请督师南讨,故有是命。

编九月,秦兵大破李自成于函谷。

纪自成众散略尽,其部下相继俱降。自成窜汉南,秦兵蹙之于北,左良玉阨武关以南②。自成穷蹙,不得他逸,食且尽,自经者数四,养子李双喜救之。自成因令军中尽杀所掠妇女,以五十骑冲围而南,遂逃入郧阳,息马深山中。时河南大饥,饥民所在为盗,自成乃自郧、均走伊、洛③,饥民从者数万,势复大振。

编冬十月,杨嗣昌至襄阳。诏逮熊文灿入京,论死。

编拜左良玉为平贼将军。

———————

① 房县:今湖北房县。
② 武关:在今陕西丹凤县武关镇。
③ 均:州名,治今湖北丹江口市。伊、洛:今河南洛阳市一带。

纪 良玉所部多降将,杨嗣昌谓可倚以办贼,为请于上,故有是命。

编 是岁,两京、河南、山东、山西旱饥。彗星见,谕停刑。

编 庚辰,十三年(1640),春正月,逮湖广巡抚方孔炤,命宋一鹤为湖广巡抚。

编 闰月,督师杨嗣昌奏辟永州推官万元吉为军前监纪,从之。

编 二月,杨嗣昌驻襄阳,调兵剿贼。

编 平贼将军左良玉大破张献忠于太平县之玛瑙山①。

纪 良玉斩贼首万级,献忠精锐俱尽,止千余骑自随,遁走兴、归山中。寻自盐井窜兴、房界上。良玉屯兴安、平利诸山,连营百里。诸军惮山险,围而不攻。贼伏深箐中,重贿山氓,市盐刍米酪。山中人安之,反为贼耳目,阴输兵情于贼。献忠得以休息,收散亡,养夷伤,群盗往往归之,兵复振。时罗汝才、过天星七股贼尽入蜀。

编 风霾亢旱,诏求直言。

编 谕户部以保定、永清等郡县刍粮给畿南饥民,发帑金六千赈山东。

编 三月,免畿郡料匠等银,赈京城贫民各钱二百。

编 杨嗣昌次荆门。

纪 嗣昌立大剿营,以新募湖南杀手二千人隶之。更以麾下骑兵为上将营,新抚降丁皆隶焉,以副将猛如虎将之。

---

① 太平县:今四川万源市。

编夏四月,罢郧抚王鳌永,以袁继咸抚治郧阳。

编五月,减商州、湖广田租。

纪上以两京及山东西、河南、陕西各处告饥,命地方有司设法赈济,招徕
　　流徙,抚按躬行州县,定殿最以闻。

编截漕米万石赈山东。

编六月,张献忠自兴、房走白羊山。

编秋七月,发帑金二万赈顺天、保定。

编八月,发仓粟赈河东饥民,帑金三万赈真定、山东、河南饥民。

编九月,张献忠、罗汝才陷大昌①。

纪二贼屯夔城山背。贼行营辎重妇女甚众,而诸军多观望不前,但尾贼
　　后。所至关隘,防兵多远遁,贼长驱直过。二贼合兵趋达州,谋西渡。

编张献忠、罗汝才渡河,入巴西。

纪杨嗣昌命监军万元吉监诸军西行,尾击贼。

编冬十月,张献忠、罗汝才陷剑州②。

纪官军转战于绵州③,二贼渡绵河而西。

编出帑金万两市旧棉衣,给京师贫民。

————————————

① 大昌:县名,今重庆巫山县大昌镇。
② 剑州:治今四川剑阁县。
③ 绵州:治今四川绵阳市。

编 十二月,李自成陷永宁①,杀万安王采鏧(qīng)。

纪 自成围永宁,陷之,焚杀一空,杀万安王,连破四十八寨。土贼一斗谷
　　等群盗响应,遂陷宜阳②,众至数十万。杞县诸生李岩为之谋主③。
　　贼每以剽掠所获,散济饥民,故所至咸归附之,其势益盛。

编 加福建参将郑芝龙署总兵。

纪 芝龙既诛刘香老,海氛颇息。又以海利交通朝贵,寖以大显。

编 是岁,两京、山东、河南、山西、陕西、浙江大旱、蝗,至冬大饥,人相食。

〔李自成自号闯王〕

编 辛巳,十四年(1641),春正月,李自成陷河南府④,杀福王,前兵部尚
　　书吕维祺死之。自成自号“闯王”。

纪 自成围河南府,福王募死士逆战,斩获甚多,贼引退。贼以大炮环攻
　　城,城守严不动,及昏而退。总兵王绍禹兵有驰而呼于城上者,外亦
　　呼而应之。绍禹兵即执副使王胤昌于城上,绍禹驰解之,诸军曰:“贼
　　已在城下,即总镇其如我何?”挥刀杀守陴者数人,守陴者皆惊坠
　　堞⑤。贼缘堞而上,叛兵迎之,贼遂入。
　　贼焚福王府,福王及世子俱缒城走。士民被杀数十万。执王胤昌已

————————————

① 永宁:县名,今河南洛宁县。
② 宜阳:县名,今河南宜阳县。
③ 杞县:今河南杞县。
④ 河南府:治今河南洛阳市。
⑤ 堞:城上女墙。

下各官,皆不死,惟一典史不屈见杀。

〔福禄酒〕

河南方大饥,通判白尚文坠城死,其尸为饥民所食,顷刻尽。自成发藩邸及巨室米数万石,金钱数十万,赈饥民。自成迹福王所在,执之,并执前兵部尚书吕维祺。维祺遇王于西关,谓王曰:"名义甚重,毋自辱!"王见自成,惶怖顿首乞命,自成责数其失,遂遇害。贼置酒大会,以王为俎,杂鹿肉食之,号"福禄酒"。维祺骂贼,不屈死。世子逸走,遇乱兵劫之,裸而奔于怀庆。

是时群盗辐辏,自成自称"闯王",雄诸贼。事闻,上震怒,逮王绍禹,磔之,籍其家。

编　副将猛如虎率诸将及张献忠、罗汝才于开县①,大战,败绩。二贼东走。

纪　初,贼南窜,督师监军元吉欲从间道出梓潼,扼归路以待贼。杨嗣昌檄诸军蹑贼急追,不得距贼远,令他逸,诸将皆尽向泸州。贼折而东返,归路尽空,不可复遏。至是,猛如虎率诸将及贼于开县,参将刘士杰奋先挥戈而进,如虎亦率亲兵从之。士杰奋勇前搏贼阵,连胜之。献忠凭高而望,见后军无继,左军皆前却不进,因以精锐绕谷中出官军后,驰而下。左军先溃,士杰及游击郭关、如虎子先捷皆战死。前军已覆,如虎突战溃围出,马仆、军符尽失。贼东走巫山、大昌②。元

———————————

① 开县:今重庆开州区。
② 巫山:县名,今重庆巫山县。

吉赴开县收召残兵,祭阵亡诸将,哀动三军。嗣昌在云阳①,闻开县失利,始悔不用诸将扼归路之谋矣。贼既度巫山,昼夜疾走兴、房山中。

編 二月,李自成寇开封,巡按高名衡、周王恭枵(xiāo)悉力御之,贼乃退。

編 诏逮河南巡抚李仙风,以高名衡巡抚河南。

編 张献忠陷襄阳,杀襄王。兵备副使张克俭、推官郦曰广死之。

紀 献忠、罗汝才走宜城②,侦襄阳无备,简二十骑持符伪为官兵,夜至城下,守者验符信启关。贼既入,即挥刀大呼,杀门者。城中先伏贼百余,俱起应之,纵火,光烛天。贼大队疾驰至,城中大乱,门洞开。昧爽,贼尽入城。知府王承曾突围走,克俭、曰广皆死之。贼焚襄王府,执襄王。献忠据坐王宫,坐王堂下,劝之以卮酒,曰:"吾欲断杨嗣昌头,而嗣昌远在蜀,今当借王头,使嗣昌以陷藩伏法。王其努力尽此一杯酒。"因缚王杀之,投尸火中。福清王常澄逃免,潜遣人索王尸,已烬,仅拾颅骨数寸以归。贼杀宫眷并贵阳王常法,尽掠宫女,发银十五万以赈饥民。襄阳守兵数千,军资器械山积,尽为贼有。左良玉同袁继咸发兵驰援,已不及。贼渡江,破樊城,陷光州、新野③。

編 李自成陷归德④。

---

① 云阳:县名,今重庆云阳县。
② 宜城:县名,今湖北宜城市。
③ 光州:治今河南潢川县。
④ 归德:府名,治今河南商丘市。

编三月，督师大学士杨嗣昌自缢于军。

纪时李自成已陷河南，福王遇害，嗣昌以连失二郡，丧两亲藩，度不免，遂自尽。监军元吉部署行营，命猛如虎驻蕲、黄①，防张献忠东逞②。

编削平贼将军左良玉职，戴罪平贼。逮郧抚袁继咸入京。

编夏四月，召前大学士周延儒入朝。

编进陕督丁启睿兵部尚书，代杨嗣昌督师讨贼。

编左良玉率兵击李自成于南阳，自成北走。

纪自成屯于卢氏。永宁宝丰举人牛金星向有罪当戍边，降于贼，自成以其女为妻。金星荐卜者宋献策善河、洛数，献策长不满三尺，见自成，献图谶云："十八孩儿当主神器。"自成大喜，拜军师。

编张献忠、罗汝才合兵陷随州，知州徐世淳死之。

纪世淳合户被杀，吏民屠僇不遗，血流成沟浍(kuài)③。

编五月，出兵部尚书傅宗龙于狱，以右侍郎都御史督陕西兵讨贼。

编秋七月，罗汝才北走李自成营。

纪汝才不合于张献忠，走邓州，与自成合营。时自成有众五十万，复得汝才军，众益炽。

① 蕲：州名，治今湖北蕲春县。
② 逞：疾行。
③ 浍：田间小沟。

编 八月,左良玉击张献忠于信阳,大败之。

纪 良玉败献忠于信阳,夺其马万余,降众数万。献忠负重伤,易服夜遁,
　　窜入山中。良玉军声大振。

编 九月,张献忠奔李自成。

纪 初,献忠与自成并起延西,以狡诈相雄长。自陷襄阳,杨嗣昌缢死,自
　　以威名远出自成右。及败来归,仅从数百骑。自成方强,欲屈之,献
　　忠不为下,自成怒,欲杀之。罗汝才知之,阴选五百骑资献忠,令他
　　徙。献忠乃昼夜东驰,与回、革诸贼合,入霍山,扼险拒守。

编 陕西总督傅宗龙与保定总督杨文岳会兵讨李自成,败绩。宗龙被执,
　　死之。

纪 宗龙与文岳之兵会,诸将贺人龙、李国奇将秦兵,虎大威将保定兵,共
　　结浮桥渡河,合兵趋项城①。自成、罗汝才亦结浮桥于上流,觇官军
　　至,尽伏精锐松林中,阳驱诸贼自浮桥西渡。宗龙、文岳两军并进,次
　　孟家庄,诸军散行墟落,以求刍牧。贼突起林中,搏官军,人龙、国奇
　　两军俱溃。人龙、大威北奔,国奇从之。保定兵宵溃,文岳夜奔项城。
　　宗龙独立营当贼垒,贼筑重围以困之。夜漏二下,宗龙潜勒军突贼
　　营,溃围出。诸军星散,宗龙徒步率散卒且战且走。翌日,至项城,贼
　　及之,被执。至城下,贼呼于门曰:"我秦督官军也,请启门纳秦督。"
　　宗龙大呼曰:"我秦督也,不幸堕贼手,左右皆贼耳,毋为所给。"贼唾
　　宗龙,宗龙骂曰:"我大臣也,杀则杀耳,岂能为贼诈城以缓死!"贼抽

① 项城:县名,今河南项城市。

刀击宗龙,中脑而仆,复厉声骂,贼斫其耳鼻,死城下。遂陷项城,屠
之。诏复宗龙兵部尚书、太子太保。

编 冬十月,张献忠召六营贼复出,攻舒城。

编 十二月,李自成围开封,总兵陈永福射中自成左目。自成退屯朱
仙镇。

纪 自成、罗汝才合兵陷禹州,徽王遇害。复围开封,巡抚高名衡、永福等
竭力守御。周王贮库金于城头,擒一贼者予百金,斩一首者五十金,
战没者恤其家五十金,伤者以轻重为差。杀贼甚众,永福射中自成左
目。自成屯朱仙镇。内乡、镇平、唐县、新野俱降于贼,邓州知州刘振
世死之。

编 是岁,两京、山东、河南、浙江大旱、蝗。

编 壬午,十五年(1642),春正月,李自成攻开封,不克,解围去。

纪 自成攻开封益急,洞车附城,凿城砖土而空之,广数尺,实以火药,燃
之,一烘而裂,曰"小放";窟城纵横数丈,实火药,燃之,一发震天,曰
"大放"。贼以精骑数千布围于外,执汴人畚(běn)土穴城①,为大窟十
余,辇火药数万斤,百炬齐燃。贼擐(huàn)甲持矛②,望城崩,将拥入。
贼穴城,畚其土砾于外,累累成阜。火药一发崩天,砖缶皆飞鸣外向,
贼之布围于外者,人、马成血糜。城之未穿者坚如石,犹寻丈。贼骇,
解围去。

---

① 畚:用蒲草或竹篾编织的盛物器具。
② 擐:穿。

编起孙传庭兵部侍郎,总督陕西兵剿寇。

〔松锦之战铺平清朝进取中原道路〕

编二月,我大清兵破锦州。辽东巡抚丘民仰被执,不屈,死之。

纪先是,锦州围急,民仰与总督洪承畴进至松山为声援。诸将王朴等军大溃,民仰、承畴入守锦州城,誓以同死。至是,民仰被执,不屈死。事闻,赠右都御史。

编李自成、罗汝才陷陈州①。兵备副使关永杰等死之。

纪自成、汝才合群盗八十万围陈州,永杰率士民死守。贼周围四十里,更番进攻。永杰力竭,城陷,战死城上。乡绅崔必之、举人王受爵等咸手刃数贼,被执,骂贼死。贼怒,屠陈州。

编夏四月,陕西总督孙传庭杀总兵贺人龙。

纪传庭檄召诸将于西安听令,人龙以兵来会。传庭大集诸将,缚人龙,坐之旗下,而数之曰:"尔为大帅,遇寇先溃,致秦督委命贼手,一死不足塞责也!"因命斩之,诸将莫不动色。因以人龙兵分隶诸将,刻期进讨。人龙,米脂人。初以诸生效用,佐督抚讨贼,屡杀贼有功,总全陕兵。叛将剧贼多归之,人龙推诚以待,往往得其死力。朝廷尝疑人龙与贼通,密敕传庭杀之。贼闻人龙死,酌酒相庆曰:"贺风子死,取关中如拾芥矣。"

编李自成、罗汝才复攻开封。

---

① 陈州:治今河南周口市淮阳区。

纪先是,贼再攻不克,士马多杀伤,群贼畏葸(xì)①,日逃亡数千。贼乃申约,围而不攻,以坐困之。

编五月,以郑三俊为刑部尚书。

编张献忠袭陷庐州,知府郑履祥死之。

纪先是,献忠遣英、霍游民阳为贸易者②,潜入庐州城。适督学御史以较士至郡,献忠遣贼数百,负书卷,衣青衿,杂诸生应试者,旅寓城中。夜漏三下,献忠卷甲疾驰入郡,城中贼纵火应之,城陷。学使者及兵备副使蔡如蘅俱走,知府郑履祥死之。庐州城池高深,贼屡攻不能克,至是一夕而陷。

编以马士英为兵部左侍郎兼右佥都御史,提督凤阳。

编六月,以蒋德璟、黄景昉、吴甡并为东阁大学士。

编张献忠复陷六安。

纪献忠将州民尽断一臂,男左女右。总兵黄得功、刘良佐兵救六安,再战败绩,得功归定远。献忠再陷六安,挫得功、良佐兵,谋渡江入南京。遂僭号改元,刻伪宝,选自宫男子,伪署总兵以下官。

编秋七月,诏援开封,诸军皆溃。逮督师丁启睿下狱,保督杨文岳削职听勘。

纪贼围开封久,守臣告急。援剿总兵许定国以山西兵渡河援之。定国

①畏葸:害怕,胆怯。
②英:英山县,今湖北英山县。霍:霍山县,今安徽霍山县。

兵溃于覃怀,督师援剿诸军溃于河上。时丁启睿、杨文岳合左良玉、虎大威、杨德政、方国安诸军,次于开封朱仙镇,与贼垒相望。启睿督诸军进战,良玉曰:"贼锋方锐,未可击也。"启睿曰:"汴围已急,岂能持久? 必击之。"诸将咸惧,请诘朝战①。良玉以其兵南走襄阳,诸军相次而走。督师营乱,启睿、文岳联骑奔汝宁。贼渡河逐之,追奔四百里,丧马骡七千,兵数万,俱降贼。事闻,诏逮启睿下狱,革文岳职听勘。

编　八月,改郑三俊为吏部尚书,范景文为刑部尚书。进刘宗周左都御史。

编　九月,河决开封,贼浮舟入城,肆掠以去。

纪　开封久困食尽,人相食。诏山东总兵刘泽清援开封。泽清立营朱家寨,贼攻之三日,诸兵不至,泽清引兵去。开封城北十里枕黄河,巡抚高名衡、推官黄澍等城守且不支,恃引河水环壕以自固,更决堤灌贼,可溃也。至是,河决开封。贼先营高处,然移营不及,亦沉其卒万人。河流直冲入城,势如山岳,水骤长二丈,士民溺死数十万。高名衡、陈永福咸乘小舟至城头。周王府第已没,从后山逸出西城楼,督师侯恂以舟迎王。总兵卜从善以水师至开封城上,黄澍从王乘城夜渡达堤口。诸军列营朱家寨。城中遗民尚余数万,贼浮舟入城,尽掠以去。

编　黄得功大破张献忠于潜山②。

---

① 诘朝:明日早晨。
② 潜山:县名,今安徽潜山市。

编 杀兵部尚书陈新甲。

纪 初,周延儒为营解甚力,因奏:"国法,大司马兵不临城不斩。"上曰:"他边疆即勿论,僇辱我亲藩七①,不甚于薄城乎?"不听。

编 冬十月,我大清兵自墙子岭入蓟州。

编 刘良佐再破张献忠于安庆。

纪 夺马骡五千,救回难民万余。献忠引兵西走蕲水。

编 李自成复陷南阳,屠之。

编 十一月,以赵光抃为兵部右侍郎兼右佥都御史,总督蓟州、永平、山海、通州、天津诸镇军务。

编 左都御史刘宗周上言六事。

纪 宗周言六事:"曰建道揆。京师首善之地,先臣冯从吾立首善书院,臣请亟复之,以昭圣明致治之本。曰贞法守。高皇帝读老氏'民不畏死,奈何以死惧之',立焚锦衣刑具。请一切狱词专听法司,不必下锦衣。曰崇国体。大臣自三品而上犯罪者,宜令九卿科道会详之后,乃付司寇,司寇议辟,始得收系。此于僇辱之中,不忘礼遇之意。曰清伏奸。凡禁地匿名文书,请一切立毁。曰惩官邪。京师士大夫与外官交际愈多愈巧,臣必为风闻弹劾之,惟祈严断。曰饬吏治。今吏治之败,无如催科火耗、词讼赎锾(huán)②,已复为常例矣。至于营升谢

① 僇辱:侮辱。
② 赎锾:罚金。

荐,巡方御史尤甚。臣请以风宪受赃之律,为回道考察第一义。"上是之。

编 闰月,我大清分兵南下。

编 李自成陷汝宁①。保定总督杨文岳、分巡佥事王世琮被执,死之。

纪 自成合诸贼围汝宁。监军孔贞会以川兵屯城东,杨文岳以保定兵屯城西。贼兵进攻,相拒一昼夜,川兵溃,保定兵不支。贼四面环攻,戴扉以障矢石,云梯如墙而立,城上矢石俱下,贼死伤众而攻不休,一鼓百道并登。执文岳及王世琮于城头,文岳、世琮厉声骂贼,贼怒,缚文岳等,以大炮击之,洞胸糜骨以死。世琮初授河南推官,屡却贼,射矢贯耳不动,号"王铁耳"。贼屠士民数万,燔烧邸舍无遗。寻拔营走确山②,向襄阳,掠崇王由樻及世子、诸王、妃嫔以行。

编 下礼科给事中姜埰于狱。

纪 先是,上戒谕言官,又时有匿名书二十四气之说,隐诋朝士。埰言:"陛下修省罪己,又致戒言官,唯视言官独重,故望之独切。若云代人规卸③,安敢谓尽无其事?臣独展转而不得其故,皇上何所闻而云然乎?如诽语腾谤,必大奸巨憝(duì)④,恶言官而思中之,谓不重其罪,不能激陛下之怒。箝言官之口,后将争效寒蝉,壅蔽天听,谁为陛下言之哉?"上怒,立置狱。

---

① 汝宁:府名,治今河南汝南县。
② 确山:县名,今河南省确山县。
③ 规卸:规避推卸。
④ 憝:奸恶。

编 削左都御史刘宗周籍。

纪 上召廷臣于中左门，问御敌及用督抚之宜。宗周曰："使贪使诈，此最误事。为督抚者，须先极廉。"上曰："亦须论才。"宗周退。御史杨若桥举西洋人汤若望演习火器，宗周进曰："唐宋以前，用兵未闻火器，自有火器，辄依为劲，误专在此。"上色不怿，曰："火器终为中国之长技。"命宗周退。群臣以次对，上色解。宗周又进，请释姜埰、行人右司副熊开元，言："厂、卫不可轻信，是朝廷有私刑也。"上遽怒，仰视屋梁曰："东厂、锦衣卫俱为朝廷，何公何私？"宗周抗论不屈。左副都御史金光宸言宗周无他意。上益怒，责宗周，免冠谢，徐起退。寻廷杖姜埰、熊开元，仍下狱。宗周削籍，光宸降调。吏部尚书郑三俊、刑部尚书徐石麒各疏救，不听。石麒罢。

编 十二月，李自成陷襄阳，分兵逼荆州。

纪 偏沅巡抚陈睿谟弃荆州①，奉惠王走湘潭。自成至荆州，士民开门迎之。贼入荆州。荆州诸县土寇蜂起。

编 河南巡抚高名衡免，以巡按御史王汉代之。

编 是岁，两京、山东、河南、浙江大旱、蝗。

编 癸未，十六年（1643），春正月，李自成陷承天。巡抚宋一鹤、钟祥知县萧汉死之。

纪 自成围承天，知府开门迎贼。巡抚宋一鹤时守城，下城巷战，将士劝

---

① 偏沅巡抚：分治偏桥和沅州。

之走,一鹤不听,挥刃击杀贼数人而死。钟祥知县萧汉,有贤声,贼戒其部曰:"杀贤令者死无赦。"乃幽之寺中,戒诸僧曰:"令若死,当屠尔等。"僧谨视之。汉曰:"吾尽吾道,不碍汝法。"遂自经。贼改承天府曰扬武州。

巡按李振声守显陵,迎降贼,贼列之上班。振声自以与贼同姓,肩舆出入营中,扬扬自得。贼欲发显陵,忽大声起山谷,若雷震,贼惧而止。总兵方国安等退屯汉口,左良玉退屯芜湖。

〔李自成设官建政〕

初,自成流劫秦、晋、楚、豫,攻剽半天下,然志乐狗盗,所至焚荡屠灭。既而连陷荆、襄、鄂、郧,席卷河南,有众百万,始侈然以为天下莫与争,思据有城邑,擅名号矣。群贼俱奉其号令,推自成为奉天倡义文武大元帅,号罗汝才曰代天抚民德威大将军。自成据襄阳,号曰襄京,其余所陷郡县,俱改易名号。修襄王宫殿,设官分职。封崇王由樻为襄阳伯。邵陵王在城、保宁王绍圯①、肃宁王术授俱降贼,改封伯。伪政府侍郎喻上猷荐列荆州绅士,贼下檄征之。江陵举人陈万策、李开先在所荐中,伪檄下,万策自经,开先触墙死。

编张献忠陷蕲水,屠之。

编二月,李自成陷郏县②,知县李贞死之。

纪自成分兵为四:老回回守承天,罗汝才守襄阳,革里眼往黄州,自将其

---

① 据《国榷》《小腆纪传》,"圯"应作"炨"。
② 郏县:今河南郏县。

一。自成攻郏县,李贞率士民坚守一昼夜,杀伤甚众。贼百道环攻,
一鼓而拔,纵兵大杀。贞大声叱贼曰:"驱百姓死守者知县耳,妄杀何
为!"骂贼不已。自成怒,褫其衣,倒悬于树。贞大呼曰:"高皇帝有
灵,我必诉之上帝以杀贼。"贼断其舌,剐之。母乔氏及妻俱死。

编 三月,命大学士吴甡出督师以讨贼。

纪 甡出督师,给五万金旌功。以大理评事万元吉为职方员外郎,仍充督
师军前赞画。

编 夏四月,大清兵北旋。

编 李自成袭杀革里眼、左金王,并其众。

编 李自成杀罗汝才,并其众。

〔张献忠称西王〕

编 张献忠陷黄州。副使樊维城死之。

纪 献忠自蕲水疾驰至黄州,乘大雾攻城。黎明,城陷。执维城,欲降之,
维城骂贼不屈,贼刺之,洞胸死。献忠据府自称西王。

编 五月,张献忠陷武昌。参将崔文荣、前大学士贺逢圣、楚府长史徐学
颜死之。

纪 总兵方国安率兵七千扼蕲州,献忠西向武昌。武昌武备积弛,闯、献
交窥江汉。时议募兵守城,而库藏空绌。楚王有积金百万,长史徐学
颜请王发金数十万以赡军,不听。大学士贺逢圣家居,倡义捐赀募
兵,金谓宜募土著。适承天、德安溃兵俱下,楚王尽募之为军锋,以学

颜领之,号"楚府兵"。

献忠沿江而上,悉师破汉阳,临江欲渡。武昌大震,议撤江上兵婴城守。参将崔文荣曰:"守城不如守江,守江不如守汉①。磨盘、煤炭诸洲,浅不过马腹,纵之飞渡,而婴城坐困,非策也。"议者不从。贼果从煤炭洲而渡,直逼城下。文荣御之,小有斩获。贼攻武胜门,文荣率诸军拒之,多杀伤。

楚府新募兵为贼内应,开门迎贼。文荣跃马持矛大呼,杀贼三人。贼攒矛刺之,洞腋死。逢圣与文荣俱守武胜门,城陷归家,衣冠北向再拜,以巨舟载其家出墩子湖。至中流凿舟,全家溺者十二人。学颜与贼格斗,断左臂,右手持刀不仆,贼支解之,一门死者二十余人。

贼执楚王,尽取宫中积金百余万,辇载数百车不尽,楚人以是咸憾王之愚也。贼沉王于西湖,屠僇士民数万,投尸于江。尚余数万人,纵之出城,以铁骑围而蹙之江中。浮尸蔽江而下,武昌鱼几不可食。其遗民数百,多刖(yuè)断手足,凿毁目鼻,无一全形者。献忠遂据楚王府,僭称武昌曰京城。伪设六部、五府,铸"西王之宝"。开科取士,授郡县官。

初,李自成兵临汉阳,不克,闻献忠取之,自成怒,榜示远近曰:"有能擒献忠以献者,赏千金。"及闻取武昌,复遣人贺之曰:"老回回已降,曹、革、左皆被杀,行将及汝矣。"献忠得书而惧,多赍金宝,报使于自成。自成留其使,献忠恨之。

编 大学士周延儒罢。进修撰魏藻德为礼部右侍郎兼东阁大学士。

---

① 汉:汉水。

编六月,立赏格:购李自成万金,爵通侯。购张献忠五千金,官极品,世袭锦衣指挥。余各有差。

编进孙传庭兵部尚书,总制应、凤、江、皖、豫、楚、川、黔剿寇军务,仍总制三边。

编李自成大造战舰于荆、襄,遣老回回攻常德。

纪自成谋自王于荆,其亲信大帅二十九人,分守所陷郡邑。自成自随骑兵五营,营精骑二千,步兵十四哨,哨精卒三千。刘宗敏总步,白旺总骑。每屯,以骑兵一营外围巡徼,昼夜更番,余营以次休息。警候严密,人不得逃逸,逸者追获必磔之。营兵不许多携辎重,兵各携妻孥,生子弃之,不令举。男子十五以上、四十以下,咸掠为养子,为奴隶。故每破一邑,众辄增数万。每一精兵,则畜役人二十余,其驮载马骡不与焉。众实五六万,且百万也。虽拔城邑,不听屋居,寝处布幕,弥望若穹庐①。其甲,缝绵帛数十重,有至百者,轻而韧,矢镞铅丸不能入。每战,一骑兵必二三马,数易骑,终日驰骤而马不疲。严寒则掠茵荐布地,以藉马足,或刳人腹为马槽,实以刍菽饲之。饮马,则牵人贯耳,流血杂水中,马习见之,遇人则嘶鸣思饮啖焉。行兵倏忽,虽左右不知所往。鸡再鸣,并起蓐食②,鞴(bèi)马以俟③。百万之众,惟自成马首是瞻,席卷而趋。遇大川,则囊土壅上流,虽淮、泗诸水,乱流而渡。百万合营,不携粮,随掠而食,饱则弃余,有断食断盐数月者。

———————

① 穹庐:旃帐,形状如穹隆。
② 蓐食:在寝蓐中吃早饭。蓐,蓐席。
③ 鞴马:装备车马,把鞍辔等套在马上。

临阵,铁骑三重,反顾则杀之。战不胜,马兵阳北,官军乘之,步兵拒战,马兵绕而合围,无不胜矣。以牛金星为谋主,日讲经一章、史一通。每有谋画,集众计之,自成不言可否,阴用其长者,人多不测也。其攻城,分昼夜为三番,以铁骑布围,步兵内薄向城。人戴铁胄,蒙铁衣,携椎斧凿城,得一砖甓即还,易人以进。穴城可容一人,则一人匿之,畚土以出,以次相继,遂穿空旁侧。迤四五步留一主柱①,巨絙系之。去城十余丈,牵絙倒柱,而城崩矣。望风降者不焚杀,守一二日杀十三四,或五六日不下,则必屠矣。杀人数万,聚尸为燎,名曰"打亮"。城将陷,以兵周布壕外,缒城者杀之,故城陷必无噍类。掠马骡为上功,次军仗,次币帛衣服,次珍宝。其金银恒散弃之,或以代铅置炮中。屠城则夷其城垣,令后莫与为守。立投顺牌四,凡破城,四向负牌至村落。降者即负牌过别村,否则加兵。牌所至,日蹙千里。性惨酷,断耳、剔目、截指、折足、剖心、锯体,日以为常,谈笑对之。性又澹泊,食无兼味。一妻一妾,皆老妪,不蓄奴仆。无子,以李双喜为养子,嗜杀更酷于自成。自成在襄阳,以构殿、铸钱皆不成,斩一谋士。令术士问紫姑②,卜之不吉,因立双喜为太子,改名洪基以厌之。铸洪基年伪钱,又不成。时闻秦督兵将至,留毛贼守襄阳家口,自成率精锐往河南。

编 秋七月,以史可法为南京兵部尚书。

编 督师孙传庭发兵潼关,分道讨李自成。

---

① 迤:渐次。
② 紫姑:神话中的厕神名。

纪 以总兵牛成虎、卢光祖为前锋,会河南总兵卜从吉、陈永福,合兵洛阳之下池塞。檄左良玉以兵自九江赴汝宁夹击贼。大营移宛向洛。诏蓟辽总兵白广恩、四川总兵秦翼明入卫,土汉官兵、陕西三镇兵俱随督师进讨。传庭以副总兵高杰将降丁为中军,命翼明出商、洛为掎角,总兵王定、官抚民率绥、夏二镇兵为后劲。

编 八月,孙传庭次阌乡。

编 督师孙传庭克宝丰①,诛伪州牧陈可新。遂入唐县,贼家口悉伏诛。

纪 传庭次汝州,伪都尉四天王李养纯率所部来降,知贼并兵守宝丰。传庭进军宝丰,合围,贼坚守不下。李自成以轻兵来援,战于城东,白广恩、高杰、卢光祖分兵逆战,却之。翌日,贼复以精骑数千直攻官军,诸将复击走之。传庭曰:“宝丰不即下,而贼救大至,则腹背受敌矣。”亲督诸军悉力攻城,拔之,斩陈可新等数千级。遂以大兵捣唐县,时贼家口尽在唐县,贼发精骑来援,官军已入城,尽杀贼家口。贼满营痛哭,誓杀官兵。

编 督师孙传庭复郏县。李自成将兵逆战,官军大败之。自成奔襄城②。

纪 传庭自朱仙镇而南,大雨六日,粮车日行三十里,又道淖(nào)未至③,士马俱饥。或劝传庭旋师就运,传庭曰:“军已行,即还亦饥,奚济乎?要当破一县就食耳。”传庭复郏县,县俱穷民,集骡、羊二百余,顷刻分

① 宝丰:县名,今河南宝丰县。
② 襄城:县名,今河南襄城县。
③ 淖:泥沼。

胾食尽①。不足给,命河北、山西就近饷传庭军。自成将步骑万余逆战,官军前锋击断自成坐纛(dào)②,进逐之,贼披靡,贼营逃亡者相属。时传庭前锋尽收革、左故部,皆致死于贼。而高杰统诸降贼,备悉贼中曲折。自成遣其弟一只虎逆战,三战三北。自成奔襄城,诸军进逼之。自成累败而惧,挑土筑墙自守。已,食尽,贼有饥色。

编 以司礼太监王承恩督察京营戎政,韩赞周守备南京。

编 九月,张献忠陷永州。巡按湖南御史刘熙祚死之。

纪 初,献忠袭陷衡州③,桂王及吉、惠二王走永州。至是,献忠拆桂王府殿材至长沙,构造宫殿。遣兵南追三王,至永州。熙祚督水师御之,遣兵护三王南行入广西,而自入永州死守。奸人内应,开门迎贼,熙祚被贼执。贼欲胁降之,不屈,囚之永阳驿中。闭目绝食,题绝命词于壁。贼再三谕降之,临以白刃。熙祚大骂不已,遂遇害。于是全楚皆陷。

编 督师孙传庭军与李自成兵战,败绩。传庭还军潼关。

纪 初,大雨连旬,传庭军乏饷,兵噪于汝州。降盗李际遇阴通贼,贼率精骑大至。传庭问计于诸将,高杰请战,白广恩曰:"我师困,宜驻师分据要害,步步为营,以薄贼易耳。"传庭恐贼遁,曰:"将军何怯,独不如高将军邪?"广恩不怿,引所部八千人先去。贼前锋名"三堵墙",一红、一白、一黑,各七千二百人来薄。官军接战,陷贼伏中,贼乘之,官

---

① 胾:切成块的肉。
② 纛:军队或仪仗队的大旗。
③ 衡州:府名,治今湖南衡阳市。

军大败。高杰麾众退,诸军尽西走。贼驱大队疾追,一日驰走四百里,至于孟津。官军死亡四万余人,尽丧其军资数万。传庭与杰收散亡数千骑,走河北。贼别将克汝州。自成向潼关,白广恩击破之。传庭亦回军潼关,众尚四万。

编冬十月,李自成陷渭南。督师孙传庭、知县杨暄死之。

纪一只虎陷阌乡,即自成弟李过也①。疾走至潼关,获督师大纛。贼以纛给守关者,乘间突入,潼关陷。李自成间道缘山崖出潼关后夹攻,官军大溃。贼既入关西行,一只虎陷华阴,传庭及白广恩退屯渭南。贼合众数十万陷渭南,传庭没于阵,杨暄被执,不屈死。贼屠渭南。

编李自成陷商州,商洛道黄世清死之。

〔李自成攻占西安〕

编李自成陷西安。陕西巡抚冯师孔、按察使黄炯、长安知县吴从义、指挥崔尔达、秦府长史章世炯等死之。

纪贼陷临潼②,关中人心所在瓦解。冯师孔知寇棘③,急入西安收保。俄贼至,师孔督兵出战,城陷被执,不屈死。黄炯自尽,吴从义、崔尔达俱投井死,章世炯自经死,绅士死者甚众。右都御史三原焦源溥骂贼,磔死。磁州道副使祝万龄至学宫拜先圣,从容自经死。礼部主事南居业骂贼死,宣抚焦源清及参政田时震俱不受伪职死,御史王道纯

---

① 据《明史》,李过应为自成侄,而非弟。
② 临潼:县名,今陕西西安市临潼区。
③ 棘:通"亟",急迫,紧急。

大骂贼不屈死,解元席增光、举人朱谊泉俱投井死,山东监军金事王徵七日不食死,都司吏丘从周骂贼死。余吏民皆相率降于贼。总兵白广恩逃而追获,降之。

初,自成剽掠十余年,既席卷楚、豫,始有大志。然地四通皆战场,所得郡县,官军旋复之。至是,既入秦,百二山河,遂不可制。自成据秦王府,伪授秦王存枢权将军。世子妃刘氏曰:"国破家亡,愿求一死。"自成遣归外家。秦藩富甲天下,拥赀千万。贼之犯秦也,户部尚书倪元璐奏曰:"天下诸藩,无如秦、晋山险,用武国也。宜谕两藩,能任杀贼,不妨假之以大将之权。如不知兵,宜悉输所有。与其赏盗,何如享军?贼平之后,益封两藩各一子如亲王,亦足以报之。两王独不鉴十一宗之祸乎?贤王忠而熟于计,必知所处矣。"书上,不报。至西安陷,秦藩府库尽为贼有。贼分兵徇诸县,皆陷。蒲城知县朱一统抱印投井死。

初,自成在楚,议所向,牛金星请先取河北,直捣京师。杨永裕欲先据留都,断漕运。独顾君恩曰:"否,否!先据留京,势居下流,难济大事,其策失之缓;直捣京师,万一不胜,退无所归,其策失之急;不如先取关中,为元帅桑梓之邦,且秦都,百二山河,已得天下三分之二,建国立业。然后旁掠三边,资其兵力,攻取山西,后向京师。进退有余,方为全策。"贼从其计。先是,贼好杀掠,牛金星劝以不杀,遂严戢其下①,民间稍安堵,辄相诳惑,人无斗志。自成遂改西安府为长安,搒掠巨室助饷。

---

① 戢:约束。

编 李自成分兵略鄜、延①,中部知县华堞(dié)死之②。

编 以兵部侍郎余应桂总督陕西三边,收兵剿寇。应桂迁延不进。

纪 上始闻潼关失守,以余应桂总督陕西三边,收拾边兵,相机剿寇。应
桂闻命饮泣,陛辞曰:"不益兵饷,虽去何济?"上默然,发帑金五万给
军。应桂迁延河上不进。

编 以左副都御史方岳贡为东阁大学士。

编 十一月,李自成陷延安。复陷凤翔,屠之。

纪 总兵王定、高杰自渭南败,各率所部奔延安。自成命贼将田斌守西
安,自往塞上。高杰闻贼至,以兵渡河而东,入山西。王定奔榆林。
自成陷延安,大会群贼,戎马万匹,旌旗数十里,于米脂祭墓。以五百
骑按行凤翔,守将诱而歼之。自成怒,亲攻凤翔,陷之,屠其城。

编 李自成陷榆林。兵备副使都任、总兵尤世威及诸将、一城男妇尽
死之。

纪 自成发大兵围榆林,榆林诸将力战杀贼,贼死者万人。贼攻益力,逾
旬不克。贼以冲车环城穴之,城崩数十丈,贼拥入,城遂陷。都任阖
室自经死,尤世威纵火焚其家百口,挥刀突战死。诸将各率所部巷
战,杀贼千计。贼大至,杀伤殆尽,无一降者。阖城妇女俱自尽,诸将
死事者数百人。榆林为天下劲兵处,频年饷绝,军士饥困,而殚义殉

---

① 鄜:州名,延:延安府。
② 中部:县名,今陕西黄陵县。

城,志不少挫,阖城男子妇女无一人屈节辱身者。榆林既屠,贼捣宁
夏①,宁夏总兵官抚民迎降。三边俱没,贼无后顾,长驱而东矣。

编 李自成陷庆阳。兵备副使段复兴、董琬、前太常少卿麻禧死之。屠庆
阳,执韩王。

纪 时贼遣伪王往关东灵、阌诸路,大张伪榜,移檄河南郡县,河南西境贼
皆设伪官。官兵守怀庆府②。

编 十二月,前大学士周延儒有罪,赐死。

编 张献忠通好于老回回。

纪 时老回回为李自成据荆州,献忠遣人与修旧好,合兵。自成既入关,
献忠益横荆、岳间③。

编 李自成陷平阳④,知府张嶙然走太原,吏民皆降。

纪 贼杀西河王等三百人。高杰闻平阳陷,拥兵东下泽州⑤。山西郡县闻
贼至,望风迎款。贼遣伪牌遍行山西,其辞甚悖。

毛海明 评注

万　明　彭　勇　邓阆旸 审定

---

① 宁夏:在今宁夏银川市。
② 怀庆府:治今河南沁阳市。
③ 岳:岳州府,治今湖南岳阳市。
④ 平阳:府名,治今山西临汾市。
⑤ 泽州:治今山西晋城市。

# 明鉴易知录卷一五

　　卷首语:本卷起明思宗崇祯十七年(1644)正月,止五月,记载了明朝最后灭亡的过程。李自成率领起义军从陕西出发,经山西、河北,攻入北京。崇祯帝吊死煤山,宣告明朝灭亡。明将吴三桂引清军入山海关,大败农民起义军。李自成匆忙称帝,败退西走。清军占据北京,开启了清朝二百多年的统治。

# 明　纪

### 怀宗端皇帝

编 甲申,十七年(崇祯十七年,1644),春正月,是岁为我大清世祖章皇帝顺治元年。

编 大风霾。

纪 占曰:"风从乾起,主暴兵城破。"

编 凤阳地震。

编 张献忠入夔州。

编 李自成称王于西安,僭国号曰顺,改元永昌。

纪 贼掠河东,河津、稷山、荣河、绛州一路俱陷。自成伪牒兵部约战,言三月十日至。上忧寇,临朝而叹曰:"卿等能无分忧哉!"大学士李建泰进曰:"主忧如此,臣敢不竭力?臣晋人,颇知寇中事。臣愿以家财佐军,可资数月之粮。臣请提兵西行。"上悦,曰:"卿若行,朕当仿古推毂。"

编 癸酉夜,星入月中。

纪 占云:"星入月中,国破君亡。"

编 帝命大学士李建泰出师,师次涿州。

纪 命建泰出师,行遣将礼,命驸马都尉万炜以特牲告太庙。上临轩,廷授建泰节、剑。赐宴饯之,上亲赐卮酒,曰:"先生之去,如朕亲行。"建泰顿首起行。是日,大风扬沙,占曰:"不利行师。"建泰御肩舆①,不数武②,杆折,识者忧之。建泰出都,道闻山西烽火甚急,建泰家且破,因迟行,日三十里,师次涿州。初,建泰承上宠命,恃有家财可佐军需。已,闻家破,进退失措,逡巡畿内而已③。

编 二月朔,帝视朝。

纪 上平旦视朝④,忽得伪封,启之,其词甚悖,末云:"限三月望日至顺天会同馆暂缴。"一时相顾失色。朝罢,遂不复问。

编 李自成陷蒲州及汾州。

纪 贼陷蒲、汾,怀庆不守,福王出奔,与太妃相失,遂至卫辉依潞王。

编 李自成陷太原。巡抚蔡懋德、中军盛应时等皆死之。

纪 自成至太原。太原无重兵为守,蔡懋德遣骁将牛勇、朱孔训出战,孔训伤于炮,勇陷阵死,一军皆殁,城中夺气。贼移檄远近,有云:"君非甚暗,孤立而炀蔽恒多⑤;臣尽行私,比党而公忠绝少⑥。甚至贿通宫府,朝廷之威福日移;利入戚绅,闾左之脂膏尽竭⑦。"又云:"公侯皆

① 肩舆:轿子。
② 武:步。
③ 逡巡:滞留,徘徊不进。
④ 平旦:天亮。
⑤ 炀蔽:蒙蔽。
⑥ 比党:结党。
⑦ 闾左:指平民百姓。

食肉纨袴,而倚为腹心;宦官皆齕(hé)糠犬豚,而借其耳目①。狱囚累累,士无报礼之心;征敛重重,民有偕亡之恨。"人读之多为扼腕。懋德知事必不支,写遗表,令监纪贾士璋间道奏京师。盛应时见之,退归,先杀其妻子,誓将死敌。初八日,风沙大起,贼乘风夜登城,懋德、应时策马赴敌死。赵布政、毛副使及府县各官四十六员咸死之,贼尸之于城。

编李自成至黎城②,遣将陷临晋③。

〔崇祯下罪己诏〕

编帝下诏罪己。

纪诏曰:"朕嗣守鸿绪,十有七年。深念上帝陟降之威④,祖宗付托之重,宵旦兢惕,罔敢怠荒。乃者灾害频仍,流氛日炽。赦之益骄,抚而辄叛。甚至有受其煽惑,顿忘敌忾者。朕为民父母,不得而卵翼之;民为朕赤子,不得而怀保之。坐令秦、豫丘墟,江、楚腥秽。罪非朕躬,谁任其责?所以使民罹锋镝,蹈水火,殣量以壑⑤,骸积成丘者,皆朕之过也。使民输刍挽粟,居送行赍,加赋多无艺之征⑥,预征有称贷之苦者,又朕之过也。使民室如悬磬,田卒污莱⑦,望烟火而无

---

① 齕:用牙齿咬,吃。
② 黎城:县名,今山西黎城县。
③ 临晋:县名,今山西临猗县。
④ 陟降:升降,上下。
⑤ 殣:饿殍。
⑥ 艺:标准、原则。
⑦ 莱:田地荒废,杂草丛生。

门,号冷风而绝命者,又朕之过也。使民日月告凶,旱潦荐至,师旅所处,疫疠为殃,上干天地之和,下丛室家之怨者,又朕之过也。至于任大臣而不法,用小臣而不廉,言官首鼠而议不清,武将骄懦而功不奏,皆由朕抚驭失道,诚感未孚。中夜以思,局蹐无地①。朕自今痛加创艾(yì)②,深省夙愆。要在惜人才以培元气,守旧制以息烦嚣,行不忍人之政以收人心,蠲额外之科以养民力。至于罪废诸臣,有公忠正直、廉洁干才尚堪用者,不拘文武,吏、兵二部确核推用。草泽豪杰之士,有恢复一郡一邑者,分官世袭,功等开疆。即陷没胁从之流,能舍逆反正,率众来归,许赦罪立功。能擒斩闯、献,仍予通侯之赏。於戏!忠君爱国,人有同心;雪耻除凶,谁无公愤?尚怀祖宗之厚泽,助成底定之大功。思克厥愆,历告朕意。"诏下,贼前锋已至大安驿。

编 议京师城守。

编 李自成攻代州,总兵周遇吉退守宁武关③。

编 李自成兵趋真定,知府丘茂华叛降贼。

纪 茂华闻警,先遣家人出城,总督徐标执茂华下狱。标麾下中军伺标登城画守御,劫标城外杀之,出茂华。茂华遂檄属县叛待寇,贼数骑入城收帑籍。近京三百里,寂然无言者。

编 进魏藻德礼部尚书、文渊阁大学士,总督河道、屯练,往天津。进方岳

---

① 局蹐:戒慎,畏惧。
② 创艾:戒惧。
③ 宁武关:在今山西宁武县。

贡户部尚书兼兵部尚书、文渊阁大学士,总督漕运、屯练,往济宁。

纪 藻德辞新衔,允之。有言:"各官不可令出,出即潜遁。"遂止藻德等不遣。

编 诏征天下兵勤王。

纪 命府部大臣各条战守事宜。上候于文华殿,都察院左都御史李邦华、少詹事项煜、右庶子李明睿各言南迁及东宫监抚南京。上骤览之,怒甚,曰:"诸臣平日所言若何?今国家至此,无一忠臣义士为朝廷分忧,而谋乃若此。夫国君死社稷,乃古今之正。朕志已定,无复多言!"吏科都给事中吴麟徵请"弃山海关外宁远、前屯二城。徙总兵吴三桂入关,屯宿近郊,以卫京师",廷臣皆以弃地非策,不敢主其议。

编 大学士陈演罢。

纪 初,上忧秦寇,演谓无足虑,至是不自安,求去。

编 李自成陷宁武关,总兵周遇吉死之。

纪 自成薄宁武关,传檄:"五日不下,且屠。"遇吉悉力拒守,大炮击贼万余人。会火药尽,或言:"贼势重,可款也。"遇吉曰:"战三日,杀贼且万,若辈何怯邪?能胜之,一军尽为忠义。万一不支,缚我以献,若辈可无恙。"于是开门奋击,杀贼数千人,贼惧,欲退。或为贼策曰:"我众彼寡,但使主客分别,以十击一,蔑不胜矣。请去帽为识,见戴帽者击之。递出战,不二日可歼也。"贼引兵复进,迭战,脱帽以自别,官兵大败。遇吉阖室自焚,挥短刀力斗,被流矢,牙兵且尽,见执,骂贼,贼于市磔焉。遂屠宁武。自成既杀遇吉,叹曰:"使守将尽周将军者,吾安得至此!"

编 李自成陷大同,总兵朱三乐、巡抚卫景瑗,督理粮储户部郎中徐有声、朱家仕,文学李若葵,俱死之。

编 二月,督师大学士李建泰上书请驾南迁,愿奉太子先行。

纪 上谕阁臣曰:"李建泰有疏,劝朕南迁。国君死社稷,朕将何往?"大学士范景文、左都御史李邦华、少詹事项煜请先奉太子抚军江南,兵科给事中光时亨大声曰:"奉太子往南,诸臣意欲何为? 将欲为唐肃宗灵武故事乎①?"景文等遂不敢言。上复问战守之策,众臣默然,上叹曰:"朕非亡国之君,诸臣尽亡国之臣尔!"遂拂袖起。

编 钦天监奏帝星下移。

编 诏封总兵吴三桂平西伯、左良玉宁南伯、唐通定西伯、黄得功靖南伯。

编 征山海总兵吴三桂、蓟辽总督王永吉率兵入卫。

编 唐通以八千人入卫,寻同太监杜之秩守居庸。

编 李自成兵陷保定。御史金毓峒与其从子振孙等皆死之。

纪 贼犯保定,李建泰已病,中军郭中杰缒城降贼,兵溃。贼入保定,建泰被执。毓峒守西门,贼执之,入三皇庙见贼帅。毓峒奋拳殴贼帅,仆之,跃入井中死。妻王氏自经。毓峒从子振孙以武举效力行间,登城

---

① 唐肃宗灵武故事:安史之乱爆发后,唐玄宗奔蜀,留太子讨贼。太子北上灵武即位,是为肃宗,尊玄宗为太上皇。

射贼,多应弦而毙。城陷,众解戎衣自匿,振孙大呼曰:"我御史金毓
峒倳也。"贼支解之。毓峒子罃妇陈氏,年十八,与其祖母张、母杨、嫂
常,一时尽投于井。

編李自成陷宣府。巡抚朱之冯死之。

紀自成宿阳和,遂长驱向宣府。宣府叛将白广恩贻总兵姜瓖书约降,监
　视太监杜勋郊迎三十里,军民聚谋籍籍①。朱之冯悬赏劳军守城,无
　一应者。三命之,咸叩头曰:"愿中丞听军民纳款。"之冯独行巡城,见
　大炮,曰:"汝曹试发之,可杀数百人,贼虽杀我无恨矣。"众又不应。
　之冯不得已,乃自起燃火,兵民竞挽其手。之冯乃夺士卒刀自刎。宣
　府军民俱迎降于贼。乡绅张罗彦自杀。

編帝按籍勋戚、大珰,征其助饷。

紀上遣太监徐高谕嘉定伯周奎为倡,奎谢无有,高怫然起曰:"外戚如
　此,国事去矣。多金何益?"奎奏捐万金,上少之,勒其二万。太监王
　永祚、曹化淳助至三万、五万。王之心最富,上面谕之,仅献万金。诸
　内官各大书于门曰:"此房急卖。"复杂出雕镂玩好诸物陈于市,以求
　售。后贼拷王之心,追十五万,他金银器玩称是;周奎钞见银五十二
　万,珍币复数十万。魏藻德首输百金。陈演既放未行,召入,诉清苦。
　百官共议捐助,勉谕至再。时谕上等三万金,皆无应。惟太康伯张国
　纪输二万,余不及也。又议前三门巨室各输粮给军,且赡其妻孥,使
　无内顾,诸巨室多不乐而止。

---

① 籍籍:喧哗纷乱。

编 大风霾,昼晦。命司礼太监王承恩提督内外京城,总督蓟辽王永吉节
　　制各镇。

纪 贼警益逼,有劝上南迁者,上怒曰:"卿等平日专营门户,今日死守,夫
　　复何言!"谕兵部曰:"都城守备有余,援兵四集,何难刻期灭寇? 敢有
　　讹言惑众及私发家眷出城者,擒治。"

编 分营都门设大炮。给九门守者人百钱,召前太监曹化淳守城。

编 南京孝陵夜哭。

编 风晦。寇自柳沟抵居庸关。

纪 柳沟天堑,百人可守,竟不设备。总兵唐通、太监杜之秩迎降,抚臣何
　　谦伪死私遁。总兵马岱自杀其妻子,疾走山海关。时京师以西诸郡
　　县,望风瓦解,将吏或降或遁。伪权将军移檄至京师,云:"十八日至
　　幽州会同馆暂缴。"京师大震,诏三大营屯齐化门外①。

编 李自成兵陷昌平州。

纪 贼陷昌平州,诸军皆降。总兵李守鐄(héng)骂贼不屈,手格杀数人,人
　　不能执,诸贼围之,守鐄拔刀自刭。贼焚十二陵享殿,传警至京师。
　　先是,上知寇警益急,下吴麟徵《请徙宁远疏》,飞檄趣吴三桂入关。
　　三桂徙五十万众,日行数十里。是日,始及关,贼骑已过昌平矣。太
　　监高起潜弃关走西山。贼分兵掠通州粮储。上方御殿,召考选诸臣
　　问裕饷安人。以次对,未及半,秘封入,上览之色变,即起入。诸臣立

_____

① 齐化门:今北京朝阳门。

候移刻,命俱退,始知为昌平失守也。

[李自成攻占北京]

编 李自成陷京师。帝自经于煤山①。皇后及宫人魏氏、费氏皆死之。诸臣一时死难者四十余人。

纪 贼乘夜自沙河而进②,直犯平则门③,竟夜焚掠,火光烛天。京师内外城堞凡十五万四千有奇,京营兵疫,其精锐又太监选去,登陴羸弱五六万人、内阉数千人,守陴不充。无炊具,市饭为餐。饷久阙,仅人给百钱,无不解体。

乙巳,上早朝,召对诸臣而泣。俄闻贼大至,方报“过芦沟桥”,俄攻平则、彰义等门矣④。城外三大营皆溃降,火车、巨炮皆为贼有,贼反炮攻城,轰声震地。京军五月无饷,一时驱守,率多不至,每堵一人多不及。诸臣方侍班,襄城伯李国桢匹马驰阙下,汗浃沾衣,内侍呵止之,国桢曰:“此何时也?君臣即求相见,不可多得矣。”内臣叩之,曰:“守军不用命,鞭一人起,一人复卧如故。”上召入,因命内臣俱守城,凡数千人。上括中外库金二十万犒军。是日,细民有痛哭输金者,各授锦衣卫千户。

丙午,寇攻城,炮声不绝,流矢雨集。贼仰语守兵曰:“亟开门,否且屠矣。”守者惧,空炮向外,不实铅子,徒以硝焰鸣之,犹挥手示贼,贼稍

①煤山:今北京景山公园内景山。
②沙河:今北京昌平区沙河镇。
③平则门:今北京阜成门。
④彰义门:今北京广安门。

退,炮乃发。贼驱居民负木石,填壕急攻。俄发"万人敌"大炮,误伤数十人,守者惊溃,尽传城陷,阖城号哭奔窜。贼驾飞梯攻西直、平则、德化三门①,势甚危急。太常少卿吴麟徵累土填西直门,因单骑驰入西安门。吏部侍郎沈惟炳守门,曰:"内守有宦寺,百官不得入,奈何?"麟徵排门而入。太监王德化语麟徵曰:"守城人少,奈何? 请增益之。"麟徵至午门,遇大学士魏藻德,止之曰:"兵部调度兵饷已足,公何事张皇邪? 藻德且出阁。上方休,公安从入?"麟徵流涕,藻德挽之出。

是日,封刘泽清东平伯。时左谕德杨士聪等入直,语阁臣:"左良玉、吴三桂俱封,而遗刘泽清。且临清地近,可虞也。"阁揭上,得封。都察院左都御史李邦华至正阳,欲登城,中贵拒之。

李自成对彰义门设座,晋王、代王左右席地坐,太监杜勋侍其下,呼:"城上人莫射,我杜勋也,可缒下一人以语。"守者曰:"留一人下为质,请公上。"勋曰:"我杜勋无所畏,何质为?"提督太监王承恩缒之上,同入见大内,盛称"贼势重,皇上可自为计"。守陵太监申芝秀自昌平降贼,亦缒上入见,备述贼犯上不道语,请逊位。上怒叱之。诸内臣请留勋,勋曰:"有秦、晋二王为质,不反,则二王不免矣。"乃纵之出,仍缒下。

兵部尚书张缙彦奏曰:"时势如此危急,臣屡至城闑(yù)②,欲觇城上守御,辄为监视抑沮。今闻曹化淳、王化成缒贼杜勋上城,未知何意,恐有奸宄不测。"章上,上手书遣缙彦上城按之。至城,内监沮之如

———

① 德化:据《明史纪事本末》,应作"德胜"。
② 城闑:城的边缘。

故,示以上传,始登。问:"杜勋安在?"云:"昨暮上,今晨下之。已上闻,无容致诘。"又曰:"尚有秦、晋二王在城下,亦欲通语。"缙彦曰:"秦、晋二王既降贼,如何可上?"化淳拂衣去。因阅城上,守卒寥寥。兵部侍郎王家彦痛哭云:"贼势如此,监视将营兵调去,李襄城处尚有十之四。家彦所守两堵仅一卒。"语未竟,城下砍墙声急,王承恩炮击之,连毙数人。化淳、化成饮酒自若。缙彦驰至内阁,约同奏,至宫门,传止之。

上下诏亲征。召驸马都尉巩永固,谋以家丁护太子南行,对曰:"臣等安敢私蓄家丁,即有之,何足当贼?"乃罢。已,召王承恩亟饬内员备亲征。

申刻,彰义门启,盖曹化淳献城开门也。贼恣杀掠,前大学士蒋德璟宿会馆被创。上亟召阁臣入,曰:"卿等知外城破乎?"曰:"不知。"上曰:"事亟矣,今出何策?"皆曰:"陛下之福,自当亡虑。如其不利,臣等巷战,誓不负国。"命退。

〔崇祯吊死煤山〕

是夕,上不能寝。内城陷,一阉奔告,上曰:"大营兵安在? 李国桢何往?"答曰:"大营兵散矣,皇上宜急走。"其人即出,呼之不应。上即同王承恩幸南宫,登万岁山,望烽火烛天,徘徊逾时。回乾清宫,朱书谕内阁:"命成国公朱纯臣提督内外诸军事,来辅东宫①。"内臣持至阁。因命进酒,连沃数觥(gōng)②,叹曰:"苦我民尔!"以太子、永王、

---

① 据《明史纪事本末》,"来"应作"夹"。
② 沃:饮。觥:饮酒器皿。

定王分送外戚周、田二氏①。语皇后曰：“大事去矣！”各泣下。宫人环泣，上挥去，令各为计。皇后顿首曰：“妾事陛下十有八年，卒不听一语，至有今日。”皇后拊太子、二王，恸甚，遣之出。后自经。上召公主至，年十五，叹曰：“尔何生我家！”左袖掩面，右手挥刀断左臂，未殊死，手栗而止。命袁贵妃自经，系绝，久之苏，上拔剑刃其肩。又刃所御妃嫔数人。召王承恩对饮，少顷，易靴出中南门。手持三眼枪，杂内竖数十人，皆骑而持斧，出东华门。内监守城，疑有内变，施矢石相向。时朱纯臣守齐化门，因至其第，阍人辞焉，上太息而去。走安定门，门坚不可启，天且曙矣②。帝御前殿，鸣钟集百官，无一至者。遂仍回南宫，登万岁山之寿皇亭自经。亭新成，所阅内操处也。太监王承恩对缢。上披发，御蓝衣，跣左足，右朱履，衣前书曰：“朕自登极十七年，逆贼直逼京师。虽朕薄德匪躬，上干天咎，然皆诸臣之误朕也。朕死，无面目见祖宗于地下，去朕冠冕，以发覆面。任贼分裂朕尸，勿伤百姓一人。”又书一行：“百官俱赴东宫行在。”犹谓阁臣已得朱谕也。不知内臣持朱谕至阁，阁臣已散，置几上而反，文武群臣无一人知者。

丁未昧爽，天忽雨，俄微雪。须臾，城陷。贼先入东直门，杀守门御史王章。兵部侍郎张伯鲸走匿民舍。贼骑塞巷，大呼民间速献骡马。贼经象房桥，群象哀鸣，泪下如雨。贼千骑入正阳门，投矢，令人持归，闭门，得免死，于是俱门书“顺民”。太子走诣周奎第，奎卧未起，叩门不得入，因走匿内官外舍。上之出至南宫也，使人诣懿

安皇后所,劝后自裁,仓卒不得达。两宫已自尽,宫人号泣出走,宫
中大乱。懿安皇后青衣蒙头,徒步走入成国公第。尚衣监何新入
宫,见长公主断肩仆地,与宫人救之而苏。公主曰:"父皇赐我死,
我何敢偷生?"何新曰:"贼已将入,恐公主遭其辱,且至国丈府中避
之。"乃负之出。

午刻,李自成毡笠缥(piǎo)衣①,乘乌骏马,伪丞相牛金星、尚书宋企郊
等五骑从之。时宫中大乱,诸贼帅率其骑,皆擐甲执兵,先入清宫。
诸宫人逸出,遇贼,复入。宫人魏氏大呼曰:"贼入大内,我辈必遭所
污,有志者早为计。"遂跃入御河死,顷间从死者积一二百人。

自成自西长安门入,弯弓仰天大笑,手发一矢,中坊之南偏。至承天
门,自成顾盼自得,复弯弓指门榜,语诸贼曰:"我一矢中其中字,必一
统。"射之不中,中"天"字下,自成愕然。牛金星趋而进曰:"中其下,
当中分天下。"自成喜,投弓而笑。司礼视印太监王德化以内员三百
人,先迎德胜门,令仍旧任。各监局印官迎亦如之。因集选百余人,
余皆散去。自成入宫,问帝所在,大索宫中不得。伪尚玺卿黎某进
曰:"此必匿民间,非重赏严诛不可得。今日大事,不可忽也。"乃下
令,献帝者赏万金,封伯爵,匿者灭族。

自成登皇极殿,据黼(fū)座②。牛金星檄召百官,期二十一日俱集于
朝。自成同伪都督刘宗敏等数十骑入大内,太监杜之秩、曹化淳等前
导。自成责其背主当斩,秩等叩首曰:"识天命,故至此。"自成叱去
之。贼分宫嫔各三十人,牛金星、军师宋献策等亦各数人。宫人费

---

① 缥:青白色。
② 黼座:帝王宝座。

氏,年十六,投眢(yuān)井①,贼钩出之,见其姿容,争相夺。费氏绐曰:"我长公主也,若不得无礼,必告汝主。"群贼拥之见自成。自成命内官审之,非是,赏部校罗贼。罗携出,费氏复绐曰:"我实天潢之胤,义难苟合,惟将军择吉成礼,死生惟命。"贼喜,置酒极欢。费氏怀利刃,俟贼醉,断其喉立死,因自刎。自成大惊,令收葬之。

内臣献太子,自成留之西宫,封为宋王,太子不为屈。辛亥,改殡先帝、后,出梓宫二:以丹漆殡先帝,黝漆殡先后。加帝翼善冠、衮玉、渗金靴,后袍带亦如之。

初,贼犯都城,大学士范景文知事不可为,叹曰:"身为大臣,不能从疆场少树功伐,虽死奚益!"十八日召对,已不食三日矣。饮泣入告,声不能续。翼日城陷,景文望阙再拜,自经,家人解之。乃赋诗二首,潜赴龙泉巷古井死。其妾亦自经。户部尚书兼侍读学士倪元璐闻难,曰:"国家至此,臣死有余责。"乃衣冠向阙,北谢天子,南谢母。索酒招二友为别,酹汉寿亭侯像前②,遂投缳③。题几案云:"南都尚可为。死,吾分也。慎勿棺衾④,以志吾痛。"因诏家人曰:"若即欲殓,必大行殓,方收吾尸。"乃缢死。三日后,贼突入,见之颜色如生,贼惊避他去。一门殉节,共十有三人。左都御史李邦华闻难,叹曰:"主辱臣死,臣之分也,夫复何辞! 但得为东宫导一去路,死庶可无憾。已矣,势不可为矣!"乃题阁门曰:"堂堂丈夫,圣贤为徒。忠孝大节,矢死靡

---

① 眢井:枯井。
② 汉寿亭侯:指关羽。
③ 投缳:自缢。
④ 棺衾:棺材和衾被,泛指收殓。

他。"乃走文丞相祠①,再拜,自经祠中。贼至,见其冠带危坐,争前执
之,乃知其死,惊避去。左副都御史施邦曜闻变,恸哭,题词于几曰:
"愧无半策匡时难,但有微躯报主恩。"遂自缢。仆解之,复苏,邦曜叱
曰:"若知大义,毋久留我死。"乃更饮药而卒。大理寺卿凌义渠闻难,
以首触柱,流血被面,尽焚其生平所著述及评骘(zhì)诸书②,服绯正
笏望阙拜,复南向拜讫,遗书上其父,有曰:"尽忠即所以尽孝,能死庶
不辱父。"乃系帛,奋身绝吭(háng)而死③。协理京营兵部右侍郎王家
彦,贼犯都城,奉命守德胜门。城陷,家彦自投城下,不死,折臂足。
其仆掖入民舍,自缢死。贼燔民舍,焚其一臂,仆收其遗骸归。

刑部右侍郎孟兆祥,贼犯都城,奉命守正阳门。贼至,死于门下。妻
何氏亦死。其子进士章明,收葬父尸,亟归,别其妻王氏曰:"吾不忍
大人独死,吾往从大人。"妻曰:"尔死,吾亦死。"章明以头抢地曰④:
"谢夫人,然夫人须先死。"乃遣其家人尽出,止留一婢在侧。章明视
妻缢,取笔作诗,已,复大书壁曰:"有侮吾夫妇尸者,吾必为厉鬼杀
之。"妻气绝,取一扉置上⑤,加绯服。又取一扉置妻左,亦服绯自缢。
属婢曰:"吾死,亦置扉上。"遂死。左谕德马世奇,是日方早食,闻变,
曰:"是当死。"家人曰:"奈太夫人何?"世奇曰:"正恐辱太夫人耳。"
遂作书别母。侍妾朱氏、李氏盛服前,世奇曰:"若辞我去邪?"二妾
言:"主人尽节,吾二人亦欲尽节。"拜辞已,并入室自缢。世奇亦遂

---

① 文丞相:指文天祥。
② 评骘:评定。
③ 吭:咽喉。
④ 抢地:以头叩地。
⑤ 扉:门扇。

缢,家人救之复苏,告曰:"闻圣驾已南幸矣,可为从亡计。"世奇不应,睹二妾已死,笑曰:"若年少,遂能死乎!"乃朝服捧敕北面再拜,取冠带焚之于庭。以司经局印置案上,属仆曰:"上如出幸,以此上行在。否则投之吏部。"复南向拜母,端坐引帛,力自缢死。左中允刘理顺,贼入城,理顺题于壁曰:"成仁取义,孔、孟所传,文信践之①,吾何不然?"酌酒自尽。其妻万氏、妾李氏及子孝廉并婢仆十八人,阖门缢死。贼多河南人,至其居,曰:"此吾乡杞县刘状元也,居乡厚德。吾军奉李将军令护卫,公何遽死也?"数百人下拜,泣涕而去。时谓臣死君,妻死夫,子死父,仆死主,一家殉难者,以刘状元为最。

太常少卿吴麟徵,奉命守西直门。贼势急,同守者相继避去。麟徵遗友人书曰:"时事决裂,一旦至此。同官潜身远害,某惟致命遂志,自矢而已。"城陷,徒步归,贼已据其邸,因入道左三元祠。时传天子蒙尘,有劝公南归,不应。同官来招之降贼,怒挥之户外。遂自经。家人救之苏,泣而请曰:"明旦待祝孝廉至,可一诀。"麟徵许之。先是,祝孝廉渊以奏保刘宗周被逮,留京师。渊晨至,麟徵酌酒,慷慨与别,曰:"自我登第,时梦见隐士刘宗周题文信国《零丁洋诗》二语于壁,数实为之。今老矣,山河破碎,不死何为?"相对泣数行下,因作书诀家人,曰:"祖宗二百七十年宗社,一旦而失。身居谏垣,无所匡救,法应褫服②。殓时用角巾青衫,覆以单衾,藉以布席足矣。茫茫泉路,咽咽寸心,所以瞑予目者,又不在乎此也。罪臣吴麟徵绝笔。"书毕,

① 文信:指文天祥。
② 褫服:剥夺官爵。

投缳死之。渊为视含殓乃去①。右庶子周凤翔，上梓宫暴露东华门外，凤翔赴哭恸绝。归寓，遗书诀父，有曰："男今日幸不亏辱此身，贻两大人羞，吾事毕矣。罔极之恩，无以为报，矢之来生。"复作诗一首，有"碧血九泉依圣主，白头二老哭忠魂"之句。向阙再拜，自缢。二妾从之俱死。

简讨汪伟②，先是，闻贼渐近都城，遗书友人曰："京师单弱，不惟不能战，亦不能守，一死外无他计也。"及贼犯阙，伟侘傺（chì）③，累日不食。妻耿氏从容语曰："苟事不测，请从君共死。"城陷，伟趋吴给事甘来所，约同殉难。归与妻耿氏呼酒命酌，伟大书前人语于壁，曰："志不可屈，身不可降。夫妇同死，节义成双。"为两缳于梁间，伟就右，耿氏就左。既皆缢，耿氏复挥曰："止，止！虽在颠沛，夫妇之序不可失也。"复解缳，正左右序而死。户科给事中吴甘来，贼薄京师，兄礼部员外泰来至寓，执甘来手泣曰："事势至此，奈何？"甘来曰："有死无二，义也。"城陷，传闻圣驾南出。甘来曰："上明且决，必不轻出。"乃疾趋皇城，不得入。返寓，家人进饮食，却之。有劝甘来潜遁者，甘来曰："今不能调兵杀贼，顾欲苟全求活邪？"遂作书，以后事属其兄弟。简几上，有疏草在，曰："留此恐彰君过。"取火焚之。兄子家仪奔至，相与恸哭。曰："我不死，无以见志。汝父死，无以终养。古者兄弟同难，必存其一。使皇上在，则土木袁彬④，逊国程济⑤，皆可为也。否

① 含殓：将珠宝放于死者口中入殓。泛指入殓。
② 据《明史纪事本末》，"简"应作"检"。
③ 侘傺：失意，惊恐不安。
④ 土木堡之变后，明英宗被俘，袁彬主动相从。
⑤ 靖难之役，朱棣夺取帝位，传说建文帝出逃，程济相从。

则求真人于白水①,起斟鄩(zhēn xún)于有仍②,是我虽死犹生也。努力免之③!"遂冠带北向拜者五,南向拜者四,赋绝命诗一首,引佩带自缢死。

监察御史王章,贼犯京师,章与给事中光时亨同巡城。至阜城门,贼缘堞而上,从人骇走,贼持刃问曰:"降否?"章叱之曰:"不降。"贼以刃筑其膝仆地,遂遇害。章子之栻,后亦死难于闽,甚烈,与章同。监察御史陈良谟,闻变,痛饮作诗,为缳于梁,欲自尽。妾时氏有娠,良谟谓之曰:"吾年逾五十无子,汝幸有娠,倘生男,以延陈氏血食,汝必勉之。"时氏曰:"主人死,妾将谁依?与其为贼辱,不如无子也。妾请先死,以绝君念。"遂入,投缳。良谟别作一缳,与之同尽。监察御史陈纯德,时提督北直学校。行部至易水,试士未竟,闻都城贼警,即戒装入都。不数日城陷,自缢死。四川道御史赵譔,巡视中城,捕贼谍杀之。城陷,贼获譔,譔瞋目大骂,贼怒,杀于白帽胡同。太仆寺丞申佳胤,闻城陷,投井死。吏部员外许直,都城陷时,传先帝从齐化门出,有客劝曰:"天子南迁,公等宜扈跸偕行,共图光复。"直唯之。既而出门一望,曰:"当此四面干戈,驾将焉往?"比闻帝崩,号恸几绝。有客从旁慰解,动以亲老子幼,直曰:"有兄在,吾无忧也。"是夜,为书报其父,作诗六章,起拜阙,已,复拜父毕,自缢死。一手持绳尾,一手上握,神气如生。

兵部郎中成德,贼报急,即致书同年马世奇曰:"主忧臣辱,我等不能

---

① 汉光武帝刘秀中兴汉室,起兵于南阳白水乡。
② 夏后相为羿所逐,依斟鄩国,寒浞杀羿灭斟鄩而弑帝相。相后逃归有仍国,生少康,少康复兴夏朝。
③ 免:通"勉"。

匡救,贻祸至此,惟有一死以报国耳。君常忠孝夙禀,谅有同心也。"及帝崩,梓宫暴露东华门,德以鸡、酒哭奠梓宫前。贼怒,露刃胁视之,不为动。归寓,跪母张氏前哭。母曰:"我知之矣。"入室自缢死。妻张氏亦死。一子六岁,德扑杀之,然后自杀。兵部员外郎金铉,贼攻城急,铉跪母章氏前,曰:"儿世受国恩,职任车驾。城破,义在必死。得一僻地,可以藏母,幸速去。"母曰:"尔受国恩,我独不受国恩邪? 事急,庑下井是吾死所。"铉恸哭,即辞母往视事。归至御河桥,闻城陷,铉望寓再拜,即投入御河。从人拯救,铉啮其臂,急赴深处。时河浅,俯首泥泞死之。家人报至,母章氏亦投井死。铉妾王氏亦随死。其弟诸生錝哭曰:"母死,我必从死。然母未归土,未敢死也。"遂棺殓其母。既葬三日,复投井而死。光禄寺署丞于腾蛟①,冠带,呼妻亦衣命服,同缢死。

副兵马使姚成、中书舍人宋天显,皆自尽。中书舍人滕之所、阮文贵,经历张应选,咸投御河死。儒士张世禧,二子懋赏、懋官,俱自经死。又菜佣汤之琼,见先帝梓宫过,恸哭触石死。襄城伯李国桢,贼李自成舁帝、后梓宫于东华门外设厂,百官过者莫进视,国桢泥首去帻(zé)②,踉跄奔赴,跪梓宫前大哭。贼执国桢见自成,复大哭,以头触阶,血流被面,贼众持之。自成以好语诱国桢使降,国桢曰:"有三事,尔从我即降。一,祖宗陵寝不可发;一,须葬先帝以天子礼;一,太子、二王不可害。"自成悉诺之,扶出。贼以天子礼藁葬先帝于田贵妃

---

① 据《明史纪事本末》,"于腾蛟"应作"于腾云"。
② 帻:束发的头巾。

墓①,惟国桢一人斩衰徒步往葬。至陵,襄事毕,恸哭,作诗数章,遂
于帝、后寝前自缢死之。新乐侯刘文炳,贼破外城,帝召文炳同驸马
巩永固各率家丁二十余人,欲于崇文门突围出。不得,乃回宫。文炳
叹曰:"身为戚臣,义不受辱,不可不与国同难。"其女弟适李年,未三
十而寡,文炳召之归。城陷,与弟左都督文耀择一大井,驱子孙男女
及其妹十六人,尽投其中。纵火焚赐第,火燃,俱投火死。祖母瀛国
太夫人,即帝外祖母也,年九十余,亦投井死。驸马都督巩永固,从帝
突围出不得,归家,杀其爱马,焚其弓刀铠仗,大书于壁曰:"世受国
恩,身不可辱。"

时乐安公主先薨,以黄绳缚子女五人于柱,命外举火,遂自刭。太傅
惠安伯张庆臻,闻城陷,尽散财帛与亲戚。置酒一家聚饮,积薪四围,
全家燔死。宣城伯卫时春,闻变,合家赴井死,无一存者。锦衣卫都
指挥使王国兴,闻变,自缢死。锦衣卫指挥同知李若珪,守崇文门,城
陷,作绝命词云:"死矣!即为今日事。悲哉!何必后人知。"自缢死。
锦衣卫千户高文采,守宣武门,城陷,一家十七人皆自杀,尸狼藉于
路。顺天府知事陈贞达,自尽。阳和卫经历毛维张,不屈死。百户王
某,周钟寓其家,百户劝钟死,钟不应,出门欲降。百户挽钟带至断,
钟不听,百户自经。长洲生员许琰,闻京师之变,悲号欲绝,遍体书
"崇祯圣上"四字,绝粒七日而死。会稽生员王毓蓍,闻京师之变,作
致命词以见志。夜,肃衣冠,赴柳桥水而死。

贼兵充塞街巷,恣意淫掠,惟殉难诸臣家,贼戒不敢骚扰。一时诸臣

_____

① 藁葬:草草埋葬。

尽节稍不决烈者,即被其拘执于朝,追胁献金,极刑拷掠,献不满意,仍复受刑。受刑不过,陈演仰药死,魏藻德自勒死,方岳贡不食死,丘瑜自经死。贼毁太庙,迁太祖神主于历代帝王庙中。贼每升御座,辄目眩头晕。铸永昌钱,字不成文。有明制度,任意纷更。识者已知其终于贼矣。

## 〔吴三桂引清兵入关〕

编　平西伯吴三桂乞师于我大清,长驱而入。夏四月,贼李自成遁走。

纪　初,三桂率兵入援,闻京城已陷,顿兵山海。走大清乞师,而后长驱以入。自成闻之大惊,胁三桂父襄作书招三桂,复遣唐通赍银四万两犒师,别以贼兵二万守关。三桂伪受其犒,而出不意尽杀守关贼。遂复书绝父。四月,自成率精锐六万众,挟太子、定王、永王及吴襄东行,向永平。三桂击贼于关门。贼方合围,大清兵至。自成策马先走,贼众奔溃。三桂追贼至永平,又破之。自成奔还京师,三桂压城而营。自成合十八营拒战,官军击之,贼死者三万人。自成杀吴襄,尽戮其家口三十八口,悬襄首于城上。三桂披发坠鞍哭于地。三军感愤,拔刀斫地,誓杀贼。

## 〔李自成称帝与败走〕

丙戌,自成称帝,即位于武英殿。

丁亥,自成出彰义门西走,三桂轻骑追之。贼马骡皆重载,自芦沟至固安百里内,所弃财物、妇女塞路,贼众半散去。三桂追至保定,贼还兵而斗,尽失其辎重。追至真定,复拒战,官军击之,杀贼万余人。自成中流矢,拔营走山西。三桂以兵逐之,及关而止,遂还军京师。

编 五月,我大清定鼎顺天。

**评明末农民大起义:**

　　明末农民起义军以农民为主体,包含了社会各个阶层。明末社会贫富差距加大,"三饷"加派负担沉重,加之连年天灾,民不聊生,是导致起义爆发的主要原因。"均田免赋"等口号和政策,使起义军获得大批民众的支持。起义军领袖坚持不懈打击明朝腐朽统治,取得成功。但起义军自身存在明显局限,缺乏政治远见,忽视建立稳固根据地的重要性。李自成攻克北京,推翻明朝后,起义军领袖们骄傲自满,陶醉于胜利当中,轻视了近在肘腋的关外大敌,缺乏整体上把握时局的能力,致使灭亡明朝的胜利果实最终被新兴的清政权获取。

**评明朝:**

　　明朝是朱元璋建立的持续近三百年的王朝,也是中国史上唯一起自南方,却没有走偏安之路,而是挥戈北向推翻元朝后建立的统一王朝。

　　明朝实行两京制,完善全国南北社会的大一统治理,江南与东南沿海地区经济得到更充分发展,西南云贵地区社会得到史无前例的开发。明朝加强君主专制,废除丞相制度,皇帝直接统率六部,皇权高度集中而衍生出内阁制。虽有皇帝严重懒政,但相对成熟的官僚体系保证了国家行政事务正常运转。出现作为皇权附庸的宦官专权现象,宦官权力深入国家和地方社会生活的各个领域。

　　伴随十五至十六世纪大航海时代来临,明朝与域外世界的联系较前代更为紧密,互动影响也更加深远。郑和下西洋,海上丝绸之路发展到鼎盛时期,加深了明朝与海外世界的相互了解,促进了中外交往与文化交流。明朝商品货币经济发展,市镇兴起迅速。经济货币化推动一系列赋役、财政改革,促使中国商品输出海外换取大量白银流入中国,深层次地影响和改变了社会经济模式和社会结构。

　　明朝是传统文化集大成时期,《农政全书》《天工开物》《本草纲目》是中华文明瑰宝,小说创作也发展到一个高峰阶段。西学东渐,耶稣会传教士传播西方科技知识到中国;同时东学西渐,中国儒家经典与物质文化加速传递到世界,形成东西方文明互鉴新时期。

毛海明 评注

万　明　彭　勇　邓闷旸 审定